点击丛书

十字軍东征

沈敏华 程栋 著

上海辞书出版社

导　言

发生于1096—1291年的十字军东征是西欧封建主、意大利商人和天主教会对东部地中海沿岸地区发动的侵略性远征。因参战者须对教皇或主教、教士发誓并佩戴十字符号而得名。十字军东征是欧洲中世纪史上的一个重要事件。这一事件改变了当时的世界格局，对欧洲的历史产生了重大影响。十字军东征在当时的西欧是一次国际性的事件，在西欧的一些国家内也是一次全国性的事件。在十字军东征的时代中，尤其是在最初的几次十字军东征中，几乎所有的阶层都为同一行动疯狂。十字军东征的产生，除了人们通常所说的政治、经济因素外，值得我们关注与思考的另一个重要因素就是思想文化因素。

十字军东征的发生是与教皇权势的上升联系在一起的。因为无论从宗教角度看，还是从政治形势的角度看，在西欧教皇权力还不稳固时，罗马教皇是无力关心基督教东方教会的问题的，也不可能去考虑基督教会的统一问题；而当时拜占庭帝国的强盛也使教皇的这种想法不符实际。到了10—11世纪之交，西欧的情况发生了变化，天主教会内部发生了一次改革运动，改革延续到12世纪，改革最初是因教会腐败、教士和修士生活“世俗化”引起的。法国勃艮第领地上的克吕尼修道院是改革的策源地。这所修道院是阿奎丹公爵威廉[虔诚者]于910年创建的。它的第一任院长贝尔诺强调遵守《本尼狄克规程》并对其作了某些改动。在修士必须履行的崇拜、做工、读书三项义务中，着重提倡对上帝的崇拜，要求修士专注于灵圣修炼，努力做到克己禁欲，服从谦恭。为了防止他人利用主教干涉修道事务，威廉[虔诚者]把修道院连同其财产都赠送给了使徒彼得和保罗，由罗马教会对其监护。不久后，改革蔓延到英、法、意等西欧许多国家。

克吕尼运动不仅着眼于修道院改革、重建和治理修道院内部的宗教生活制度，它还要求用真正的基督教方式来教育人民，要求普通教徒像教士那样生活。与此同时，克吕尼运动还有一项重要的任务是改变其和外界社会的关系，它一开始就提出反对“西门尼”和“尼哥拉主义”。11世纪中期，随着改革步伐的深入，改革派中最激进的人物提出了调整教会与国家关系的要求，以教权高于一切的理论来改造和重建教会。从1046年起，教廷连续出现了几位改革派教皇，虽然他们都是德意志王室委任的，但他们都坚持加强教会纪律、整顿教会组织，都反对世俗权力染指神职任命权，都强调树立教皇的绝对权威，其中影响最大的是利奥九世(1049—1054年在位)。他一上任，便着手清算教会内部的圣职买卖和教士结婚行为，他认为教会问题的症结在于世俗权力凌驾于教权之上。为排除世俗势力插手教会事务，利奥九世采取的有效措施是成立红衣主教团，并把它作为近身顾问。在处理与东部的关系上，他坚持罗马教皇有高于君士坦丁堡大主教的绝对权力。利奥九世还是第一个借助武力扩大领地的教皇，1053 年他亲自组织教皇军，并请求德意志国王亨利三世（1017—1056）与之联合，出兵进攻意大利的诺曼人。但由于亨利三世对此不积极且中途撤军，致使缺乏实战经验的教皇军孤军对敌，惨败奇维塔特。教皇的第一次军事行动虽失败了，但它却说明教皇作为宗教领袖越来越朝着教会诸侯国君主的性质发展。同时也表明教皇开始以圣彼得继承人之名向异教徒进行圣战以牟取私利。利奥九世之后的教皇仍没有放弃对意大利领地的要求，但改变了手法，通过与诺曼人建立友好的联系，使诺曼贵族效忠于教皇。教皇还把诺曼人强占的领地作为罗马教会的采邑再分封给他们，迫使他们每年向教皇缴纳采邑税，并承担保护教皇的义务。此后，教皇在西班牙、勃艮第、匈牙利等地也先后有自己的世俗封臣，使教皇成为一个具有世界性的教会君主。11 世纪经过改革的罗马教会加强了自身的建设，限制了世俗君主和大贵族染指罗马教会的事务，教廷有了较强的独立性，与世俗诸侯建立的采邑关系使教廷有了军事力量。教皇不再依赖任何世俗君主，由此增强了教皇要建立至高无上的神权政治统治的野心，不仅要处理教会的一切事务，而且还要干涉各国的政治。教皇在西欧积极实践教权至上的思想，不可避免地与世俗君主发生矛盾与冲突，进而导致争夺主教叙任权为内容的政教斗争。在主教叙任权斗争后，以罗马教皇为核心的教权体系便逐渐确立起来了，罗马教会在西欧政治事务与经济活动中越来越具有举足轻重的作用。当然在西欧范围内，当时教权要凌驾于皇权之上并完全支配皇权的目标还没有达到，要建立一个由教会统治的、大一统的基督教社会的理想还没有实现。不过，由克吕尼运动引发的教会改革以及政教之争，至少使教皇达到了与世俗君主平起平坐、权威相当的程度。不久，政教均势被打破，教皇逐渐发展成为西欧的一个强大势力。

随着势力的膨胀，罗马教皇开始关注起东部教会，并试图实现统一基督教会的理想。1073 年，教皇格列高利七世(约 1021—1085，1073—1085 年在位)致信拜占庭皇帝米凯尔七世(1050—1090，1071—1078 年在位)，提议双方以罗马教会为基督教会首脑而实现两派教会的联合，遭到拜占庭东正教会的拒绝。于是罗马教会便想借助武力强行统一。1074 年，格列高利七世先后“下谕”所有圣彼得信徒，号召他们积极参加向东方的圣战。这一号召，在当时西欧封建主中出现了回响，但因教皇与德意志国王争权夺利的斗争，使东征计划暂搁一边。不过格列高利七世的这一举动已透露出罗马教廷为统治世界、组织十字军东征的初衷。

十字军东征中，尤其是第一、二次东征，我们可以看到一个鲜明的广泛性特征。这一状况说明伴随教皇至尊地位的形成，基督教教义渗透到了人们社会生活的各个领域，欧洲各阶层的宗教热情也随之高涨起来。一种强烈的赎罪与修来世的意识成为当时的社会时尚，并引发出了狂热的圣物崇拜和圣地朝圣。

到 11 世纪时，欧洲朝圣者的人数空前增长。对朝圣者来说，喝口约旦河的水，在约翰给救世主耶稣洗礼的河里受洗是莫大的幸福。他们对圣城耶路撒冷的每一种物品都视为珍品，用大肚酒瓶装满约旦河的水，用背篓装满耶稣受难的那座山的泥土带回欧洲。这种近似荒唐的狂热，在十字军东征时表现得更加淋漓尽致。那时，一船一船的泥土从“圣城”载运到欧洲。耶稣已经升天，“十字架”和“圣寝”便是最受崇敬的纪念物。参加十字军成了教会值得嘉许的事，能救赎宗教罪愆。神圣战争的概念就是用刀剑来完成上帝的意愿，这在早期基督教中并不知晓。因此，十字军运动之所以煽动起基督教世界高涨的热情，其中有一个重要的原因就是，在当时宗教文化浓厚的时代氛围中，它是一条便捷的赎罪途径。这途径对于那些无钱购买天国入场券的贫穷基督徒来说，尤其富有感召力。当然，对于穷苦又无援的民众来说，朝圣或到东方去“圣战”也是他们改善命运的出路。

在10—11世纪西欧民众宗教感情日深，成群涌向耶路撒冷朝圣之时，西亚的情况发生了变化。自1071年起，塞尔柱突厥人夺取了西亚地区，占领了耶路撒冷城。他们建立的国家比较脆弱且分合无常，对叙利亚和巴勒斯坦的基督徒与前去朝圣的西欧人骚扰较多，引起基督徒的不满。对那些深信朝圣可以赎罪、可以赢得上帝恩宠的基督徒来说，这些骚扰更增添了他们的疯狂。对于那些久已向往获得战利品的骑士贵族来说，正渴望有机会去东方圣战。这些愿望在教皇的鼓动下，很快就变得疯狂起来。

十字军东征的发生既表现了基督徒信仰的高涨和宗教

情绪的狂热，也表现了基督徒内心的贪婪与愚昧。在这场征战中，人类心灵的虔诚和凶残纠合在一起，在罗马教会的承诺和怂恿下，最不道德的行为却以最谦恭虔诚和最道德的名义表现出来，这也许是欧洲中世纪这一特定历史时期的文化产物。

从文化精神的生成意义来看，中世纪的骑士文化精神与十字军东征有着密切的内在联系。近两个世纪的十字军东征，为西欧骑士阶层提供了一个生存和发挥其作用的空间，也使骑士的勇武精神与基督教信仰之间得到充分的融合，从而使世俗的、封建的同时也是"神圣的"、宗教性的骑士制度，铸成了中世纪西欧一种十分独特的骑士文化精神。公元 11 世纪之交，西欧封建主之间形成了特殊的封君与封臣关系，并由此形成了与之相适应的封土制度，各封君在自己的领地内取得了独立的行政权和司法权。在封君与封臣关系的作用下，骑士阶层悄然而迅速地兴起了。

中世纪的骑士阶层最初是一个居于封建领主与平民之间的社会集团，和贵族一样，骑士的身份通常是由其家世和血统决定的。他们扮演着世俗统治者的军事保护人角色。对于主人，骑士表现出极强的忠诚与勇敢，这种关系完全是主仆之间的一种服务与保护的联系。究其渊源，在于骑士的前身是蛮族统治者的军事仆从——武士，他们是一些粗野之人，把忠诚与荣誉当作生活的首要目标。查理帝国时期，粗野的武士集团逐渐演变为中世纪的骑士阶层。但是必须指出的是，骑士与贵族最初是有身份地位上的差别的，贵族是世袭的土地所有者，骑士则是贵族的助手和依附者，贵族与骑士之间是不通婚的。但到了 11 世纪，这种鸿沟变窄了，贵族与骑士之间的联姻与交流越来越频繁，约 12 世纪，贵族与骑士逐渐融合了。从那时起，要成为一个贵族，必须首先成为一个骑士，被授予骑士的人才能被纳入贵族等级行列。

在西欧，进入 10—11 世纪，封建社会的迅速发展，把骑士制度带到了各个地区。于是整个西欧社会形成了实际分离的两个世界：一个是日耳曼人建立起来的崇尚勇武、荣誉、忠诚的好战的世界；一个是基督教的世界，它在修道院生活的基础上建立起了中世纪的基督教文化。不过这两个世界或者说两种因素的融合早就开始了，它们的融合主要通过三种途径：

一是通过骑士授予礼。它是一个基督教特征极其突出的仪式。仪式通常从当事人沐浴开始，以示洗掉身上的所有罪恶；然后当事人身着白袍，腰系袍带，象征他决心保卫上帝的法律。通过骑士授予礼，骑士被注入了新的精神。这时的骑士身上表现出来的不仅仅是对世俗首脑（国王）的忠诚，而且更有一种对天国首领（上帝）的虔敬。基督教的信仰与日耳曼人的忠诚结合在了一起。

二是通过倡导“上帝和平”和“上帝休战”。9—11 世纪，整个西欧大陆政治分裂，西欧内部封建贵族间的混战不休，外部又有北欧海盗的侵扰。但西欧的封建割据和王权不振对教权的伸张是有利的。公元 11 世纪初期，经克吕尼运动而强盛起来的教皇开始力图左右西欧的政治局势了。在克吕尼修道院第五任院长奥狄罗在任期间（994—

1048 年)，为了制止当时封建领主之间、修道院和封建领主之间、修道院与修道院之间的武装冲突，提出了“上帝休战”的口号。凡在规定的时间里动用武力者，都要受到教会惩罚。到了 12 世纪，“上帝休战”成了西欧教会法、同时也是民法的一部分，非战斗人员，如农民、商人等都被置于宗教的保护之下。虽然在封建割据状态下，封建主之间为各自利益而进行的战争是不可避免的，他们对教会的这些规定可能会置若罔闻。但教会提出“上帝休战”、倡导和平的本身，已说明教会在当时社会中自认为有仲裁者的资格，这对争取社会稳定和赢得民心有一定意义。结果，封建的斗士被逐渐改造成为基督教战士。新的虔诚的宗教美德和扶弱济贫的道德精神，与原来那种骑士荣誉、忠诚、尚武、献身和勇敢的品质结合在一起，构成了中世纪基督教文化中的骑士精神。

三是通过所谓“神圣的战争”，把西欧骑士的好战精神与基督教崇高的宗教理想结合起来，形成一种封建欧洲特有的、宗教的爱国精神。这种精神构成了十字军东征时期特有的文化背景。所谓基督教的宗教理想，根据奥古斯丁的理论，教会负有传播福音、拯救人类的使命。“正义”就是基督徒的理想，基督徒就是要将“正义”推广到世界范围。出于这种理想，基督教会很早就赞赏和鼓励基督徒对异教徒的战争。十字军东征前的西欧，较为著名的反对异教徒的战争有加洛林王朝反对西班牙伊斯兰教徒的战争，诺曼人从伊斯兰教徒手中夺取西西里的战争，西班牙的基督徒发起的“收复失地运动”。在这些战争中，产生了封建欧洲的新型的爱国主义和英雄主义精神。这种爱国主义的感情具有一种宗教性质而不是政治性质，因为它与任何现存的国家毫无关系，而与作为一个整体的更为广泛的基督教社会相联系，并且它因此而向骑士文化的野蛮风尚注入了一种新的精神因素。首领们的好战行为本身并不是目的，其真正的目的在于服务基督教世界。因此，为信仰而战死的骑士不只是一个英雄，还被视为一位殉道者。这一思想在成书于11—12世纪之交的法国早期叙事史诗《罗兰之歌》中得到鲜明的反映。

1095年，教皇乌尔班二世在法国克勒芒宗教会议的演讲辞中鼓动说："让那些从前经常凶狠地和有信仰的人因私事而斗争的人，现在去和那些不信上帝的人战斗吧！愿你们把这场早该进行的战斗胜利地进行到底吧！那些从前作强盗的人，现在去做基督的战士吧！那些从前与自己的兄弟和亲朋争斗不休的人，现在去向蛮族进行正义的战争吧！"在教皇"神圣"的召唤下，在基督教理想的驱使下，在教会的鼓动和组织下，西欧封建社会的好战、尚武的力量，第一次统一于基督教教会的事业和目标。教会在精神上把欧洲"统一"起来了，十字军东征是欧洲民族第一次弃其部落封建视线的大运动。十字军东征使西欧的骑士们完全地兼有了两种身份，即世俗封建主的骑士和基督教的骑士，他们不仅仅是效忠于封君并为之作战甚至为之献身的英雄骑士，而且是忠诚于教皇、教会并为之作战甚至献身的虔诚的骑士。

十字军东征开始于1096年。那年春天，数万农民汇集成庞杂纷乱的十字军人流,迫不及待地涌向东方,与塞尔柱突厥人一触即溃。同年秋天,由法、意、德贵族骑士组成的正式军队,兵分四路出发,开始了第一次十字军东征。至1291年,巴勒斯坦的最后一个十字军控制的城市阿克城(Acre)被埃及马穆鲁克王朝收复,西亚大陆的十字军国家最终覆灭。从11世纪末延续到13世纪末的十字军东征,较为重要的有八次。但其间,还有大大小小规模不等的十字军东征队伍。这些十字军队伍有的规模大且在历史上留有记载,如第一次十字军东征攻下耶路撒冷后,大多数十字军战士带着圣物,如圣骨、棕榈叶或蕨草返回家乡了。圣骨送给教堂,棕榈叶或蕨草是他们特地采集带回以证明自己已实践誓言的信物。而教皇已开始委派米兰大主教宣传组织新的十字军了。从1100年起,欧洲各地的人们纷纷涌向东方。这些十字军被称为"后卫十字军"。如在第六次与第七次东征之间,有伯爵们组织的几次十字军。这些队伍有的抵达西亚十字军国家,参加与阿拉伯人的战争,有的在途中即被打散。又如1239年,那瓦尔国王提普、勃艮第公爵休率军远征,兵败东方;同年,英国康沃尔伯爵理查率军到东方,兵不血刃地占领了耶路撒冷。但在十字军东征的年代里,大多数小规模的十字军队伍不见文字记载。

十字军东征的年代中,教皇为组织、鼓动十字军东征下足了功夫,宣传口径与组织发动的手段随社会环境的变化而不断调整。十字军东征之前,最大众化的苦行方式是到圣地朝圣,其中到耶路撒冷朝圣被认为是最神圣、最灵验的苦行方式。1095年,乌尔班二世在克勒芒会议上允诺,参加十字军者可以免除教会规定的其他苦行方式，从而肯定了苦行赎罪的观念。此后不久，一些鼓动东征的教士更是把参加十字军称为是一种“全免罪罚”的补偿。他们宣称，所有十字军战士在来世完全不会受到炼狱的惩罚；如果他们死在东征途中，其灵魂将径直升入天堂。但到了教会发动第二次十字军东征之时，教皇尤金三世和贝尔纳在十字军的布道与招募中，强调的重点从之前赎罪者自我施加的惩罚转移到了上帝的仁慈。十字军被说成是上帝为有罪的和犯下暴行的人们提供的一个救赎自己的机会，让人们可以凭借自己的努力寻找通往天堂的道路。这种免罪观念的提出，的确刺激了基督徒的宗教热情与疯狂。到了英诺森三世时期，教皇已不再单纯地宣称苦行，而是强调仁慈的上帝通过授予人们从事某项荣耀事业的机会，体现出让有罪者能够补偿一切的仁爱意志。为发动远征与解决兵源不足，教皇开始征收十字军税。其实征收十字军捐税，在12世纪末即已开始。撒拉丁收复耶路撒冷后，教皇便利用西欧出现的惊慌征收“撒拉丁税”，之后这类税款的名目多了起来，如1199年各地教会被要求捐出2.5％的收入，世俗人士也被鼓励积极捐献，为此各教堂都设立了募捐箱。这些捐款全归教皇控制，据说是用于提供给无力承担东征花费的十字军战士。教会也允许贵族或出钱或派兵替代自己参加十字军。东征的连续失败与1204年十字军转而攻下信奉东正教的君士坦丁堡，使得越来越多的基督徒对十字军的热情下降，于是在十字军中雇佣兵的比例逐渐上升。到了13世纪中期，十字军运动已变得很普遍，许多贵族家庭常常可以追溯出四代或五代十字军战士，规范十字军地位的各种特权也已经形成定式。这些特权中最重要的依然是免罪权，但又附加了不少权利，如他离开期间，本来其涉及的封建义务与法律审判都可延迟，或在他出发之前让审判加快进行；如遇到盗窃，他可要求赔偿；他可以延迟偿还债务并不计利息；无须交纳人头税和其他税。可见这些特权已经从虚无缥缈的拯救灵魂转变到给予基督徒以实实在在的实惠和满足人们的现实需求。

在十字军东征的年代，欧洲大地上出现了一个全新的名词：十字军运动。十字军运动就不仅仅是指十字军向东方圣地的进军了。早在 1123 年 4 月，教皇帕斯卡尔二世发布手谕，号召西班牙的十字军践行自己的誓言，进行针对异教徒的收复失地的斗争。不久，英国人、佛兰芒人也组成十字军进逼伊比利亚半岛，参加当地基督徒对伊斯兰教徒的收复失地运动，西班牙的十字军同样都被授予与前往东方的十字军同样的免罪权利。1147 年 3 月在法兰克福的一次集会上，一群德意志人，主要是萨克森人，要求去讨伐易北河以东的文德人（居住在神圣罗马帝国境内的西斯拉夫人）。贝尔纳同意了他们的请求，并说服教皇正式批准萨克森人开辟十字军的新战场，其待遇与前往东方圣地的十字军相同。1197 年，教皇塞莱斯廷三世宣布，阿奎丹的居民如果宣誓前往耶路撒冷，可以将践行地转向西班牙。1208 年，英诺森三世宣布对阿尔比派发动十字军，他开创了一个至关重要的先例，即基督徒参加教皇认可的对“异端”的战争可以获得与参加十字军东征一样的精神报偿。

1229年，意大利出现了一场针对德意志国王的十字军战争，这是一场趁皇帝腓特烈在巴勒斯坦之际，由教皇发动的战争。参战的十字军战士都得到了免罪的许诺，并得到了来自教会征收的什一税的经济支持，只是人们佩带的是圣彼得的钥匙，而非十字架。这些十字军的行动，都回应了13世纪中期教皇英诺森四世与其学生塞古西奥的亨利（13世纪意大利的一名法学家）所强调的十字军思想：教皇是唯一的世间立法者，免罪权是只有他才能授予的权利；十字军也可以发动起来防御不信者造成的威胁，并延伸开来，针对基督教世界中威胁到基督徒灵魂的人；针对异端与分裂教会者的十字军行动甚至比前往圣地的行动更加必要。至此，我们看到：十字军成为了教皇手中争夺霸权、打击异己、扩张权势的有力工具。不过到了这个地步，中世纪教皇与基督教会的衰弱也指日可待了。

目　录

第一章　十字军东征前的欧洲和西亚、北非

一、11世纪西欧的商业复兴与扩张

中世纪早期的西欧社会是一个农业社会，它被分割成一个个自给自足的狭小的经济政治圈，罗马帝国强盛期的那种大一统局面和万国来朝的博大胸怀早已成为过去。在欧洲“黑暗时代”里，绝大部分的民众是农奴。在少数的手艺工匠中，有一些是流动的工匠，但绝大多数是工匠兼农奴。在那样的社会中，商业降到了最低限度，“我们找不到专门的商人。没有商人存在，或者可以说，除了犹太人以外没有商人，从加洛林初期起，只有犹太人进行常规的商业活动。正因为这个缘故，‘犹太人’与‘商人’这两个名词几乎成了同义语”（[比]亨利·皮朗著，乐文译：《中世纪欧洲经济社会史》，上海人民出版社 1987 年版，第 10 页）。的确，“犹太商人在中世纪早期的有限贸易中，享有非常大的份额。在西欧广大内陆世界，他们控制了差不多所有的国际贸易独占权……他们从东方到西方；又从西方到东方，从陆路到海路，他们从西方带来了奴隶、阉人和各种皮毛，又从东方带来了各种香料、芦荟、樟脑和贵重的物品（珐琅器皿、

锦缎织品、象牙制品等)”。但犹太人的目标顾客群极为有限,主要是当时的贵族,他们的经济作用只是一种附属的作用。

使西欧退到农业社会的另一因素是阿拉伯帝国的崛起,伊斯兰占据了地中海贸易的优势。伊斯兰扩张和征服了大部分地中海区域后,在地中海沿岸地区,形成了两种文明、两种信仰的敌对世界。它们互相对峙,有时还处于交战状态。但西方与东方的贸易与交往并非就此完全中断。那时,西欧的朝圣者需经历千辛万苦,或经伊比利亚与色雷斯,或渡过亚得里亚海到达希腊南部,再由巴里乘希腊船只才能到达耶路撒冷。君士坦丁堡是整个地中海沿岸地区最大的城市,它既是一个政治首都,也是一个巨港和第一流的工业中心。它与黑海海岸、小亚细亚、南意大利以及亚得里亚堡、黑海沿岸地区保持着联系。当它强大时,它能够在伊斯兰国家面前,维持对整个东地中海海域的控制。

到 10—11 世纪,封建的欧洲经过了四五个世纪的休养生息之后,开始蠢动起来,西欧社会内部的商业精神慢慢复苏,逐渐形成了南北两个商业中心:一个是北欧地区即北海和波罗的海地区;一个是南部以威尼斯为首的意大利诸城市。这两个商业中心形成南北两股商业压力,一方面不断渗透着自然经济状态下的西欧;另一方面又使西欧受到外界财富的强烈吸引。

北欧地区是斯堪的纳维亚人的老家。斯堪的纳维亚人是指居住在斯堪的纳维亚半岛及日德兰半岛北部,起源于斯堪的纳维亚语支的居民。他们是由分布不同地区的几个民族共同组成的群体，如斯堪的纳维亚半岛上的丹麦人、梅拉伦湖畔的瑞典人，在历史上又被称为“诺曼人”(Norman)。斯堪的纳维亚人的传统谋生手段都在海上：捕鱼和海盗。但是，北欧人并不是经常以野蛮的海盗姿态出现的。他们常常也是和平的经商者，只在必要情况下，才采用战斗方法。他们的生活环境和活动方式培养和造就了特殊的性格，即具有相互合作的集体精神、不畏艰难的冒险精神，当然也包括商业冒险精神。凭着这种精神，北欧人向西、向南攻击了爱尔兰、英国、法国的高卢和意大利沿海，掠夺了亚眠、卢昂、巴黎、南特、波尔多、马赛和比萨。“跟着外侵团的龙旗而来的，是北欧载货的船只以及船上的和平商人。这些船只运载着挪威的毛皮和冰岛的鱼类来交换英国的羊毛、蜂蜜、麦芽和麦子。支斯德尔、布里斯多、雅穆斯、伦敦同丹麦、挪威和冰岛的交往遂发展起来”([美]汤普逊：《中世纪经济社会史》上册，商务印书馆 1961 年版，第 345—346 页)。

9 世纪时，法国沿海地区和沿河的城市大都遭到过北欧人的抢劫，但北欧外侵团也带来了商业利益，他们以毛皮和蜡来换取日耳曼人的铁、法里西安的布匹以及莱茵兰的葡萄酒。在东面，北欧人通过芬兰湾，经诺夫哥罗德和第聂伯河到黑海，促使罗斯人发现了一条连接伏尔加河与第聂伯河的水路，被称为“发兰琴路”(Varangian)。“发兰琴”意为“北欧漂泊者”，特指 9 世纪时那些劫掠波罗的海的北欧人。“发兰琴路”成为北欧和东方之间的巨大纽带，这条路线把拜占庭、巴格达同波罗的海地区连接起来了。在欧洲社会的发展中，北欧人的扩张和商业活动给当时处于割据状态中的西欧带来了一种具有同一性的联系纽带，他们建立了许多据点，修建了码头和港口，以商品为媒介，沟通了东欧、南欧、中欧、北欧与西欧，并为广大民众展现了一个精彩的外部世界。人们从他们身上看到了商业经营所需的冒险和进取精神。

以威尼斯为首的意大利诸城构成了欧洲南部重要的商业中心。意大利诸城有着得天独厚的优势，其一，意大利地区有较为深厚的商业传统和有利的地理位置。其二，意大利地区封建化程度较低，在一些城市中占主导地位的是市民，这些市民往往同时也是周围乡村的贵族，这使得城市与乡村联系密切。其三，意大利的一些城市拥有雄厚的经济势力。活跃的商业活动为意大利诸城带来了丰厚的利润，尤其是威尼斯等城积累了大量的资金，还发行了信誉高、通行于欧洲的国际货币。其四，意大利诸城拥有活跃的商船队和较为强大的海军力量。威尼斯、热那亚、比萨、阿马尔非等城在海上贸易过程中，都建立起了相应的商船队和保护商船的海军舰队，威尼斯的舰队除维护本土和为商船护航外，还经常补充拜占庭海军的不足，以增强其与拜占庭帝国的商业联盟。意大利商业城市资金的雄厚和海上力量的强大，使他们进一步滋长了其开拓广阔市场，垄断东西方贸易的野心。

早在公元8—9世纪，意大利的一些城市已开始与犹太人竞争，在阿拉伯帝国与东罗马帝国之间充当中介人，与阿拉伯人和东罗马帝国人都保持着良好的商业联系。9—

10 世纪时，意大利南部兴起了一大批城市，如那不勒斯、加埃塔、阿马尔菲、萨累诺、巴里、威尼斯等城，它们都致力于与拜占庭、地中海东部城市、西班牙、埃及和北非伊斯兰各国的交往和通商，而威尼斯在 10 世纪之前已经走在西欧所有航海城市之前。除了威尼斯外，阿马尔菲也是地中海商业贸易的聚集地。意大利城市所拥有的强烈的谋利欲望，使得他们不顾宗教的信仰束缚，甚至抛开宗教信仰去追求商业利润。当时的一位天主教主教曾坦率地宣称：与伊斯兰国家埃及的商业贸易，“总是给我们带来利益与荣誉”。在第一次十字军东征之前，意大利诸城的商人已经在君士坦丁堡、安条克、耶路撒冷，可能也在北非的一些港口城市建立起了侨居地。这些侨居地的获得大都是以当地君王给予的特许证而形成的，并非靠武力获取。

自 11 世纪初起，意大利的城市，开始是热那亚、威尼斯，尔后是比萨等城开始向伊斯兰教徒发起攻击，以争取地中海区域商业活动的控制权。1002 年，威尼斯协助拜占庭舰队从巴里驱走了萨拉森人，不久比萨人与热那亚人从萨拉森人手中夺取了第勒尼安海的控制权；1015—1016 年起，比萨与热那亚结成同盟，远征撒丁岛，把伊斯兰势力逐出了撒丁岛；1034 年，热那亚和比萨一度夺取非洲海岸的博纳；1062 年，比萨人攻入西西里的巴勒莫港；1065 年，热那亚人的舰队已在利万凡得（一译黎凡特。中世纪欧洲习惯用语。意为“东方”。通常指小亚细亚和叙利亚沿海的地区。有时也指从希腊至埃及的地中海沿岸一带。也泛指东方或近东地区）进行商业性的护航；1088 年，比萨、热那亚和少数南意大利的城市结盟，在教皇维克多三世的鼓动下，向北非的梅迪亚城发起猛攻。“热那亚人和比萨人认为自己是基督和教会的士兵，他们相信看见了大天使加布里埃尔和圣彼得领导他们同异教徒战斗。只是在屠杀了穆罕默德的阿訇们和抢劫了梅迪亚的清真寺之后，他们才签订了一项有利的商约”。梅迪亚之战已被笼罩上了宗教热忱，为庆贺这次远征的胜利而建造的比萨大教堂象征着航海事业给他们带来的财富，也象征着比萨人的宗教狂热。这次远征，在历史上被人们看作“十字军的彩排”。基督教的欧洲开始了商业的扩张，这些武士大都身兼两职：即武士兼商人。这一系列的武力扩张，可以说是基督教徒力图从伊斯兰教手中夺回地中海制海权的努力。当 1090 年一支诺曼人征服西西里时，地中海地区的经济格局终于发生了深刻的变革：伊斯兰教的地中海商业霸权开始重新转移到基督教徒的手中。

二、11 世纪西欧的经济复苏与社会矛盾

至 10 世纪，西欧社会从原先的战争动荡状态进入了稳定发展的时期，11 世纪始逐渐在政治经济和文化等各方面出现复兴的勃勃生机，西欧封建社会进入了它的发展时期。

西欧封建社会经济活动的复苏和发展，首先表现为农业生产技术的改进和农产品产量的提高，即西方史学家常常提到的“农业革命”。中古时期的农业几乎完全支配着经济生活，可能有 90%以上的人口是靠土地为生的，因而土地利用的变化及生产方式、生产工具的变化有重要的意义。

农业技术的革新主要表现为：一、重铁犁的使用。重铁犁有：犁刀、犁铧和犁壁，三者的结合提高了土地的犁耕有效率，使土地深耕成为可能，犁壁将犁起的土壤翻向一边，也有利于杀死杂草。这种铁犁因其重力大，可以犁到土壤的深处，使农民更有效和更快地耕种；二、项圈挽具（马挽具）和马蹄铁的采用，使马匹在农业生产中得到了合理的运用。有效的套马方式是中国或中亚发明的，然后传到西方。较早的形式是系在横向车辕上的一条胸带，后来欧洲使用轭状挽具，这种轭具便于使用牛力。用牛轭来挽马，对马非常不合适，还有可能使马窒息。新的马挽具是固定的垫肩挽具，它搁置于马的肩部，能使其自由呼吸，马的力量得到最大程度的发挥。由于马挽具的使用，再加上马的耐力比牛大，于是在11世纪末的北欧平原出现了以马代替牛用于耕种的情形。西方学者们认为马力代替牛力标志着一个新的时代的到来。但实际上马力并没有完全取代牛力，更多的情形是马与牛共同组成犁队，如二牛三马的犁队、六牛二马的犁队；三、水车、水磨（10世纪出现）和风磨（12世纪）的推广和使用，节省了劳动力；四、三圃制代替二圃制，使农产品增加了。所有这些东西集合起来成为一个为农业所利用的总体系，形成了西欧的“农业革命”。

农业技术的革新，使农业生产力有所提高，同时也带来了人口增长。就整个西欧而言，11—14世纪上半叶总人口增长了近2倍，人口高峰时西欧总人口达近4 000万人。人口大幅度增长使得庄园的农田越来越难以容纳日益增长的人口，由此刺激了土地的开垦。在那个时代，被自由或财产的诱惑所吸引，成千上万的拓荒者响应僧侣、主教、君主、领主和自治团体的号召，通过烧掉丛林和寄生植物，用斧头砍伐森林，用锄头挖除树根，用所谓砍伐灌木的方法来为犁锄耕种铺平道路。从此西欧的整个面貌发生了改变，到处是拓荒者建立的市镇和定居点。农业技术的改进和向新土地的殖民改变了西欧人的生活状况，剩余的食物以及人口的增加，把人们从农业劳动中解放了出来，使他们可能从事其他劳动，因而使贸易的扩展和城市的复兴成为可能。从9世纪末起，西欧城市已开始逐渐增多，11世纪中叶以后新城市大量出现，许多旧城市也增加了人口，扩大了规模。

尽管10、11世纪西欧社会出现了经济复兴的可喜情形，但社会矛盾仍是十分尖锐，其主要表现首先是农民处境恶化。由于人口增加对土地的需求随之增加，造成无地少地的劳动者数量急剧上升。据估计，11、12世纪，在英国及欧洲大陆拥有极少份地的茅屋农以及无地劳工，构成农村人口的三分之一以上。如此多的人口在维持生计的边缘挣扎，遇到荒年则常有饥馑发生，死亡率很高。11世纪是一个饥荒严重的时期，这无疑引起了居民中显著的不安状态……洛林省和东法兰克尼亚，在这一世纪曾遭受两次接连3年的灾荒：一次在1003—1006年之间，又一次在1031—1033年之间，关于后一次灾荒，一个勃艮第的僧侣拉尔夫·格拉勃保存了一种可怖的记载，包括食人的事情。西德意志人和南德意志人，曾遭受9次灾荒，其中两次都连续了2—3年时间（1060—1062年和1091—1094年），而北德意志在1066—1072年之间，连续遭受了4次谷物歉收。

这些灾难，对德意志亨利四世时代的动乱——萨克森人和封建主的叛乱以及主教叙任权战争的暴动——都有一定的影响。据记载，1032 年，法国饥荒四起，人们吃完了一切家畜和雀鸟，而饥荒更加厉害地煎逼着人们，人们靠死尸和其他闻所未闻的东西过活。为了摆脱死亡的威胁，有些人挖掘树根和水草，但是这一切都是枉然。许多人挖掘类似黏土的白泥，用这东西来烤面包……他们的颜面惨白消瘦，很多人的皮肤都浮肿或抽缩了。他们的声音变得像垂死的雀鸟叫声那样微弱。1043 年饥荒时，列日的主教每隔两周在农奴中分发一次便士，因为害怕他们在饥荒的压力下会出售或宰杀他们的耕牛，从而放弃他们的土地不耕。1053 年巴伐利亚的荒灾，所有的农奴逃亡，很多村庄被遗弃。社会内在的压力，再加上那个时代特有的宗教氛围，下层民众很自然地把教皇乌尔班二世的夺回圣地的十字军号召当作摆脱贫困与饥荒、到东方寻找“乐土”的难得机会了。

与此同时，11、12 世纪，西欧贵族的继承方式逐渐发生变化，确立了长子继承制（在 11 世纪之前，西欧的继承方式大致有：长子继承制、幼子继承制、诸子析产制，其中较为盛行的是诸子析产制。这种继承方式在 10、11 世纪时曾引起了一场“贵族危机”）。这一变化增强了西欧社会内在的压力与矛盾。西欧贵族继承方式的改变是与婚姻、人口、社会经济和文化心态等因素的变化有密切关系的。在中世纪早期日耳曼人建立的各个国家中，婚姻形态比较混乱，既受到罗马时期一夫一妻制婚姻形式的影响，同时又保留了日耳曼人原始社会残存下来的多妻制和蓄妾制。但从 8 世纪开始，婚姻逐步走向正规化。先是订婚代替私奔，后是对近亲通婚作出限制，规定七代之内不能结婚，婚姻变得越来越神圣，其仪式成为七项圣礼之一。圣礼是基督教新教的某些宗派对“圣事”的称谓。基督教重要礼仪。该教谓圣事是耶稣定立的，领受者可获得神的恩宠。天主教、正教的“圣事”有七件，即圣洗（洗礼）、坚振、告解、圣体（正教称“圣体血”）、终傅、神品（祝圣神父、主教）、婚配（祝福教徒的婚姻）。新教一般仅承认洗礼和圣餐为圣事；有些宗派改称“圣礼”；也有些宗派不承认有圣事。婚姻一经缔结，便成为契约，婚姻契约的解除须经主教的允许。这一状况在历史上被称为“婚姻革命”。经这一变革，结婚与建立家庭的经济条件联系了起来，只有具备了经济独立条件的人才能谈论婚姻，这样西欧确立起了地产的长子继承制。由于实行长子继承制，就不能给诸子以土地或其他形式的地产分割，而一个人没有土地就不能结婚，贵族子弟只有在继承地产后方能结婚。在长子继承制下，贵族幼子往往难以正常地继承遗产，他们的出路或是进教会当教士或者是设法找到有地产的女继承人。于是有钱的寡妇成为众人追逐的对象。此外就是为国王和大贵族服役，争取得到一块封地，否则他们只能到处游荡而婚姻无着落。难怪法国阿奎丹公爵的女继承人埃莉诺与法王路易七世离婚后，马上就有众多的追求者。因为她是欧洲最富有的女继承人，最后 30 岁的她嫁给了年仅 19 岁的安茹伯爵，即后来的英王亨利二世。亨利·皮朗在谈及未得到封地的贵族幼子时也说：“曾经征服了南意大利，随着威廉大公入侵英格兰，并成为第一次十字军中多数士兵的诺曼底冒险家，就是从这些人（未得到土地的贵族幼子）中间招募而来的。”德国史家诺贝特·埃利亚斯在分析十字军东征发生原因时认为，当时的西欧社会人口在增长，土地这一最重要的生产手段甚为有限。在国内开垦，开拓新土地远远不能弥补土地的短缺，于是不得不在境外寻找新的土地。从 10 世纪末起到 11 世纪，对土地的压力逐步加强，对新领土的渴求，在西法兰克地区日益显著，早在 11 世纪初诺曼骑士便进军南意大利，那里的一些国君也雇佣他们来当武士为其服役。1029 年他们中的一员因其服役有功而在那不勒斯北部地方得到一小块封地。其他骑士也紧紧跟上，其中便有诺曼庄园主唐克雷德·德·奥特维尔的儿子们。这个庄园主共有 12 个儿子，光靠父亲的土地他们如何过日子？于是 10 个儿子去了意大利，在那里他们慢慢地争得了在家乡无法得到的东西：对一块土地的拥有权。其中的一位名叫罗伯特·圭斯卡德（约 1015—1085 年）在战斗中还逐渐成为公认的诺曼武士首领。

11 世纪的西欧社会正处于这样一种内在矛盾的紧张状态之中，社会内部不仅表现出对土地和面包的渴求，而且对整个人的心灵也产生一种压力，社会压力即为动力，它会使人蠢动起来；而基督教会对这种已有的矛盾加以利用，引诱骑士们手拿利剑去夺取新的土地和财富，并把这种赤裸裸的夺取与扩张变成为信仰而斗争的“圣战”。

三、克吕尼改革运动

克吕尼运动始于公元 910 年法国南部的克吕尼修道

院。法兰克王国自查理大帝去世后陷入了分裂之中，在法兰克王国解体、封建割据加剧的过程中，势力已十分强大的基督教会趁机摆脱了法兰克皇帝的控制，一些主教开始对皇帝委派平信徒担任修道院院长以及皇帝随意下令收回教会产业的做法表示不满。858 年，一批主教联合写信给查理大帝的孙子——东法兰克王国国王路易[日耳曼人]，宣布此后不再履行向皇帝效忠的义务了。罗马教皇趁机扩大自己的势力，宣布一批富裕的修道院应归罗马主教直接管辖。公元 847—852 年，《艾西多尔文献》问世。艾西多尔是公元 7 世纪时西班牙教会的主教，以精通古代教会文献而闻名。查理大帝去世后，西派教会趁法兰克王国势力衰弱之际，将他们编纂和伪造的历代罗马主教和各项宗教会议所定的条款以及《君士坦丁御赐教产谕》等文件，盗用艾西多尔之名，公之于众。在这份伪造的《艾西多尔文献》中有关罗马主教的权力高于皇帝权力的内容，在教会史上称之为“君士坦丁的赠礼”。它是王权衰落、罗马教皇势力增强的标志，反映了当时西欧社会中存在着两种形式的矛盾：一种是以教皇为首的基督教会与皇帝、国王为首的世俗统治者之间的矛盾；另一种是由于基督教会内部的神职人员的世俗化以及日益腐化堕落，引起教会僧侣贵族与下层群众之间的矛盾。教俗统治者的矛盾，即教权与俗权的矛盾。按说，这两种权力所治范围不同，只要各司其职，不会有大的矛盾冲突。但在中世纪，教权却得到了不正常的延伸。客观地讲，中世纪罗马教权的增长是它自身善待时机顺应潮流、努力塑造自我形象的结果。从利奥一世起，教皇就自视为基督教的首脑，格列高利一世励精图治，整顿教会，规范神职人员行为，从而成功地树立起了教皇权威。此后经历代教皇努力，逐渐形成基督教的“世界之王”，与当时西欧四分五裂的封建割据，王权衰微形成鲜明对照。同时，这种状况客观上也为教权凌驾于王权之上创造了有利条件。

公元 9 世纪到 10 世纪初期，在法兰西和德意志等地区战祸不断，时有灾荒和瘟疫，再加上教士道德沦落等社会现象，使不少人产生了厌世恶生的情绪和思想，导致修道主义在西欧出现高潮。“以法兰西的修道院数目作统计，公元 8 世纪时共有 107 所，到公元 9 世纪时增加到 251 所，10 世纪末 543 所”。修道院的经济实力也变得十分雄厚，如公元 10 世纪初，法兰西的圣里奎尔修道院，在当时的修道院中还不算是很富的，尚有 117 个奴隶，在围绕它发展的城市中它拥有 2 500 幢房屋，庄园上的佃户除了向修道院缴纳现款地租外，还须提供 1 万只小鸡、1 万只阉鸡、7.5 万个鸡蛋和 400 磅蜡。由此可以推测，那些富有的修道院该有多少财富。随着修道院经济实力的膨胀，修道院内部原有的清规戒律逐渐废弛。僧侣们不用自己劳动，只需出租土地所得的进款即可满足其需要。于是在当时的社会产生了一个十分矛盾的局面：一面是修道主义盛行；另一面却是修道院和教会人士的道德沦落。这些社会矛盾在教会内部引起了一些人的深思，他们认为要重振教会，首要任务就是要整顿教会内部的腐败现象。在这种情况下，教会内部出现了一个改革派，提倡改革教会，清除修道院的腐败现象。法国的克吕尼修道院就是改革的策源地。

克吕尼修道院位于法国勃艮第地区，910 年由阿奎丹公爵威廉创建。为表示虔诚，威廉把克吕尼修道院献给了使徒圣彼得和圣保罗，因而任何教俗贵族都没有权利占有克吕尼或支配其财产。克吕尼修道院的前几任院长都是才华出众、工作勤奋之士。在第一任院长贝尔诺（910—927 年在位）去世时，已有五六所修道院归克吕尼修道院长掌管了。10 世纪中期，克吕尼派修道院由法国迅速扩展到了意大利、德国、英国和西班牙等地，形成了以克吕尼修道院为首的克吕尼派修道院系统，成为一种强大的宗教和政治势力。

由克吕尼修道院发起的这场教会改革在历史上称之为"克吕尼改革"或"克吕尼运动"。从克吕尼运动整个发展过程看，它经过了三个阶段的改革：

第一阶段：着力清除修道院中的腐败现象，着重强调三方面的改革：1.强调修士必须遵守本尼狄克教规［529 年，意大利努而显的本尼狄克（Benedict of Nusia，480—550）在罗马和那不勒斯之间的蒙特·卡西诺山创建了一所修道院。同年，他为这所修道院制定了院规，以其名字命名，称为《本尼狄克规程》。这个法规共 73 条，使修道生活组织化、制度化，后成为西方一般修道院的标准院规］，并对其作了改革，如在修士必须履行的崇拜、做工和读书三项义务中，对做工不再作过多的要求，而是着重提倡对上帝的崇拜，要求修士专注于灵圣修炼，努力做到克己禁欲；2.强调修道院实行自治，不受任何主教和世俗领主管辖，只听命于教皇；3.强调修道院连同地产均由罗马教廷监护，不受任何侵犯。

第二阶段，越出修道院范围，把改革的触角延伸到社会，以提高教会的地位和威信。在克吕尼修道院第五任院长奥狄罗在任期间(994—1048 年)，克吕尼修道院已成为一批修道院的“首脑”，这些修道院的院长由克吕尼修道院院长亲自委任，这在修道院制度上是一种新的形式。实际是在克吕尼修道院系统内建立起了集权统治，完成了克吕尼改革的第二步。1024 年在教皇约翰十九世的支持下，克吕尼修道院获得了免受主教管辖的豁免权。

为了制止当时封建主之间、修道院与封建主之间、修道院与修道院之间的混战，维持和平，奥狄罗重申“上帝和平”。“上帝和平”包括两个阶段，即 10 世纪末开始的“上帝和平”与 11 世纪初开始的“上帝休战”。至 11 世纪 40 年代，两者又逐渐结合了起来。根据目前现有资料，“上帝和平”的最早提出是在 944 年(一说 997 年)的里摩日城(位于法国中部)，“当时正值瘟疫，因此里摩日主教命令全城禁食，召集众封建要人立一个和平公约”。可惜这一公约的内容已无法探知。自里摩日城和平公约后，法国各地教会逐渐形成一个传统，即促进和平与休战。980 年沙鲁城的和平宣言、990 年普里的主教安茹・古伊的和平宣言、989 年阿奎丹的夏洛大主教贡巴德在和平大会上的宣言、1004 年普瓦提埃的非战条例等，都提出“上帝和平”、保护民众的思想。这些和平宣言与和平法令的内容大都是谴责袭击教堂、谴责抢劫穷人、谴责伤害教士，要求骑士宣誓保证不进攻教堂、不抢劫教堂财物。“上帝和平”集会往往充满了强烈的宗教气氛，它通常表现为：1.和平集会大多由主教或修道院长所主持；2.会上展示圣徒遗物（这些圣徒遗物，甚至遗骨常常由其他地方运送到会场），会上还常常表演教士治病的奇迹；3.与会的民众常常是十分虔诚地乞求和平的降临。据说，主教们向天高举十字架，满场的人把双手伸向天空，大呼"和平、和平"，他们呼吁上帝，乞求和平。到 11 世纪初，"上帝休战"正式被提出。"上帝休战"的内容主要是把封建主的私战限制在一定的时间段中，那些破坏和平的人，将不允许他们参加教会的圣餐礼，不允许教士为他们举行葬礼仪式。1017 年，贵族和骑士宣誓遵守克吕尼修道院院长奥狄罗拟定的"上帝休战书"。1035 年，奥狄罗联同法国南部的阿尔兹大主教、阿维尼翁、尼斯的主教等，发布了休战宣言，规定从星期六正午到星期一早上，为纪念耶稣基督受难，在此期间一切暴力行为都将受到教会的严厉惩罚。这个宣言不但为法国南部各地而立，还抄写寄往意大利各教会。1041 年，在法国南部图卢兹举行的和平集会上，首次把"上帝和平"和"上帝休战"相互融合起来。在当时的社会中，教俗封建主为各自的经济利益已经掠夺成性，对上述这些"和平""休战"的宣言、法令大多是置若罔闻。对于奥狄罗重提"上帝和平"，到底有多少效果，现在无人知晓。但他提出这一问题的本身，已说明克吕尼修道院在当时的社会中，已有相当的势力和影响，并已自认为有了仲裁者的资格。

第三阶段：从反对"西门尼"和"尼哥拉主义"着手，提出调整教会与国家关系的要求。所谓"西门尼（Simony）"指的是圣职买卖。西门是个圣经人物，他的情况在《圣经·新约》之《使徒行传》中有叙述。书中说，西门是个魔术师，住在撒马利亚，能施法术赚钱。使徒彼得、约翰到达该城后，给教徒行"按手礼"。一时间许多教徒都要求彼得和约翰为他们行"按手礼"。西门认为彼得比自己法术高，就表示愿意出钱买其法术，遭到彼得的训斥。后来教会人士将买卖圣职的行为称为"西门尼"，反对"西门尼"就是反对用金钱或其他卑劣手段取得教会圣职。"尼哥拉"一词出自《圣经·新约》之《启示录》，书中提到基督教会内有一个宗教派叫尼哥拉，它允许自己的信徒吃崇拜偶像的祭品，行奸淫之事。这里主要指后一种行为。反对"尼哥拉主义"就是要坚持教士、修士独身的规定。

克吕尼改革运动刚开始时，克吕尼派的大多数人并不反对神职由皇帝叙任的事实。但是到 11 世纪中期，克吕尼派已经把神职由皇帝叙任的规定视为"西门尼"，认为它同平信徒委任神职没有什么区别。因此他们在反对买卖神职的口号下，试图夺回主教叙任权以增强教皇的权力，进而要求调整教会同国家的关系。于是克吕尼派极力抬高罗马教皇的地位，宣扬整个基督教会应听命于罗马教皇的思想。

克吕尼运动在西欧引起了强烈的社会反响，它的影响主要在三个方面：

1. 确立起教皇政体，使教皇权势不断攀升，形成了中世纪兴盛期西欧独特的社会面貌。

1049 年，克吕尼派的神职人员利奥九世成为教皇，从此改革派掌握了教廷实权。利奥九世上台后，即对罗马教会进行了一系列改革，主要内容为：

（1）挑选一批支持他并有改革热情的高级教士进入罗马教廷，形成一个紧密的改革派集团，这个集团的人选不再限于罗马地区，而是扩大到了整个西方教会，教廷由此成了一个国际性的机构。

（2）摆脱罗马贵族对教廷事务的控制和干预，利奥九世认为教会问题的症结在于世俗权力凌驾于教权之上，夺回主教叙任权的第一步是反对买卖圣职。他以严格的教令规范教士的道德行为和日常生活，强调教士独身，以防止教会财产被分割。

（3）努力与下层教会建立直接的联系，以树立起罗马教皇的权威。利奥九世在位时期，不仅派遣特使出使西欧各地，还亲自巡游各地，在所到之地召开宗教会议，以普世的总主教身份强调反对买卖圣职，禁止通过各种手段使教会财产还俗等一系列改革主张。通过这些措施，罗马教廷加强了与各地教会的直接联系，并使教皇权力的至尊以具体化、形象化的形式呈现在各地教徒面前。

但是利奥九世时期教会改革在相当程度上还是依赖于世俗君主的支持。政、教斗争尚未公开化。1056 年，富有魄力的德意志国王亨利三世去世，年仅 6 岁的亨利四世（1050—1106 年）即位，摄政的皇后阿格尼斯软弱无力。这一转折结束了教会改革政策所依赖的教廷和德意志国王之间的合作关系，教会改革派乘机摆脱了皇权的控制，中世纪史上著名的争夺主教叙任权的斗争终于拉开了帷幕。

1057 年，红衣主教霍姆伯特发表论著《斥买卖圣职者》，详尽阐述了圣职授职的权限。他指出授予主教的权杖和戒指完全是一种宗教仪式，不属于世俗权力范围。因此，教会的任何职务都不能由世俗领主授予，也不能由国王或皇帝授予。他认为买卖圣职不只是一种罪行，而且还是一种异端行为。他提出应该按教会传统，由教士和教徒自由选举圣职。1077 年，教皇格列高利七世和德王亨利四世的斗争而引发的“卡诺莎(Canossa)觐见”，使罗马教皇以宗教法权战胜了世俗皇帝。卡诺莎为意大利北部的古城堡，今雷焦(Reggio)附近卡诺莎村。

2. 营造出浓厚的社会宗教气氛，使第一次十字军东征成为欧洲的一次全民运动。

伴随克吕尼运动的深入和教皇至尊地位的形成，西欧社会形成了世俗生活与宗教生活交织的特殊现象。人们的人生观、财富观、价值观以及其他一切行为，都受到基督教教义深刻而持久的作用，在几乎任何一个教堂或小村庄都会听到人们发自内心地对天国的追求和对地狱的恐惧。

10—11 世纪之交，正值基督教史上第一个千禧年到来之际。“世界末日”的古老传说仿佛具有了极大的真实性，与典型的末世论恐怖相伴随的是各种各样的灾难：时疫、饥荒、凶兆(彗星、日蚀等)。从 910—1040 年，西欧约有 48 个灾荒年。在法国，970—1100 年，饥荒年岁不下 60 年，特别是从 1032 年起，出现了连续三年的特大灾荒，西欧陷入了恐怖之中。人们担忧人类的末日降临了，他们相信上帝将毁灭这个世界，正像上帝在诺亚时以洪水毁灭人类。在这种压力下，一种强烈的“赎罪”与“修来世”的意识成为当时的社会时尚。人们把现实苦难看作是上帝对其的惩罚，积极提倡苦修、禁欲与补赎，并由此引发出狂热的圣物崇拜和圣地朝圣。在欧洲圣地朝圣早已有之，但此刻的朝圣被教会赋予了新的含义。即朝圣本身也是一种补赎，朝圣者启程之始要像教士一样立誓信教，朝圣期间要过独身生活，并要忍受旅途中各种难以想象的严酷生活。于是圣地朝圣便具有了一种特殊的精神价值。去耶路撒冷、罗马以及孔波斯特拉的圣雅各的集体朝圣开始风行。根据古老的传说，使徒圣雅各就埋在那里，因此这里是中世纪重要的朝圣地。原先小规模的朝圣被大规模的忏悔朝圣所替代。1054 年，康布雷主教率领 3 000 名朝圣者前往耶路撒冷；1064—1065 年，德意志科隆、美因茨等地的主教，率领上万名基督徒和一支拥有相当人数的军队组成的朝圣大军，前往耶路撒冷。大批的朝圣者朝耶路撒冷圣城艰难跋涉，希冀上帝的儿子能破云而出，这种幻想使朝圣队伍日益扩大。在这种宗教狂热中，当教皇乌尔班二世宣称“凡纯粹出于虔诚参加十字军者可以用远征来代替一切补赎”的时候，人们纷纷把东征看作是一条灵魂拯救的道路，毫不迟疑地加入了十字军“圣战”。

3. 形成了“基督教世界”的概念，加速了欧洲文化的认同过程。

克吕尼运动的发展，带来了浓厚的社会宗教气氛，西欧精神上的统一王国——罗马天主教的普世地位亦逐渐形成。在所有皈依了天主教信仰的西欧国家里，从王公贵族到平民百姓都把上帝的权威看得至高无上。基督教会通过宗教信仰和它的教会组织系统把当时分崩离析的西欧联结在一起,这种状况在客观上促进了西欧各国之间的思想文化交流和社会生活的联系,加速了欧洲文化的认同过程,为欧洲中世纪基督教文化的繁荣提供了条件。

在 11 世纪末至 12 世纪上半叶,欧洲共有的认同感与日俱增。当时,欧洲的编年史家采用了一个虽然不算完全陌生,但过去很少听说的名词——“西方人”,即“基督教信徒”或“信仰基督教的同道”。“这个名词使欧洲人首次有了自己的称呼,它既指基督教信仰,又指整个基督教世界,很快流传开了”([英]约翰·麦克曼勒斯:《牛津基督教史》,贵州人民出版社 1995 年版,第 175—176 页)。的确,在 12 世纪时,西欧的神学家已经把所有的基督教徒看作是一个团体了,他们不仅把俗人和教士看作是这个团体的两个组成部分,而且还认为俗人应该由君主管理,教士应由教皇领导。当君主行为不轨时,教皇可以纠正他们。这个“基督教世界”的概念,可以理解为两层含义:1.这一世界主要以信仰为核心,罗马教皇是“基督教世界”的最高领袖,他可凌驾于教俗两界之上;2.只要同为基督徒,便可四海之内皆兄弟,对上帝的信仰和忠诚超越了其他所有的感情,在这种氛围中,“非我族类”的只能是那些“邪恶”的异教徒。

四、十字军东征前的拜占庭帝国

5 世纪末,西罗马帝国解体后,继起许多日耳曼国家,但东罗马帝国仍然控制着地中海东部自巴尔干经由小亚细亚、叙利亚及巴勒斯坦、埃及的广大疆土，继续存在了将近1 000年之久。东罗马帝国又称拜占庭帝国，在欧洲的历史上产生过重要的影响，它总共1 000多年的历史，可以分为三个阶段：

第一阶段：从4世纪末到7世纪初，东罗马帝国的统治者仍然是过去古罗马统治者的继承人，而且自视为正统，企图通过种种努力来恢复古罗马帝国的疆域和秩序；

第二阶段：从7世纪初到13世纪中叶，这一时期东罗马帝国共经历了5个封建王朝的兴衰，即希拉克略王朝(610—711年)、伊苏里亚王朝(717—802年)、阿摩里亚王朝(820—867年)、马其顿王朝(867—1056年)、科穆宁王朝(1081—1185年)。第四次十字军东征后，西欧人又在这里建立了所谓的拉丁帝国(1204—1261年)。

第三阶段：从13世纪中叶到15世纪中叶，称为“后期拜占庭帝国”，主要处于巴列奥略王朝(1261—1453年)的统治下，拜占庭帝国由衰落到灭亡。

11世纪上半叶，拜占庭处于马其顿王朝的统治下，曾经出现过一时的辉煌。皇帝巴西尔一世(867—886年在位)重建军队，修订法典，力图从内外两方面复兴帝国。向东，拜占庭军队推进到幼发拉底河上游，并对阿拉伯帝国逐渐采取攻势。向西，拜占庭军队把亚得里亚海东岸的达尔马提亚地区并入帝国领域，又夺取了意大利南部的巴里，并使塞尔维亚、保加利亚与马其顿处在君士坦丁堡的控制之下。但随着地方封建势力的发展，拜占庭帝国内部争夺王位的内战也愈演愈烈。1057—1081 年的短短 24 年间，便有 5 个皇帝先后被更换，由此造成中央政权的权威大大下降，帝国的国力亦日益削弱，拜占庭再次成为外力进攻和征战的对象：斯拉夫人侵袭巴尔干半岛，诺曼人在意大利推进，匈牙利人占领塞尔维亚的贝尔格莱德，更为可怕而持续的威胁来自帝国的东方——塞尔柱突厥人以极快的速度进入近东，他们在安那托利亚的扩张严重威胁到帝国的统治。1071 年曼齐科尔特决战中，拜占庭皇帝罗曼纳斯四世率领的军队被塞尔柱苏丹阿斯兰一世歼灭，皇帝本人也成了俘虏。到 11 世纪 80 年代，拜占庭在原为帝国根基的小亚细亚只保留了几座沿海城市。拜占庭的西部也由于 1054 年东西教会的决裂而恶化。遭受内部争斗和外敌侵逼的拜占庭帝国，已处于极端困难的境地，这导致它在 1095 年向西欧求助。

拜占庭帝国能在许多世纪内挡住来自亚洲、欧洲的游牧民族的频仍侵扰，又能在同波斯人、阿拉伯人及后来的土耳其人在数百年斗争中经受住一次次的巨大冲击，与其社会特点有密切关系。

拜占庭人十分重视农业，把土地视作财富与国力源泉。早在 10 世纪时，拜占庭有位皇帝一语点明："要保全一个国家，有两件东西是必需的，那就是农业和军事艺术。"（[法] P.布瓦松纳：《中世纪欧洲生活和劳动》，商务印书馆 1985 年版，第 33 页）伊苏里亚王朝皇帝利奥三世曾实施一项重大改革，涉及军队与农业两方面。利奥三世推行宅姆（Theme，即由将军兼任省督的军管区）行政制度，把帝国划分许多宅姆，其首脑不仅有军权，还有民政权，那些普通士兵既是终身服役的兵士，又是农民，他们有土地，其中一部分土地还租给其他农民。而士兵服役又可免缴一部分租税，退伍军人也可分得小片的土地。这样，帝国将各省土地分给农民耕种，作为他们服兵役的报酬。这种分省统治不仅确保有效的行政管理，还提供了军费储备[［美］斯塔夫里阿诺斯著，吴象婴、梁赤民译：《全球通史》(1500 年以前的世界)，上海社会科学院出版社 1999 年版，第 405 页]；在一定程度上农民型的民兵还提高了拜占庭军队的战斗力。

手工业和商业活动给予拜占庭以财富和奢华，造成它在政治上和经济上的霸权。在拜占庭帝国的各大城市中，有相当一部分人从事日用品制造和奢侈品生产。这些手工业产品不仅用于教堂、修道院的祭祀礼拜仪式，也是皇宫盛典不可或缺的物品，不少还是拜占庭的重要输出物。

君士坦丁堡是拜占庭帝国最重要的手工业中心，这里集中了帝国开办的制造厂与作坊，有造币厂、兵工厂、造船厂和制造名贵的猩红呢料与丝绸的国家作坊。君士坦丁堡城内的麦萨中央大街，从奥古斯都广场到套鲁斯尽是手工作坊，生产各种各样的奢侈品：金线织成的五彩丝绒、饰宝石的女士服装、象牙雕刻与镶嵌细工的圣像。希腊的萨罗尼迦也是帝国的一大工业中心，这里不少手工作坊制造铜器、铁器、铅器和玻璃制品。伯罗奔尼撒还是重要的丝织品中心，这里生产各种丝绸和麻布，高级丝绸用推罗紫染料染色，上面绣着各种花色；而亚麻布如此细密，整整一大块可卷起来塞在一根手杖之中。希腊地区的萨罗尼迦、优卑亚、雅典、底比斯以及伯罗奔尼撒等地，都设有兵工厂，制造弓箭、枪和护甲，后者有时镶雕得甚为美丽。工艺上的技巧和形式的多样化，在 6 个世纪中，为拜占庭手工在世界上赢得了无数的优势。

正是由于这种工业上的优越性，才能使拜占庭持久保持着它在商业贸易上的优势地位。商业贸易是拜占庭帝国经济的生命线，在 11 世纪时，仅仅君士坦丁堡的贸易和海关税收，每年就为帝国国库带来 730 万贝占特(bezant，拜占庭的一种金币，重约 4.55 克)的金子。拜占庭发达的商业贸易首先得益于它优越的自然条件。曲折的海岸线上有许多优良的港口，拜占庭位于西亚和欧洲的海上和内陆所有各大贸易路线的汇合点，控制着联结地中海与黑海的门户；而游弋海上的拜占庭舰队在抵御外敌入侵时起了重要的作用，这一切有助于保障并促进航海事业和海上贸易的发展。

君士坦丁堡是拜占庭帝国最活跃的商业城市，城内到处是批发庄、仓库、队商寓所、银行、货币兑换处等设施。经济的繁荣和优越的地理位置吸引各国商人纷至沓来，两条主要的交通线路即把欧洲同东方联系起来的以及把地中海东部的工商业中心与黑海沿岸的农业地区联系起来的商路在君士坦丁堡找到了交叉点。君士坦丁堡不仅是东方与西方之间一座黄金桥梁，还是南方与北方之间的一线形胜孔道。向东，它可与波斯、印度、中国等进行贸易，穿过黑海和北欧也有商业来往，它把几乎全部的地中海贸易掌握在自己手里。北欧的出口商品如毛皮、蜂蜡、琥珀、干鱼等也源源不断运入君士坦丁堡。拜占庭各地的物品以及来自东方的香料、象牙、珠宝等贵重物品经君士坦丁堡运往西欧。

君士坦丁堡市中心有华厦与林荫回廊沿街的中央大道，壮丽的大街矗立着雕像与凯旋门。皇宫居市中心，它的东南面为御花园，还有竞技场；西边是奥古斯都广场及圣·索菲亚教堂。圣·索菲亚教堂代表了拜占庭建筑艺术的最高成就，教堂有高达 60 多米的大穹顶，极大丰富了这个城市的侧影。教堂距海很近，四方的船只远远就能望见。

拜占庭的富庶，引来了西方基督教会贪婪的目光。塞尔柱人的进逼迫使它向西欧求助。

五、基督教东、西教会的决裂

基督教东、西部教会之间的分歧由来已久，其中有文化传统方面（东、西教会在文化传统上是很不相同的。东部教会秉承希腊文化传统，西部教会形成了拉丁文化传统，由此形成了神学、教义、礼仪、习俗等方面的差异）的原因，也有历史、地理等原因，但直接原因是东、西部教会为争夺教会最高权力不断发生矛盾冲突，终于在 1054 年彻底决裂。

自 4 世纪君士坦丁迁都以后，东部教会始终在皇帝的严密控制之下。皇帝有权召开宗教会议，任免主教，惩处教士，教俗两权都集中在皇帝手里。西部教会则完全不同。由于日耳曼人入侵与西罗马帝国灭亡，东部皇帝无力插手西欧，罗马教会逐渐成为西部教会之首，并拥有了很大的世俗权力。到 6 世纪末，罗马主教格列高利一世为加强罗马教会的势力，采取了一系列改革措施，使教会势力得到空前提高，他自尊为“上帝众仆之仆”，位在众主教之上。从此，罗马教会逐渐演变为罗马教廷，罗马主教开始被称为“教皇”或“教宗”。

726 年，拜占庭皇帝利奥三世以地中海一小岛火山爆发是上帝对敬拜圣物的震怒为理由，下令把圣像移出教堂并予以销毁，刷去墙上的圣画，从而开展了一场废除圣像崇拜的运动。他希望通过禁止圣像崇拜，加强帝国中央集权。其间，许多修道院变成兵营，大批教士被迫还俗，大量教产收归国有，反抗者遭到镇压。针对这种情况，罗马教皇斯提芬三世于 769 年在罗马召开宗教会议，绝罚反对圣像崇拜的人。为此，皇帝剥夺了罗马主教对意大利南部与西西里拥有的管辖权，导致罗马主教与皇帝的彻底决裂，转而寻求法兰克人的支持。

800 年，教皇利奥三世（约 750—816 年，795—816 年在位）为法兰克国王查理曼大帝加冕，极大地提高了教皇的权威。罗马教会的辖区遂成为全欧洲最大的势力之一，东西方教会之间的矛盾、斗争和冲突由此也更加尖锐和激烈了。此时东西方教会在世俗政权的支持下，围绕教会权力、教义、势力范围等问题展开了激烈的斗争。

第一，争夺教会的最高领导权。罗马主教一贯宣称罗马教会是使徒圣彼得首创的，罗马教会是圣彼得的继承人，理应高于东方教会。东部教会则在拜占庭皇帝的支持下，宣称自己在普世基督教会中，应和罗马教会在教务上享有

朝拜三位一体图

同等权利。857 年，拜占庭皇帝米凯尔三世（Michael，842—867 年在位）废黜了原君士坦丁堡牧首伊格那基，提拔自己的亲信佛提乌为君士坦丁堡牧首。伊格那基呼吁罗马教皇查究，罗马教皇尼古拉一世乘机进行干预，要求皇帝恢复伊格那基的职务、归还意大利南部和西西里的管辖权。对此，东派教会置之不理。863 年，尼古拉一世召开宗教会议，宣布废黜佛提乌，革除其教籍。佛提乌也针锋相对谴责西部教会传播异端思想、僭夺权力，革除尼古拉一世的教籍。“佛提乌事件”成了东西方教会彻底决裂的第一幕。

第二，“和子句”之争。教义分歧是东部教会与罗马教会分裂的又一重要原因。基督教认为圣父、圣子、圣灵三位一体。但东西教会对“三位一体”中“圣灵”的出处有不同看法。东方教会继承希腊哲学关于世界只有一个本原的原理，认为圣灵仅来自“圣父”，被称作“单出说”。而西方教会遵循教父奥古斯丁关于“圣灵是父与子间的爱”的学说，而认为圣灵出自“圣父”和“圣子”，即谓“双出说”。双方经常利用教义分歧指责对方为异端，以确立本派教会的正统地位。5、6 世纪时，西方教会把《圣经》中“圣灵来自圣父”的句子念成“圣灵来自圣父和圣子”。后来，罗马教会把它定为成语，从而普遍流行。东派教会坚决反对“和子句”，认为这是对基督教信仰的亵渎。

第三，争夺势力范围和经济利益。阿拉伯帝国兴起后，东部教会一连失去了不少地方，只得调转方向，向北、向西，向巴尔干地区发展，以开拓东部教会的势力范围。9 世纪中期后，东部教会以帝国政府为后盾，积极向外传教。君士坦丁堡的传教士团在巴尔干地区的摩拉维亚、保加利亚活动，遭致罗马教会的强烈反对。

9、10 世纪拜占庭帝国恢复了部分被阿拉伯人占领的领土，再度确立了在意大利南部的地位。君士坦丁堡教会从拜占庭势力的复兴中，增加了勇气与胆量，遂把俄罗斯、保加利亚与塞尔维亚地区置于自己的教务管辖中，更激烈地反对妄图僭称普世基督教世界独裁者的罗马教廷。963 年罗马教皇为德意志国王奥托一世（936—973 年在位）举行加冕典礼，称“神圣罗马帝国”皇帝，这一事件深深刺痛了拜占庭皇帝和东部教会。

11 世纪中叶，罗马教会联合诺曼人，把拜占庭帝国势力挤出了意大利南部，并任命罗马教会教士担任意大利南部及西西里的主教。君士坦丁堡牧首随即效尤，也往那里派遣主教，造成双方对峙。1053 年，君士坦丁堡牧首色路拉里斯发出通谕，指责西部教会违背传统宗教礼仪，在圣餐时使用无酵面饼，又把“和圣子”句加到《尼西亚信经》里面等。同年，牧首色路拉里斯关闭了君士坦丁堡所有遵循拉丁仪式的基督教堂。听到这一信息，罗马教皇利奥九世决定以牙还牙，指责东部教会与色路拉里斯的异端罪责，声称使徒圣彼得创建的罗马教会高于一切教会，要求君士坦丁堡牧首必须承认罗马教皇的权威。1054 年，他派遣枢机主教洪贝尔等人去君士坦丁堡，要与皇帝及牧首商讨解决东西教派间分歧的办法，遭到拒绝。洪贝尔遂将绝罚色路拉里斯的“教皇通谕”置于圣索菲亚教堂的祭坛上以示决裂。

被激怒了的色路拉里斯在拜占庭帝国皇帝的支持下，立即召开宗教会议，宣布革除罗马教皇及其使节的教籍。基督教终于分裂为两派——罗马公教（即天主教）和希腊正教（东正教）。

然而，自居于基督教世界首领地位的罗马教廷仍不忘有朝一日夺取对东方教会的领导地位，这成了罗马教廷发动十字军东征的一个重要原因。

六、法蒂玛王朝的兴衰

阿拉伯人在一个世纪中，扩张成为一个地跨亚、非、欧三洲的大帝国，形成了一个多民族、多宗教和多种社会形态的庞大而松散的阿拉伯帝国。阿拉伯帝国横跨亚、非、欧三大洲，东起帕米尔高原及印度河，西迄直布罗陀海峡，公元8—9世纪盛极一时。但即使在帝国强盛时期，哈里发的政权也不能驾驭全境。对于边远省区，更是鞭长莫及。9世纪中叶起，阿拉伯帝国阿拔斯王朝（750—1258年）逐渐由盛转衰，各地总督纷纷趁机拥兵自立，先后出现了一批独立与半独立的小王朝。909年，法蒂玛王朝（909—1171年）创立于北非的突尼斯。法蒂玛王朝信奉伊斯兰教什叶派，反对信奉逊尼派的阿拔斯王朝在伊斯兰世界的宗教领导权，其创始人为什叶派的支派伊斯玛仪派的首领，自称为欧伯杜拉·马赫迪（期待中的救世主）。他宣称自己是先知穆罕默德女儿法蒂玛的后裔，故新王朝称为“法蒂玛王朝”。因法蒂玛王朝崇尚绿色，中国史书上称之为“绿衣大食”。

从9世纪下半叶起，埃及脱离阿拉伯帝国巴格达政权而独立，先后经历了土伦王朝(868—905 年)，伊赫什德王朝(935—969 年)、法蒂玛王朝(909—1171 年)、阿尤布王朝(1171—1250 年)和马木鲁克王朝(1250—1517 年)的统治。16 世纪初成为奥斯曼帝国的一部分。埃及是伊斯兰教世界的中心，以埃及为基地，就可驾临伊斯兰世界，东可攻西亚，西可进北非。因而法蒂玛王朝伊始，就处心积虑地谋划进攻埃及。913 年、919 年、933 年法蒂玛王朝连续三次从海陆两路进攻埃及未果。968 年，法蒂玛王朝第四次进攻埃及。此时的埃及因君主卡夫尔去世，国内形势严重恶化，经济衰败，旱魃施虐，连续几年的饥荒、瘟疫，使社会极度动荡；而阿拉伯帝国的阿拔斯王朝哈里发也自身难保，无法派军队前来支援。相反法蒂玛王朝出现了一位文武双全、能征善战的将军加瓦尔・西吉里。他原是希腊的基督教徒，以奴隶身份被卖至北非并改宗伊斯兰教，为法蒂玛哈里发穆伊兹(952—975 年在位)所重用，擢升为大将。加瓦尔在出征埃及前，作了充分的准备，积聚了大笔军费，置备了丰富的军备物资。他统率 10 万大军进击埃及，宣称要援救处于水火中的埃及民众，把随军带来的粮食发放民间，因而几乎未经战斗就进占了亚历山大港及埃及古都福斯塔德城。在福斯塔德城，加瓦尔宣布埃及已属法蒂玛王朝版图，埃及地区停止为巴格达哈里发祈祷，改为法蒂玛哈里发祈祷。他还宣布废除旧币，改铸刻有法蒂玛哈里发穆伊兹名字的新币。法蒂玛人在福斯塔德城旁造起新都，命名为“卡西拉”(今开罗)，继而在新都建筑皇宫、修建爱资哈尔清真寺。此后，法蒂玛王朝军队征服了叙利亚、巴勒斯坦和希贾兹，其疆界从东部的希贾兹、叙利亚扩展到了大西洋沿岸。到第五任哈里发阿齐兹统治时期(975—996 年在位),法蒂玛王朝已成为东地中海最强大的伊斯兰国家,其国势达于极盛。当时的埃及,生产力显著提高,国内的灌溉农业、畜牧业与手工业得到了普遍发展,埃及成了地中海区域最繁荣的国家。在哈里发财政部门监管下,对外贸易是国库的重要收入。它与地中海国家尤其是意大利各城市有着频繁的贸易关系。埃及与印度洋国家、拜占庭帝国也有大宗货物交往和大规模海上贸易。哈里发阿齐兹对待宗教也较为宽容,他虽是什叶派信徒,但尊重逊尼派,不干涉逊尼派的宗教活动;他也保护异教,重用基督徒与犹太教徒。他还是一个学术爱好者,他把开罗著名的爱资哈尔清真寺变成了一个学院,延揽学者,进行研究。

阿齐兹之后的几个哈里发统治时期时局发生动荡。柏柏尔人、突厥人和苏丹人争权夺利,兵祸连年,最典型的是哈基姆(996—1021 年在位)。哈基姆是一个行为古怪、暴虐无道的人。他杀害了几个大臣,对民众也如临大敌。民众偶有巷议,即遭惨杀。原先开罗夜市商旅云集、十分繁盛。哈基姆生怕在夜晚人群聚集时发生骚乱,下令禁止夜市,颁布"宵禁法",禁止人们在从日落到日出前外出。他禁止妇女外出,甚至不许从窗里向外窥视。他下令制鞋匠不得制作女鞋,以使妇女无鞋穿,难以出门。哈基姆一改前任哈里发宽容对待异教的政策,恣意歧视、迫害异教,他强迫基督徒和犹太教徒穿黑袍,命令他们进入公共浴室时,基督徒要露出脖子上的十字架,犹太教徒要露出戴铃的颈箍;严禁他们骑马，只准骑驴。他还在各处捣毁异教教堂，抢劫教堂内财物，甚至下令驱逐埃及全境的基督徒和犹太教徒。1008 年，哈基姆下令烧毁了耶路撒冷的圣墓教堂，这一事件成为西欧十字军东征的口实之一。

11 世纪后半叶，穆斯坦绥尔（1035—1094 年）在位时，法蒂玛王朝迅速衰落，各地分裂成一些独立的割据势力，不受哈里发控制。哈里发本人则成了突厥禁卫军的傀儡。阿拔斯王朝时，军队中的阿拉伯成分逐渐减少，更多依靠波斯成分。哈里发的禁卫军，是由呼罗珊人组成的。到穆尔台绥姆（833—842 年）时，更把从中亚及费尔干纳贩运来的突厥奴隶组成禁卫军。禁卫军的作用日益重要，以后又从这些突厥奴隶中选择禁卫军军官，导致日后禁卫军操纵朝政的局面。军队的骚动与内讧不断发生，国家控制的土地日趋缩小，财政收入窘迫，国势衰落。北非地区脱离了法蒂玛王朝的控制，叙利亚和巴勒斯坦常常公开反叛，耶路撒冷和大马士革分别于 1071 年和 1076 年落入塞尔柱人之手。西欧组织的十字军，正是在东方呈现一派混乱的情况下发生的。

七、塞尔柱帝国的崛起与扩张

土耳其人的祖先是突厥人。塞尔柱人是突厥乌古斯部落联盟中的一支，他们的游牧场地在锡尔河北岸的吉尔吉斯草原。“塞尔柱”一名出自乌古斯部落酋长塞尔柱·本·达戛格。10 世纪中叶，塞尔柱率领部分乌古斯突厥人迁徙至锡尔河南岸下游。在那里他与其追随者皈依了伊斯兰教的逊尼派。

11 世纪上半叶，阿拉伯帝国阿拔斯王朝的政局可概括为：哈里发大权旁落，疆土四分五裂，宗教派别斗争激烈，社会混乱，帝国奄奄一息。塞尔柱人在其首领托格卢尔·伯克统率下，对伊朗和两河流域地区发起攻势。1038 年，塞尔柱人击败伽色尼王朝（962—1186 年，由中亚突厥人建立，统治中亚南部、伊朗高原东部、阿富汗、印度河流域等地的伊斯兰王朝，又称“嘎自尼王朝”。极盛时期为中亚帝国，占据着伊朗大部、土库曼斯坦、乌兹别克斯坦部分地区、阿富汗、巴基斯坦与印度北部）的军队，夺取了伽色尼重镇尼沙蒲儿、木鹿。以木鹿为首都，建立了塞尔柱王国。1040 年，塞尔柱人在丹丹坎（约为现在的塔什拉巴德）与伽色尼苏丹马苏德亲率的军队决战。当地是沙漠，塞尔柱人把沙漠中的水井全部填塞，导致伽色尼军人马干渴难熬，大批牲畜倒毙。当马苏德的伽色尼军队到达丹丹坎时，居民紧闭城门，军队被迫继续前走。塞尔柱见到伽色尼军队劳顿疲惫、不堪一击时，即发动进攻，击溃伽色尼军队。苏丹马苏德则骑乘大象慌忙逃窜。托格卢尔·伯克随即在战场上安放宝座，宣布自己是东波斯呼罗珊地区的最高统治者。1043 年，塞尔柱人征服米底（今阿塞拜疆）。1055 年，托格卢尔·伯克率塞尔柱人进入阿拉伯帝国阿拔斯王朝的首都巴格达，迫使哈里发嘎义木（1031—1075 年）封其为苏丹，形成了以古代波斯为中心的塞尔柱帝国。从此，阿拔斯王朝处于塞尔柱人的控制之下。哈里发仅保有宗教领袖的地位。1258 年，蒙古军队攻占巴格达，杀死了阿拔斯王朝最

塞尔柱帝国士兵(浮雕)

后一位哈里发穆斯台绥姆(1242—1258 年),阿拉伯帝国最后灭亡。

在托格卢尔·伯克的侄子艾勒布·阿斯兰一世(1063—1072 年在位)统治下,塞尔柱人所统治疆域日见扩大,从法蒂玛王朝手中夺占了阿拉伯半岛上的麦加城与麦地那城,从拜占庭帝国的手里夺取了基督教的亚美尼亚首府亚尼。1071 年,阿斯兰一世在亚美尼亚凡湖北面的曼齐克特击败拜占庭大军,俘获了拜占庭帝国皇帝罗曼纳斯四世·狄奥杰尼斯。拜占庭帝国所属的小亚细亚大部分地区尽归其手。阿斯兰一世之后,其子马利克沙(1072—1092 年在位)继位。马利克沙时代,塞尔柱王朝的势力臻于顶峰,其版图东起锡尔河流域,西至叙利亚和小亚细亚,形成了一个强大的军事帝国。据说马利克沙乘船过乌浒水(即阿姆河)支付船夫的船资时,他开了一张支票,叫他们到地中海东岸他驻安条克的总办取款,居然不折不扣地兑了现,足见塞尔柱帝国疆域之广袤。

塞尔柱帝国的统治是建立在部落基础之上的,以游牧民族的习惯与组织形式治理国家,很难巩固统治。1092 年,马利克沙死后,诸子纷争,帝国四分五裂。在叙利亚、克尔曼(位于伊朗中南部卢特荒漠边缘的高地上)、小亚细亚等地充满了塞尔柱人的地方割据势力,并形成了一些颇有影响的小王朝,如罗姆的塞尔柱王朝(亦称罗姆苏丹国)、叙利亚的塞尔柱王朝、米迪亚的塞尔柱王朝(后来替代大塞尔柱王朝的中央政府统治巴格达)。第一次十字军东征发生时,耶路撒冷、的黎波里和阿勒颇等地纷纷向巴格达告急求援，而此时的阿拉伯阿拔斯王朝和塞尔柱帝国已是西山落日，对来自西方的汹涌恶流无能为力。

讲述塞尔柱帝国的历史，还须提及塞尔柱帝国在巴勒斯坦圣城的所为。11 世纪 70 年代，塞尔柱军队乘势进占叙利亚、巴勒斯坦和小亚细亚一带地区，在耶路撒冷统治了约 20 年，虽然塞尔柱人在一定程度上已经接受波斯与阿拉伯的习俗；仍不时流露出游牧民族的凶悍气息，特别是在控制权并不牢靠的巴勒斯坦地区，更是担忧失去对这些地区的统治，他们不可能慢慢地等待着商务和宗教自由带来的利益。因而塞尔柱人对经历千难万险前来耶路撒冷圣城的欧洲基督徒朝圣者，不是善意对待，而是恶狠狠“对朝圣者关上大门”。正如英国史学家吉本所言：“一种无生命的野性或新有的热情促使土库曼人（即塞尔柱突厥人——引者）去侮辱每一个教派的教士；主教被揪住头发拖到街头，扔进牢房里去，以便从他的心软的教民手中勒索赎金；在复活教堂进行的神圣的礼拜时也常常受到野蛮、粗暴的干扰。”（［英］爱德华·吉本：《罗马帝国衰亡史》下册，商务印书馆 1997 年版，第 473 页）有关欧洲基督徒朝圣者在圣城的遭遇，成了十字军东征极好的动员令。

八、十字军东征前的耶路撒冷

耶路撒冷是中东地区的历史名城，它是犹太教、基督教与伊斯兰教三大一神教相汇之地。哭墙、圣墓教堂和岩顶寺相距仅一步之遥，这么多神圣的地方并列在如此狭小的范围内，乃举世无双。对犹太人来说，耶路撒冷是他们民族、宗教存在的精髓和核心。放逐时期，犹太人把这里看作是人类获得拯救的地方。对基督徒来说，耶路撒冷是耶稣传教、施行神迹、受难和复活升天的圣地。伊斯兰教徒把耶路撒冷称作古德斯（意为圣地），是先知穆罕默德宵夜升上天堂与安拉首次心灵相会的圣地，其神圣性仅次于麦加和麦地那。由于三教都把它视为圣地，因而也是这座城市造成冲突的根源。

耶路撒冷位于巴勒斯坦犹地阿（Judea）隆起的台地上，最早称为耶布斯。耶布斯人系阿拉伯迦南人的一个部落，他们崇拜名叫“撒冷”（Shalem）的和平神，在其居住的这座城市的山冈上，为和平神“撒冷”建了一座小庙，把该城视为圣城，并取名耶路撒冷，意为“撒冷神之城”。因撒冷神是和平神，故耶布斯人同时又把它视为“和平之城”。该城的居民是由迦南人、赫梯人与耶布斯人组成的。

在希伯来人占领迦南的过程中，耶路撒冷城仍是耶布斯人控制下的“飞地”。公元前 1000 年左右，大卫为王后，希望找一个更合适的地点作为他的政治中心，他选择了耶路撒冷。耶路撒冷位于南从约旦、西自地中海、北从上加利利而来的三条大道的交叉口上，战略地位重要，是一个易守难攻的要塞之地，离大卫的犹大部落不远。不久大卫王攻占了该城的锡安山，它是耶布斯城的前沿堡垒，被称作上城。大卫占领上城后加固了城防，迫使耶布斯人离开家园，将以色列上帝的约柜运到耶路撒冷，为他（上帝）建造了一座华丽的圣殿。圣殿选在大卫城的北面摩利亚山顶，这个

中东地区历史名城耶路撒冷

地方原是耶布斯人一处较高贵的场所，大卫王要在这里建造圣殿。但大卫时期这项工程没有立即动工，而是由其子所罗门建造完成的。

据《圣经》称，犹大部落的首领大卫统一了整个巴勒斯坦，成为以色列王。南北以色列分裂后，北方的十个部族失散，而南方王国只有犹大和便雅悯两个部落。后来，南国也被新巴比伦王尼布甲尼撒所灭，国王和居民被掳到巴比伦。他们成为犹太教和犹太传统的唯一传人。今天的犹太人自称是南国犹大部族的后代。犹大一词在希伯来语中被读作 Yehuda，复数形式是 Yehudim；在希腊语中，这个词被读为“Ioudaios”，后来在拉丁语中被读为“Iudeaus”，再到后来的英语中，便是人们所熟知的“Jew”。到了基督时代，一些基督徒把犹太人与一个来自伊斯加略、名叫犹大(Judas of Iscariot)的人联系在一起。因为他为了 30 个银币而出卖了耶稣。从此，犹太人因犹大而蒙耻，成为基督教徒世代怀恨的对象。所罗门王死后，犹太各部落发生内争，统一的以色列—犹太王国分裂为北、南两个小王国——以色列王国与犹太王国。耶路撒冷成为住在巴勒斯坦南部的犹太人的政治、宗教中心。

公元前 598 年，耶路撒冷为新巴比伦王国的迦勒底人攻占。耶路撒冷城遭受恐怖的蹂躏与毁坏，犹太王国的所有要塞被夷平，耶路撒冷的城墙遭拆毁，圣殿、国王宫殿以及各大户家的房子都被烧毁。迦勒底人还掠走了犹太王宫里的金银财宝以及耶和华圣殿里的“约柜”和祭器，并把杀戮后幸存的犹太贵族、富人、商人、工匠及民众作为囚虏，押解到巴比伦城。

公元前 538 年，波斯王居鲁士率军攻占巴比伦城，新巴比伦王国灭亡。居鲁士对犹太人实行开释政策，允许他们返归耶路撒冷，重建圣殿，并下令把那些被迦勒底军队从耶路撒冷劫掠来的全部祭器与约柜归还犹太人。重建圣殿是极为艰巨的工作，工程进行得十分缓慢，直到公元前 516 年才完成。第二殿要比所罗门的第一圣殿小且粗糙。尽管它不如原先的圣殿壮观，但也受到犹太人的极度推崇。

公元前 332 年，马其顿国王亚历山大在东征途中占领了巴勒斯坦。当时耶路撒冷的犹太教大祭司希蒙因施展外交才能博得亚历山大的欣赏与允诺，从而保护了耶路撒冷的圣殿。亚历山大去世后，耶路撒冷与巴勒斯坦地区都遭受到亚历山大继承人的战争祸害。埃及的托勒密王朝与叙利亚的塞琉古王朝都力图控制这一地区。

公元前 63 年，罗马将军庞培率大军进犯耶路撒冷，经过 3 个月的围困，耶和华圣殿终于在安息日失陷。庞培进入圣殿中的至圣之处，但他没有劫夺圣殿的财物，也没有干扰犹太宗教。

随后，巴勒斯坦伊都美人的首领安提帕特(其父信奉了犹太教)，玩弄政治权术，巴结罗马的恺撒派(因恺撒派成了罗马的主人)，被任命为这块土地的代理人。安提帕特任命其子法赛与希律为耶路撒冷与加利利的统治者，结果罗马人选择了希律。当政期间，希律的暴虐与日俱增，连他的妻子和两个儿子都被杀害。希律还把异教礼仪引入耶路撒冷，甚至开展马戏和武士角斗。他不信任犹太人，招募外国雇佣军驻扎各地要塞。他大兴土木，动工修缮耶路撒冷城，增设城堡。他在耶路撒冷城最重要的工程是重建圣殿。尽管他放肆地引进异教文化，但在修建圣殿时，还是命令重建工程必须严格按照犹太教的原则。圣殿内室用石头隔开，只有犹太人方能进入；圣殿前面筑一祭坛，可焚烧祭品；祭坛外面有一列 12 级台阶通向圣所。这所漂亮的圣殿由巨大的白石筑成，并覆有金色。犹太教徒为这座圣殿感到自豪，一位拉比得意地说："未看见过希律圣殿的人，是不会在其整个生涯中见到一座好建筑。"

罗马人的统治日益暴虐，终于引发了反抗罗马统治的犹太战争（66—70 年，亦称犹太人起义）。69 年，罗马皇帝尼禄派韦斯巴芗（69—79 年在位）率重兵前去镇压。同年，尼禄去世，韦斯巴芗赶回罗马，夺得帝位。军队由其子狄度（Titus，即后来的罗马皇帝提图斯）指挥，继续镇压犹太人。犹太人凭借耶路撒冷城的三道城墙，坚持数月。70 年，狄度率军攻陷耶路撒冷，大肆破坏和屠杀。城池失陷后，双方又在圣殿内决战，圣殿为此化为灰烬，第二圣殿只剩下靠西面的一堵墙的残垣，即西墙，日后被称为"哭墙"。对于而后的犹太教徒而言，哭墙是他们最神圣的朝圣地，甚至可以说是犹太民族的象征。犹太战争的结果，成千上万的犹太人被杀，更多的人被俘获或被卖为奴。罗马人为纪念这一胜利，特铸造钱币，钱币上刻上了"Judea Capta"（征服犹太）的字样。

罗马皇帝哈德良执政后，曾打算重建耶路撒冷城和重建圣殿以安抚犹太人。但后来他放弃了这一计划，准备把耶路撒冷建设为一个具有希腊特色的新城市。130 年，哈德良在访问耶路撒冷时宣布了这一计划，随即引起犹太人的极大义愤，从而触发了西门·巴尔·科西巴领导的大起义。西门·巴尔·科西巴为大卫家族的后裔，由于其出身，许多犹太人认为他就是救世主。因此他被改名为西门·巴尔·科赫巴(Simon Bar Kokhba)，意为“星辰之子”。犹太起义者英勇顽强，夺回了耶路撒冷。圣殿虽已毁，但犹太人仍在这里献祭。他们获得了短暂的独立，还铸造了货币。人们在 20 世纪 60 年代出土的当时的钱币上，看到了“拯救锡安”“为了以色列的自由”或者“以色列亲王西门”的字样。这场起义坚持了 3 年(132—135 年)，最后为罗马军团敉平。罗马人重占耶路撒冷后，把几乎全部的犹太人逐出圣城，并捣毁城内大部分犹太人建筑。哈德良在耶路撒冷建造了许多宏丽的公共建筑，包括浴场、剧院与竞技场。耶路撒冷第二圣殿的废墟上建立起一座罗马主神朱庇特·卡比托利纳斯的神庙，庙堂中立一尊朱庇特大神的雕像。又在各各他(耶稣遇难之地)修建一座维纳斯神庙，并把耶路撒冷城改名为埃利亚·卡比托利亚。埃利亚(Aelia)是哈德良皇帝家族的姓。卡比托利亚(Capitolia)之名从罗马主神朱庇特·卡比托利纳斯而来。罗马当局规定禁止犹太人重进耶路撒冷，违者处死。后来又改为犹太人一年中允许有一天可进入耶路撒冷，以拜谒哭墙。犹太人的独立性丧失了。

313 年，罗马皇帝君士坦丁颁布了米兰敕令，承认基督教合法存在。330 年,君士坦丁在原希腊城邦拜占庭建立新首都,命名为君士坦丁堡。君士坦丁皈依基督教,成为罗马帝国第一位基督徒皇帝。君士坦丁把耶路撒冷变为基督教圣城,他恢复了耶路撒冷城的名字。随即君士坦丁的母后海伦娜访问了耶路撒冷。依据海伦娜的口传,真基督十字架(即把耶稣钉死的十字架)及基督墓地都在耶路撒冷的维纳斯神庙下面的地窖中。于是人们拆毁了维纳斯神庙,在原址上建起圣墓教堂。圣墓教堂包括:耶稣复活地、圣墓、大巴西利卡教堂及真十字架。圣墓教堂落成后,基督徒朝圣者大批涌入耶路撒冷。基督徒在耶路撒冷城修建了修道院、济贫院、基督教堂等场所,耶路撒冷成为一座基督教城市。5 世纪,经罗马皇帝狄奥多西二世的皇后尤多西亚的努力,犹太人才被允许在耶路撒冷城居住。638 年,耶路撒冷落入伊斯兰教徒手中。据说哈里发欧麦尔曾亲自前往耶路撒冷,向民众宣布,保证他们的生命、财产与教堂、寺院不受侵犯,并“禁止干涉居民或强迫他们变为伊斯兰教徒”,允许犹太人返回耶路撒冷。

在以后的 3 个世纪中,基督教徒与伊斯兰教徒平和地生活在耶路撒冷。倭马亚王朝虽对耶路撒冷给予相当的关注,但巴勒斯坦的行政首都在耶路撒冷西北的腊姆拉。在阿拉伯人统治时期(638—1917 年,十字军时期中断),耶路撒冷从不是一个独立的国家,或者一个省区的首府。

伊斯兰教在耶路撒冷第一个重要的建筑活动是公元 691 年,倭马亚王朝的哈里发阿卜杜拉·马利克在被毁的圣殿山上建造岩顶寺,即萨赫莱清真寺。岩顶寺建筑在八角形的岩顶上。岩顶寺的穹顶镀金,青铜门上饰有金银片,并有精工镶嵌的花样与图案;还采用上釉花瓷砖,以方形或六角形砖块铺地;穹顶内部,哈里发马利克留下了他以库法体书写的文字;穹顶下有一巨石,即是传说中的先知穆罕默德夜行登霄的出发地。传说,先知穆罕默德创立伊斯兰教时,一天夜晚,他乘坐半鸟半马的神兽"闪电"来到耶路撒冷,踩着这块巨石登上七重天。这块巨石被伊斯兰教徒视为圣石。"萨赫莱"一词在阿拉伯文中意为"石头"。692年,哈里发马利克在萨赫莱清真寺的南边,建造了另一座清真寺——阿克萨清真寺。阿克萨清真寺面积达142 800平方米,包括整个庭院与附属建筑物,寺内有一长方形大礼拜殿,人称"欧麦尔礼拜寺"。

当阿拔斯王朝权势衰弱后,埃及人便向巴勒斯坦地区扩张。934年,埃及的伊赫西德王朝(935—969年)占领了耶路撒冷,其官员严刑拷打基督徒,并把一些基督教堂夷为平地。埃及法蒂玛王朝(909—1171年)的哈里发哈基姆在位期间,拆毁了8座基督教堂,包括在1008年焚烧了基督徒的圣墓教堂,引起基督徒的巨大愤懑,并激发了基督徒对耶路撒冷圣城的朝圣热情。1071年,刚在曼齐克特大败拜占庭大军的塞尔柱苏丹阿斯兰一世随即便调集军队急速南征,占领耶路撒冷。此后,塞尔柱统治者对朝圣的基督徒横加迫害,并在耶路撒冷烧毁谷物,砍倒树木,挖坟抛尸,由此引起的愤怒浪潮席卷了基督教的欧洲,它成了十字军东征的主要起因。

第二章　克勒芒宗教会议与农民十字军

一、教皇乌尔班二世与克勒芒宗教会议

虽然教皇格列高利七世曾号召东征，但他的东征计划未能付诸实行。重提并实施组织十字军东征的是教皇乌尔班二世[1088—1099年在位，法国人，原名为奥托·德·拉尼，1035年出生在法国马恩河畔香槟的一个贵族家庭。年轻时，他先后在苏瓦松和兰斯读书，1055—1067年曾任兰斯教区助祭。1070年，进入克吕尼修道院，后来成为该院院长。奥托·德·拉尼是一个很有政治谋略和处世手腕的人，又是一位学识广博、办事有毅力的人。他表面上温文尔雅，举止稳重，为人处世谦和、忍让，刚柔兼施，深得格列高利七世的赏识。1078年，格列高利七世将他提升为意大利奥斯蒂亚的枢机主教。1079年他被召到罗马教廷供职，1084—1085年被格列高利七世委任为教皇特使，派驻德意志。1085年格列高利七世去世，继位的教皇维克多三世(1086—1087年在位)没有什么作为，于1087年逝世。为解决教皇的继任者，克吕尼派的枢机主教们在罗马南部的特拉西那反复磋商，终于在1088年3月12日推选出枢机

主教奥托·德·拉尼为接替维克多三世的新教皇,称为"乌尔班二世"]。乌尔班二世上任后,把多年来教会改革的教令、教权至上的主张加以整理、充实,提出了更为完整的教权至上的思想,以控制西方基督教世界。伴随教权逐渐趋于强盛,乌尔班二世关心东部教会并重提东西教会统一问题逐步提上日程。

1095 年 3 月,乌尔班二世在意大利北部的皮亚琴察召开宗教会议。皮亚琴察会议并不是为组织十字军东征而举行的。在这次会议上,通过了乌尔班二世的改革法,重申禁止圣职买卖和教士结婚等规定。"改革法"在 1099 年被罗马教廷再次确定。"改革法"中的大部分内容和条例,被《革拉先教会法规歧异汇编》(1140 年前编)所采纳,成为 12 世纪教会法典的一部分。会上,乌尔班二世还规定了教士不得向世俗官员宣誓效忠,等等。会议期间,乌尔班二世接见了东罗马帝国皇帝阿历克塞一世(1081—1118 年在位)的特使。阿历克塞一世虽比他的前几任皇帝有魄力,但面对塞尔柱人日益进逼首都君士坦丁堡的危机,不得不向信奉同一宗教的"教友兄弟"、西欧各国的君主和罗马教会求援。为争取西方基督教世界的援助,他甚至主动向乌尔班二世表示:对长期以来东正教与天主教之间的争端感到内疚。阿历克塞一世的计划是以西方人的援助来遏制塞尔柱人对拜占庭的攻势。

这是一个天赐良机,乌尔班二世抓住了机会。在皮亚琴察会议上,他答应拜占庭特使给予援助,并作了关于组织十字军东征的鼓动性演说,但由于事先的酝酿和准备工作尚未充分，因此乌尔班二世宣布同年 11 月在法国南部克勒芒召开宗教会议，以布置东征等事宜。

1095 年夏秋之际，乌尔班二世到了法国，为发动十字军东征而进行广泛地宣传鼓动。当时的西欧，特别是法国正值连年荒年，社会动荡，民众贫苦，乌尔班二世利用这一机会，花了几个月时间在法国东部和南部向教会和贵族游说，筹组十字军东征，并派遣特使将教皇谕令和信札交递于西欧各地，宣布将于 1095 年 11 月在克勒芒城召开宗教大会。函令中再三强调，教皇本人将亲临会议，要求“所有忠于主”的各界民众光临会议。从教皇几个月的游历与举动中，欧洲上下都预感到教廷将有重大事宜待决。在进行了充分的舆论准备后，1095 年 11 月 18 日，乌尔班二世在克勒芒城召开宗教大会。由于事先的宣传，会议开幕前几天，西欧各地的领主、骑士及平民便蜂拥而至。教皇邀请的宗教界人士也都如期而来。参加会议的有 14 位大主教(大部分是法国南部的主教)、200 多位主教、400 多位修道院院长。克勒芒城里安顿不了这么多人，于是除了有地位的领主和宗教官员外，大多数的骑士和市民便在城外的旷野搭起了营寨。按日程安排，会议先对宗教教义、教规、“上帝休战”与“上帝和平”等问题展开辩论。在大会结束的这一天，即 1095 年 11 月 27 日，乌尔班二世在事先搭起的露天讲坛上，面对无数听众，发表了慷慨、庄重且蛊惑人心的演说。关于他的演说，有 4 人作了记载，其中修道士罗伯特声称他到会在场，另一位叫吉尔伯特的人可能是间接得到资料，另两位——部加尔人巴德里和沙特尔的佛尔舍也作了记载，但是否在场却难以判断。这四个人都不是全部记载，而是在几年后的笔录，因而语气、内容不尽相同（[美]J.W.汤普森著：《历史著作史》上卷，第一分册，商务印书馆1988年版，第450页）。

下面摘取的是佛尔舍在其所著的《耶路撒冷史》中所记载的乌尔班二世演说的一部分，佛尔舍是法国教士，他的著作是了解第一次十字军东征历史的重要资料之一。

> 我……全世界的精神统治者乌尔班，现在以传达神圣训示的使者身份，来到你们这些上帝的仆人之间……现在有一个任务等待你们了！这是一件你们自己和天主同样关心的事情。你们应当在这个任务上表现坚定不移的力量。这就是你们必须去援救那些住在东方的兄弟们，因为他们正迫切地期望你们的援助，而且也时刻在祈求你们的援助。正如你们中间很多人都已经知道，突厥人（波斯人的一支，当时西方人对突厥人的来源不甚了解，故以之为波斯人的一支）已向他们发动进攻，侵入了罗曼尼亚境内（当时称隶属于拜占庭的小亚细亚为罗曼尼亚），一直到达了号称"圣乔治的臂膀（指达达尼尔海峡，该海峡在古代称为赫勒斯湾，当时该地建有圣乔治教堂，故称）"的地中海边境，而且还在继续前进，占领着更多的基督徒的土地。他们已经打了七次胜仗，屠杀和俘虏了很多人，毁坏了许多教堂，正在上帝的国度中大肆蹂躏，如果你们容许他们这样继续下去而不加以干涉和遏止，那他们会更猖獗地

伸展魔掌，加在更多的上帝的忠仆身上。

由于这个缘故，我现在恳求你们，勖勉你们；不，不是我，乃是主在恳求，主在勖勉；我只是作为基督的使者向你们勖勉、督促一切等级的人：骑士、步兵、富人、穷人，都必须迅速起来，及时地给予基督信徒以援救，将这个邪恶的种族从我们兄弟的土地上消灭干净！应当知道，虽然是我在这里向你们这些与会的人呼吁，也向那些缺席的人号召，但下令的却是基督。凡动身前往的人，假如在旅途中——陆上或海上——或者在反异教徒的战争中丧失了性命，他们的罪愆即将在那一顷间获得赦免。上帝授权我，让我把这个赎罪的权利赐给一切参加的人。

那些从前接受微薄的工资被雇佣的人们，现在去获取永恒的酬劳吧！那些拼命劳动而身心交瘁的人们，现在去求取劳动的双倍报酬吧（罗伯特记载中在此语后有一段话：“让仇恨从你们中间消逝，让争吵终了，让战争停歇，让一切争辩和倾轧休止，登上赴圣墓的征途吧！从那个邪恶的种族手中夺回圣地吧！那个地方，如同《圣经》上所说，是上帝曾经赐予以色列后嗣的，遍地流着奶和蜜。耶路撒冷是大地的中心，其肥沃和丰富超过一切土地，是另一个充满欢娱快乐的天堂。这座城，由于人类的救世主诞生而驰名世界，由于他在此居住而变成美丽，由于他的受难而成为圣洁，由于他的死而获得救赎，由于他安葬于此而获得光荣……”）！我还能说些什么呢？这边所有的不过是忧愁和贫困，那一边有的是欢乐和丰足……凡是要去的人都不要再拖延了，先回去料理自己的事务，筹集些金钱作为路费，冬末春初的时候，在上帝的引导下，奋勇地踏上征途吧！

乌尔班二世的这一讲演，被称为中世纪最成功的演说，他的激情感染了在场的听众，人群中不断爆发出兴奋狂热的欢呼声："这是上帝的意愿！"乌尔班二世抓住这句话，以"这是上帝的意愿"作为东征的口号。乌尔班二世的讲演一结束，莱布伊主教阿德马(？—1098)即从座位上跃起，跪倒在教皇面前，请求允许参加圣战。阿德马出身贵族家庭，1080 年后成为莱布伊主教，他在 1086—1087 年曾去过耶路撒冷朝圣。他是第一个在克勒芒会议上响应乌尔班二世东征号召的人。克勒芒会议的第二天他就被任命为十字军的教皇特使和代理人。紧跟着阿德马，成百的人效法他跪倒在地请求参加十字军。顿时，会场上出现了一个异常动人的场面，法国图卢兹伯爵誓死听候教皇之命，参加远征，这一戏剧性的场面，使与会者的狂热达到了顶峰。

东征的消息很快传遍了欧洲，教皇的东征号召出自法国，因而那里也成了最早招募远征军的地方。随法国之后，德意志人、意大利人、英国人、丹麦人、西班牙人、诺曼人等也都积极行动起来。乌尔班二世作出决定：1096 年 8 月 15 日，十字军正式出征"圣地"耶路撒冷！

二、农民的十字军

东征的消息传遍了欧洲最偏僻的地方，法国、德国等地出现了一片奇特的情景,成千上万的人来到教会报名,虔诚的、疯狂的、贫穷的、放荡的、年轻的、年老的,甚至妇孺、跛者、父子、夫妻、亲属互相动员劝说,鼓励对方去参加远征。贵族们的内心充满了踏上征程的欲望,下层骑士也由同样的热情驱使,甚至穷人的热情也像火一样的炽热。

此时的西欧,到处都流传着各种奇迹,到处都有宗教狂热之徒。当时流行甚广的一个传奇:有个僧侣看到两个巨人般的斗士骑着马,挥舞着带火的剑在天空鏖战,一个是基督徒,另一个当然是塞尔柱突厥人,最后基督战士战胜了异教徒。更有甚者,有个僧侣在自己的额头上刻了一个大大的十字符号,染上了一些刺激性的染料,到处宣扬是其在睡觉时天使的所为,倚仗着自己的疯狂,让民众为他送食物和金钱。而当时最著名的街头鼓动家则是隐士彼得(1050—1115 年),因他出身亚眠,也有人称他为“亚眠的彼得”。彼得是个下层修士,他早年的生涯人们不太清楚。据他同时代的人描写,彼得身材矮小,皮肤黝黑、脸型瘦长,长有一双冒火似的眼睛。作为修士,他终年赤裸着双脚,披一件粗布袍子,从不洗澡,也不吃面包和肉类,仅食用鱼与葡萄酒。因为鱼是圣餐的象征,葡萄酒则代表基督的血。听到克勒芒宗教会议上传出东征的消息后,彼得就背着一个大十字架,骑着驴子到处宣讲,走遍了法国的中部与北部,还到过德意志的一些地区。在教堂门口、市集和街头广场,甚至在潮湿的墓地里,彼得到处在人群中宣讲他到耶路撒冷朝圣时目睹的一切:土耳其人对圣墓的破坏、朝圣的基督徒受到的勒索与暴行的迫害……据说这个年老的、丑陋不堪而又瘦又小的狂老头有着口若悬河的演说魔力。每到一地，人们便聚在他周围，大为感动地听他的慷慨陈词，“就连最完美的雅典学说演说家也可能会嫉妒他巧如簧舌的成功”。每一次宣讲，欢呼感动的场面会重演一次，随后就会形成意想不到的队伍。彼得位处下层，担当起了为教皇呐喊助阵的角色，固然与他的辩才有关，但也与他的神奇传说有关。据说彼得曾去过巴勒斯坦朝圣，但并未到过目的地。传说一天晚上彼得进入梦境，只见灵光万道，一位天使从天而降，命他去圣城见大主教，因为大主教有要事相告。天明之后彼得依照天启，果然见到大主教端坐堂上，等候彼得到来，他交给彼得一封信，对他说：“我选你作为使者，回去谒见教皇陛下，将上帝的旨意与他道明。”彼得回到罗马立即与乌尔班二世做了长谈，之后有了克勒芒宗教会议。对于这种传奇的说法，我们不想多作议论，只是想说，11 世纪是个宗教情绪极其浓厚的时期，人们的世俗生活和宗教生活异常紧密地交织在一起，他们从出生的那一刻起就是基督徒，他们思想意识的主宰是基督教的。他们的生活环境、活动范围、社会关系都限制了他们的视野，在广大民众信仰的基督教中，农业文明的烙印十分清晰。在他们的信仰中，包含着一定成分的巫术因素，如魔法、巫师等传说，他们信奉一些神奇的力量，相信奇迹显现，特别相信和崇拜圣徒显现的奇迹，这也就使得基督教的狂热带有很普遍的社会性。这样的一个时代加上这样的一个狂人，足以令人想象得出彼得自己是如何被宗教狂热弄得如痴如醉，又是如何把民众，特别是穷人弄得神魂颠倒，当时有许多人在疯狂之际在自己身上烙出十字纹痕，以示自己的虔诚。耕者不惜扔弃犁耙，贵族卖掉或抵押土地和城堡，孩子们停下了玩耍，人们随着他奔向“上帝之路”。

尽管人们极其信仰教皇的一言一行，但他们还是预感到圣地并非近在咫尺，东征途中也会有饥饿与病痛。于是，他们积极地准备着出征，为了筹集路费，他们把田地、房舍和葡萄园以及所有的家产都卖掉了，财产多一点的人就把它送给了教会，委托教士僧侣代为之庇护。对此，有个名叫吉尔伯特·诺戎（1035—1124 年，吉尔伯特·诺戎出生于法国的博韦城，他的父亲在诺曼底公爵威廉与法王腓力一世的战争中被俘，后死于狱中。他自幼受其母的教育。1104 年他被任命为诺戎城圣玛丽寺院的住持，据说他出席过克勒芒宗教会议。在 1108—1110 年，他根据一本隐名的关于十字军东征的故事以及他本人的观察了解，编写了《法兰克人的神圣事业》一书，这部书是十字军东征的重要史料之一）的人在他所著的《法兰克人的神圣事业》中作了精彩的描述：在那个时代，穷人的勇敢烈火，已烧至这样的白炽化程度，人们不再注意到收入的缺少，也不再关心所出售的住所、葡萄园和田园的价格如何，而是，他宁愿以极低的价格，来打折卖他最好部分的财产，好像他已被绑架，关在黑牢里，因而迫不及待地需要现款来赎身一样。

在那个时候，由于粮食普遍缺少，一般人，连富人也在内，过着很困苦的生活……可是当群众自愿踏上征途的时候，令人惊异的现象出现了：这是一个突然的、出乎意料的跌价现象：5 个便士可以买 8 只绵羊，上面所提及的食粮缺乏，突然变得丰裕起来了。每个人想尽办法要凑上一些现款，为的是要踏上“主的道路”，不至于落后他人。于是，人们高价购进东进途中需要的东西，又廉价出售别的东西，以求弥补开支。同样可笑的，有很多人今天还毫无出发的意愿，还在大声嘲笑那些出售物品的人们，并肯定说，出征者将走上一条悲惨的道路，回来时将更悲惨。不料第二天，他们也把自己的全部财产换了一些钱后，跟着他们所嘲笑的人们一起出发了（耿淡如、黄瑞章译注:《世界中世纪史原始资料选辑》，天津人民出版社 1959 年版，第 112—114 页）。在那时，当人们看到某人还在犹豫，就会送给他一根针或一根纺纱杆，以表示蔑视他们。对这一切，中世纪的民众似乎无法抗拒，害怕被人嘲笑，可能也是赶赴“上帝之路”的队伍壮大的一个原因。

美国中世纪史专家汤普逊（1869—1942 年）在其著作《中世纪经济社会史》一书中也讲到:参加十字军须先准备现款，而十字军兵士的财产几乎全都是土地，所以他们必须用不动产来换取现款。因此，地产的价值跌到远在它的通常水平下。在十字军热情最高的地方，房屋和田亩几乎售不出去。那些有现款的地主，特别是寺院，在有利的抵押条件下，攫取了这种财产。有个地主出售他的土地给僧侣，获得 27 镑；两个弟兄出售他们的财产，一个获得一头骡，另一个获得 30 先令；另有一个抵押他的庄园，获得 16 镑（[美]汤普逊:《中世纪经济社会史》上册，商务印书馆 1961 年版，第 487 页）。离规定的出征之日尚有半载，急于出发的农民已经等不及了。至 1096 年 3 月，隐士彼得发现自己已成了一支几万人的杂牌军司令官了。

伴随“东征事业”的深入人心，欧洲出现了反犹排犹的暴行。最早出现反犹排犹暴行的是法国。在宗教狂热的煽动下，西欧的基督徒对长期定居在这里的犹太人大肆抢劫和屠杀。在法国鲁昂，犹太人居住区被洗劫，居民被集体屠杀，财产被瓜分，房屋被付之一炬（[以]阿巴·埃班：《犹太史》，中国社会科学出版社 1986 年版，第 170—171 页）。在十字军队伍途经莱茵地区各城市时，基督战士又沿途屠杀了当地的犹太人。梅斯、施佩耶尔、美因茨、特鲁瓦等犹太人居住区都先后遭到蹂躏。十字军东征使西欧社会内部的宗教不宽容情绪加剧了。

到 1096 年 2 月间，农民十字军从法国北部、中部、佛兰德斯[Flanders，欧洲历史地区名。位于今法国西北部、比利时西部和荷兰南部。临加来海峡（多佛尔海峡）]、洛林等地汇集起来，陆续出发了。之后，又有几批从斯堪的纳维亚、英国、西班牙、意大利等地而来的穷人队伍加入了他们的行列。这些队伍的人员构成五花八门，实际上是各种各样的下层民众形成的一帮一伙，也有一些是下层骑士，这样的东征队伍，在历史上一般被称为“人民的”十字军。从这些队伍构成的主体来说，以穷人主要是贫苦的农民为主，故在此使用“农民的”十字军。农民十字军的人数很难估计，且说法不一。据扎波罗夫所著的《十字军东征》一书中估计，穷汉瓦特率领的农民队伍约有 15 000 人；隐士彼得所率的农民队伍约有 14 000 人；法国骑士奥尔良的福尔克所率的队伍约 6 000 人，教士哥特沙尔克的队伍约有 6 000

人。此外,还有爱弥科伯爵所率的队伍和英国及洛林的农民队伍。农民十字军完全是传统的武装朝圣队伍,他们没有武器,没有作战必备的用品,他们随身带着的是最原始的农具,如镰刀、斧头、铁耙、棍棒等,他们所带的口粮极其有限。这些农民十字军大部分是步行,妻儿老人随军前往,他们所走的东进路线基本上是传统的朝圣路线。

首批农民十字军是彼得率领的队伍,在 1096 年 2—3 月从法国东北部出发。4 月 12 日他们到达德意志的科隆。在科隆,彼得竭尽全力招募兵员。这一次,有两名伯爵和一名主教加入了他的队伍。就在彼得于科隆演讲之际,法国人不愿等待了,他们在穷汉瓦特的率领下继续东进,穿过了斯瓦比亚(位于德国西南部)、巴伐利亚。这支衣衫褴褛的农民队伍浩浩荡荡塞满了东去的道路。农民们从未离开过家乡,他们根本不知道圣城耶路撒冷在何方,他们只是凭着宗教热情盲目地行进。汤普逊说,农民们没有向导,便用绳索牵着的山羊或雌鹅(日耳曼民族神话中的神圣禽兽)作向导,还把灯笼挂在橡树枝上来占卜凶吉。吉尔伯特也生动地描写了这些可怜而又狂热的"徒步旅行者"。他说:"再也没有如此令人伤感的事情了。这些可怜的人,他们用牛羊当作马用,沿途拖着双轮小车,车上堆着破碎的行李和他们的孩子。每经过一个堡垒、一个城市,孩子们就伸出他们的小手,问道:'这是耶路撒冷吗?'"据说,这支队伍开始时还有一些现金,但不久就没了现金和给养,沿途全靠乞讨和抢劫来维持生存。一路上很多人饿死了,有的则被当地居民杀死或卖为奴隶。

1096 年 5 月，瓦特的队伍到达了匈牙利边境。匈牙利国王友善地对待这些“基督战士”，特地让瓦特带着他签发的特许证通过他的国土。约在 5 月底，这支队伍渡过了萨瓦河，进入拜占庭帝国的边界。据说在匈牙利和拜占庭帝国的交界处的塞姆林城，农民们为得到食物，开始抢劫集市。结果有 16 个掉队的农民十字军被匈牙利人逮捕，吊死在塞姆林城的城墙上，以示警告。于是农民十字军便以此为借口，大肆屠杀当地居民。7 月 20 日瓦特的队伍到达了君士坦丁堡，在那里等待彼得率军前来。

彼得在科隆招兵买马后，于 4 月 19 日率军离开科隆。这是一群人数众多(一说约有 2 万人，另有一说 10 万，也有的认为有 1.2 万人)、组织松懈的乌合之众，当这支队伍潮水般地一路冲过德意志进入匈牙利时，起初还受到当地居民某种程度的善待，但这支队伍并不只是满足于获得食品，他们贪得无厌，袭击、抢劫村舍。一到塞姆林城，看到城门上挂着的“战利品”——瓦特部队丢弃的红色十字架、16 个“基督战士”倒吊着的尸体时，顿时怒火中烧，压抑的残忍顷刻爆发了。他们叫嚷着冲进塞姆林城，又是一番烧杀抢劫。由于害怕匈牙利国王的报复，彼得率领着这支队伍匆匆向摩拉瓦河撤去。摩拉瓦河是一条水流湍急的宽阔大河，在贝尔格莱德以东与多瑙河汇合。在那里贝尔格莱德人正严阵以待，利用摩拉瓦河这一天堑，痛击这群东征军。一战下来，葬身大江的十字军不计其数，还有许多十字军死于刀剑之下。彼得的东征军残部继续前进。在尼什城，市民们也做好了反击的准备。这次彼得吸取了教训，认为最好不要触犯众怒。因此在获得了尼什城市民提供的食物后，他平静地率军离开尼什。不料走在队伍最后的那些放荡不羁的“基督战士”仍然为非作歹，尼什人忍无可忍，终于出击报仇，击溃了“基督战士”，并俘虏了所有掉队的妇孺。走在队伍前面的彼得急急返回尼什城，要求与尼什人谈判，以求释放妇女与孩子。恰在这时，东征队伍中的将士们再次纠集起来，企图攻破尼什城，彼得本想利用自己的威望加以劝阻，然而十字军的情绪已近疯狂，彼得劝阻无效。经过短暂的拼杀后，农民十字军即溃不成军。而此刻，彼得已逃窜到了距尼什城几英里外的森林。在那里，他与被打散、逃窜而来的数千农民重逢后，继续东进。此后，这些队伍仍边走边抢，拜占庭皇帝阿历克塞一世不得不下令，要求沿途供应充足的粮食，让十字军尽快东去。8 月 1 日，彼得所率的十字军终于到达了君士坦丁堡，与瓦特的队伍会合，在城外扎营。

在穷乡僻壤待久了的西欧农民，看到君士坦丁堡如此繁华，顿时目眩神迷，尽管拜占庭皇帝以低价售给他们粮食，但农民们仍无力购买，他们唯一的猎食办法是抢劫。不知是出于何种心理，农民十字军还冲进城去纵火烧毁了城里的几幢公共建筑，甚至把教堂屋顶上的铅敲下来，拿去换钱。于是拜占庭皇帝决定尽快打发他们到小亚细亚。

1096 年 8 月 6 日，拜占庭皇帝派船只把彼得、瓦特的农民军送过博斯普鲁斯海峡，至 8 月中旬，彼得、瓦特又将农民军移驻到距尼西亚以西约 35 千米处的锡维托特城。关于这些乌合之众在小亚细亚的情况历史上记载不多，人们只知道他们到达小亚细亚后即得到消息:这里就是土耳其人的地盘,于是农民们便急切地寻找与“异教徒”作战的机会。这年的9月,农民十字军中勾心斗角,内部的争执已经白热化。队伍中的法国人与德国人占领了尼西亚附近的埃索罗戈冈要塞,正在得意之际,不想要塞已被塞尔柱突厥人包围,“异教徒”以断水断粮要挟,迫使东征军投降,被俘的西欧人或被卖作奴隶,或被杀害。彼得眼看大势已去,匆匆离开营地,返回君士坦丁堡避难。埃索罗戈冈要塞被破的消息传到营地时,瓦特并不准备去救援这些“基督兄弟”,而是希望按兵不动等待主力部队的到来,但农民军不愿等待了,他们要立即赶到尼西亚去铲除异教徒。10月21日,农民十字军几乎是全体出动,只留下老弱病残和妇孺于营中。他们毫无战术观念,一路喧哗,还没走出几里地,就在一个叫作德拉冈的村庄附近的沟谷中遭到塞尔柱突厥人的伏击。大部分人在血战中被杀,留守营地的老弱妇孺皆未幸免。据说仅3 000余人得以逃到海边的一座叫西维塔特的废弃的古堡中,抵抗着塞尔柱突厥人的强攻。这批人在拜占庭皇帝的救援下,返回君士坦丁堡。瓦特也战死在小亚细亚。幸存的部分农民踏上了回乡的路程,带回了可怕的消息,激起了西欧基督徒的更大愤怒;另一些人则在君士坦丁堡等待即将到来的十字军主力。

福尔克率领的农民军的情况我们知之不多,根据仅有的史料,得知这支农民军在穿过德意志北部时曾一路抢劫犹太居民区,到达尼特拉(今捷克境内)时被当地的匈牙利人歼灭。

哥特沙尔克率领的农民军是在彼得和瓦特的队伍启程后聚集而成的。哥特沙尔克是个教士，据说他狂热、怪诞，被称为“癫狂者”，他是隐士彼得的追随者。据说这支队伍有良好的装备，和其他农民十字军一样，他们取道匈牙利前往耶路撒冷。一路上，他们抢劫、动武逞凶是家常事。匈牙利国王率军在多瑙河畔的梅泽堡（又译为马丁斯堡）阻止哥特沙尔克的队伍。两军拼杀十分激烈。战斗正酣之际，十字军突然纷纷扔下武器四处逃窜，匈牙利人手提刀剑在后追杀，梅泽堡之战几乎全歼了哥特沙尔克的队伍。对于十字军突然丢下武器四处逃命的原因，有人认为是因为他们突然有一种难以名状的恐惧感；也有人认为并非如此，而是匈牙利国王发现这支队伍力量较强，于是提议停战谈判，并要求十字军放下武器方能通过匈牙利国土，但待十字军交出武器之后，匈牙利人立即攻击这些手无寸铁的农民。

还有一支较大的农民十字军是在来宁根的伯爵爱弥科率领下东进的。这支队伍实际上是由德、法贵族率领的几支农民军汇集而成的，人员中有法国人、佛兰德斯人、英国人、洛林人等。亚琛的阿尔伯特记载说：这支军队人数有20万之众，其中骑兵约3 000人。当爱弥科率军沿多瑙河进入匈牙利时，匈牙利国王下令所有城市关闭城门，爱弥科率军来到维森堡（今奥地利境内）时，该城的大门早已紧闭。维森堡地处战略要地，位于多瑙河和莱萨河的交汇处，周围被沼泽地包围。爱弥科下令建桥攻城，花了6个星期建桥后，农民十字军战士便疯狂地攻城，成功地在墙上打开了一个缺口。然而就在这胜利的刹那，谁也不知道为什么，恐惧占据了这些疯狂的宗教徒。刚刚显露的一点儿胜利马上转为失败，绝大多数的十字军战士成了匈牙利人的刀下鬼，队伍中的一些贵族在混乱中逃到了意大利。

农民十字军是整个十字军东征的一个重要组成部分。几万名东征农民的死亡揭开了十字军东征的序幕。

第三章　第一次十字军东征

一、骑士十字军启程东征

农民十字军东征途中的行径以及悲剧性的结局，很快传到了教皇乌尔班二世的耳朵里。他对此大为震惊，立即下令阻止乌合之众的移民、朝圣潮，并要求农民在离开其教区时，事先须得到教士的许可；有家室的人应得到妻子的许可；还禁止妇女参加十字军，除非她们有丈夫、儿子或保护人作陪；他甚至还与热那亚人谈判，要求热那亚人准备舰队、船只，运送十字军。然而农民十字军惨败的消息并未给西欧领主和骑士带来任何悲观的情绪，因为在他们看来，这群莽撞穷汉的失败是难免的。

由西欧各国封建领主和骑士所进行的第一次十字军东征开始于 1096 年秋天，按照教皇乌尔班二世规定的时间，不下 10 支的骑士十字军在法、德、英、意等国结集完毕。他们是一群既有宗教狂热，又带着强烈的世俗功利，凶猛残忍又不乏骑士精神的斗士。他们精明地预见到几万人取道同一路线，必造成混乱与供给困难，因此决定分批东进，约定在君士坦丁堡会合。

最早出发的是韦尔曼杜瓦伯爵休（1057—1101 年），他是法国国王腓力一世的弟弟，年纪已过 40 岁，他是去试试运气的，他的全部本钱就在于他有一个本身并不强大的国王兄长，但他是一个狂妄、傲慢之徒。1096 年 8 月，他率领投奔他的领主与骑士开始东征之时，还写了一封信给拜占庭皇帝阿历克塞一世，信中说："我是万王之王，天下最伟大的国王，因此你应该以盛大的仪式来欢迎我。"休率领着一支不大的队伍翻过阿尔卑斯山，取道意大利，准备从意大利的巴里港坐船渡过亚得里亚海到都拉索（位于亚得里亚海的东海岸），然后东进拜占庭，不料船只失事，很多十字军骑士淹死。休本人被风暴刮到对岸，被当地的拜占庭人营救，送往君士坦丁堡。对于这样一个身无一兵一卒的人来说，他受到的待遇是被严密监视起来，毫无高贵、尊严可谈。另一批十字军队伍是由德意志下洛林公爵布荣的哥德夫雷（约 1060—1100 年）率领的。据说他是查理大帝的后裔，拥有安特卫普公国和下洛林公爵领，因其常住凡尔登的布荣，人们便常称他为"布荣的哥德夫雷"。后来，德王亨利四世没收了他的洛林公爵领，只让他作为洛林公爵领的管理者。几年后，由于他与德王的矛盾，这个可怜的管理者的职位也被亨利四世剥夺了。所以，哥德夫雷认为在西欧已没前途，便于 1096 年 8 月挥戈东进。与他同行的有他的两个弟弟，一个叫尤斯塔克，他对十字军并不十分热情；另一个弟弟鲍德温（1058—1118 年），是十字军中的骨干。鲍德温原是教堂执事，由于当时西欧实行长子继承制，鲍德温没有分享到先父的领地，兄长带兵东征，鲍德温难免为之动心，决意到东方试试运气。因此他是带着妻儿踏上东征之路的。

哥德夫雷一行的东征取道陆路，即沿着莱茵河、多瑙河、经过匈牙利到达保加利亚，然后再进入拜占庭帝国。他们相信他们的先祖查理大帝当年前往圣城时，走的就是这一条路，希望沿着祖先的足迹东进。而实际上哥德夫雷选择陆路的目的是获取充足的食物。这支军队是在 1096 年 12 月 23 日到达君士坦丁堡的。据安娜·科穆尼娜估计，可能有 8 万人。

继哥德夫雷之后，1096 年 10 月，意大利南部诺曼底的诺曼贵族塔兰托的波希蒙德（约 1057—1111 年）伯爵率领的诺曼骑士军从塔兰托出发，在布林迪西乘船渡过亚得里亚海，于 1097 年 4 月 9 日抵达君士坦丁堡。据说他的军队包括 1 万名骑士和 2 万职业步兵。

在第一次十字军东征的各路首领中，波希蒙德是最有才智的人。他的军事才能、外交手腕和组织能力均属上乘。波希蒙德是诺曼奥特维尔家族的罗伯特·圭斯卡德之子。诺曼人涉足南部意大利大约始于 1016 年。当时，一些因为平分遗产（即诸子析产制）而陷入生活困境或梦想发展的诺曼人本着一股冒险精神和英雄气概，一直打到了地中海沿岸。后来，他们又充当雇佣兵，卷入了南意大利纷繁复杂的政治漩涡，周旋于拜占庭人、伦巴第人、阿拉伯人、罗马教皇和神圣罗马帝国皇帝等各种势力之间。1029 年，诺曼人在南意大利获得首块永久性居留地——阿韦尔萨。此后，更多的诺曼人迁入此地。

1042 年，奥特维尔家族建立了以阿马尔菲城为中心的政权。1059 年，奥特维尔家族的罗伯特·圭斯卡德与罗马教廷正式联盟。此后，罗伯特在南意大利持续推进，最终逐出了阿拉伯人和拜占庭人的势力。罗伯特的弟弟罗哲尔一世（1031—1101年）率领诺曼人经过30年的苦战，至1090年征服了西西里全岛。1130年，罗哲尔一世之子罗哲尔二世（约1095—1154年）把南意大利大陆部分和西西里合并，创建了西西里诺曼王朝。波希蒙德曾与其父一起带兵远征拜占庭帝国，希望在巴尔干半岛上夺取土地和财富，被拜占庭军队打败。教皇乌尔班二世的东征号召，使波希蒙德萌发了宏愿：到东方去。他利用西欧瘟疫般的宗教狂热，把10 000多名装备精良的骑士与步兵聚集在自己麾下。这一年，他已40岁了。他选择了自己的侄子、小他22岁的坦克雷德作为副手。坦克雷德是一名无地骑士，精明勇猛，善于冒险且又贪得无厌。这伙诺曼贵族已经不是如其祖辈那样的纯粹冒险家，他们是虔诚的基督徒，他们同意大利和整个地中海文明世界打交道的时间已不短了，他们不仅带着昔日诺曼人的冒险性、扩张性和好战勇猛的性格，同时又具有治理才能和实战经验。在第一次十字军东征时期，波希蒙德和坦克雷德叔侄两人有很大的影响力。

与波希蒙德几乎同时出发的是法国南部图卢兹伯爵和普罗旺斯侯爵雷蒙德（1043—1105年）所率领的法国南部的骑士十字军。雷蒙德当时已年近六旬，在西班牙收复失地的战争中，他曾带兵远赴西班牙打过仗。雷蒙德是响应教皇乌尔班二世东征号召的第一位大贵族。据说，乌尔班二世在克勒芒会议前，特地走访了这位西南欧最有势力的贵族，劝说他带头投身于东征事业。因此，克勒芒会议时，雷蒙德派亲信到场，向与会者表示：图卢兹伯爵雷蒙德与他的臣民愿为上帝的事业远征东方。雷蒙德参加东征，并不是因为他的宗教虔诚，他有自己的想法：图卢兹处于法国南部，居于西地中海，随着地中海区域贸易、航海日益兴盛，如能控制从西地中海到东地中海的贸易航路，就可获得巨额利润。于是教皇劝说他带头出征，雷蒙德与之一拍即合。

此外，还有一批来自法国北部诺曼底和佛兰德斯等地和英国的骑士队伍。这是一支凶悍强大的军队，其首领是诺曼底公爵罗伯特、布卢瓦伯爵斯提芬和佛兰德斯伯爵罗伯特。诺曼底公爵罗伯特是征服者威廉一世的长子，是个很虔诚的基督徒。1066 年，威廉[征服者]入主英格兰后，罗伯特承袭了其父的公爵爵位。但他与其弟威廉·罗夫斯（即英国国王威廉二世，1087—1100 年在位）为争夺王位，始终处于争斗之中。导致兄弟之争的因素很多，诺曼底的传统是长子继承制，而现在长子没当上国王，很多不满罗夫斯的贵族就鼓动罗伯特把诺曼底与英国本土分开。但在意大利和英国的诺曼人实行的是幼子继承制，所以罗夫斯继任也说得过去。但罗夫斯生性多疑，英国本土出现几个诺曼伯爵的叛乱，他就认为这是罗伯特主使的。处于兄弟阋墙、苦恼无望之中的罗伯特突闻乌尔班二世的东征号召，立即为他带来了一线希望：只要在东方争得一席之地，何苦在家中斗殴生气。激情之下，他变卖财产，甚至把诺曼底公爵领地抵押给他的弟弟罗夫斯，据说由此获得了 10 000 银马克。之后，他带领自己的法国封臣，连同投奔他的英格兰、苏格兰的骑士踏上了东征之路。

布卢瓦伯爵斯提芬是威廉一世[征服者]的女婿，他本人并不热衷于十字军东征，但他的妻子埃迪拉坚决地把他送上了东征之路。第一次十字军结束后，斯提芬无功而返，埃迪拉更为坚决地再次使他踏上东征之路，结果他在小亚细亚被杀。

佛兰德斯伯爵罗伯特是诺曼底公爵罗伯特的堂兄弟，是一个克吕尼派教徒，他的父亲曾在 1086 年前往耶路撒冷朝圣，并在小亚细亚和安纳托利亚协同拜占庭皇帝阿历克塞一世与土耳其人打过仗，直到 1093 年才返回家乡。据记载，罗伯特临出发时感到囊资不足，便攻击与之邻近的主教领地，直抢得主教领地“不留一头公牛、母牛或其他牲畜，男女老幼竞奔邻邑”。这支英、法联军于 1096 年 10 月出发，翻越阿尔卑斯山，11 月到达意大利。但此时已是冬季，不适宜长途行军，便在意大利逗留数月，直到第二年开春他们才重新踏上东征之路，从布林迪斯渡海到都拉索，再沿罗马古道埃格纳提亚到达拜占庭首都君士坦丁堡。

从以上几支十字军的东征队伍中，可看到十字军的主力是贵族、骑士，其中法国的骑士占据了半数以上，故人们常常把十字军将士和日后久居东方十字军国家的基督徒称为“法兰克人”。

骑士十字军无论在物资上、组织上和武器装备上都作了充分的准备。物资上，骑士十字军在启程前都尽可能地筹集了一定的资金和粮草。武器装备与战术上，十字军骑士已穿上沉重的护胸甲，并以长枪武装，十字军队伍中也拥有弓弩手。组织上，各路骑士十字军名义上是在教皇特使

第一次十字军东征

阿德马的统率之下，但实际是各行其是。不过各支队伍都有大贵族组成大贵族会议，成为东征的决策中心，掌有军事指挥权（［法］塞西尔·莫里松：《十字军东征》，商务印书馆 2000 年版，第 92 页）。

1096 年底到 1097 年 4、5 月间，英、法、德、意以及西班牙等国的骑士十字军陆续到拜占庭帝国首都君士坦丁堡，他们要在这里会合组成十字军国际联军，并在这里得到拜占庭皇帝阿历克塞一世提供的部分军需物资，然后再继续东进去征服“异教徒”，夺取“圣地”。这次十字军东征没有西方君主参加，是因为当乌尔班二世宣布组织十字军东征时，法兰西国王腓力二世和德意志国王、神圣罗马帝国皇帝亨利四世正受到教皇“破门律”的处罚而不得参加东征，英国国王威廉二世也正与教皇就主教叙任权问题展开激烈斗争而未参加东征（［美］威尔·杜兰著：《世界文明史·信仰的时代》，东方出版社 1999 年版，第 821 页）。

到达君士坦丁堡的西方骑士十字军到底有多少人？历史上有各种各样的说法与估计。拜占庭皇帝阿历克塞一世的女儿安娜·科穆尼娜公主说，他们就像海滩上的沙子和天上的星星那么多。一些编年史家记载的数字过于夸大：30 万、60 万人，甚至更多。威尔·杜兰在《世界文明史》中认为：军队总数约达 3 万人，是在处于领导权分割的局面下越过海峡的。这个讲法是可信的。不列颠百科全书提出：第一次东征时，骑士十字军在君士坦丁堡会合时的军队人数，骑兵约 4 000 人，步兵约 25 000 人。中国大百科全书的讲法与上述接近：十字军从小亚细亚到安条克时，其人数为

2.5万—3万人(包括骑兵、步兵)。当然,十字军队伍后面还尾随着大批朝圣者,人数可能超过骑士十字军,其中很大一部分是穷人,他们被看作是潜在的战斗员,由富裕的十字军将士接济,并提供简单的装备。

西欧十字军陆续到达了君士坦丁堡。面对西欧十字军的高傲蛮横,拜占庭皇帝阿历克塞一世十分担心,预感到这帮西欧骑士很有可能把矛头指向同是信仰上帝的拜占庭;其次,拜占庭此时的国力已有所恢复,不需要西方十字军的"援助"了。于是,阿历克塞一世决计不能让西欧十字军都停留在君士坦丁堡,来一支就送出一支。阿历克塞一世是个有见地、有头脑的精明君主,他深谙拜占庭人历来就有的抵挡忧患的经世之略,他感到对付这些西欧骑士既不能采取极端措施把他们赶走,因为拜占庭没有足够的实力;但一味哄着他们,只怕日后酿成后患。因此,他使出了拜占庭人传统的外交手腕,既拉又打。当十字军刚踏上拜占庭领土时,阿历克塞一世就买通了佩彻涅格人,命他们随时打击进入巴尔干半岛的西欧十字军。佩彻涅格人是突厥游牧民族,6世纪开始占领黑海以北草原,10世纪时控制了顿河与多瑙河下游之间的土地,对拜占庭帝国构成严重的威胁。他们被拜占庭帝国击败后,便在匈牙利建立起一些重要的居民点。布荣的哥德夫雷、塔兰托的波希蒙德、图卢兹的雷蒙德等人都或多或少都领略过佩彻涅格人的铁拳。与此同时,拜占庭自己的军队也不时向东进路上的十字军出击。

阿历克塞一世的另一手是利用这批骑士十字军,收复原先属拜占庭的国土。为达到这一目的,阿历克塞一世以骑士已经向西方盟主教皇发誓效忠为由，要求所有到达君士坦丁堡的十字军首领都要向皇帝保证或宣誓，把夺回的原拜占庭帝国在小亚细亚的土地归还拜占庭，这种要求实际是要把这些骑士首领变成拜占庭皇帝的臣属。当然，作为君臣之礼，拜占庭皇帝对这些十字军首领也有所恩赐。十字军在小亚细亚攻掠的土地(除原拜占庭领土需归还帝国外)一律作为帝国给他们的封地，但要承认皇帝的藩主权；此外皇帝向宣誓效忠后的十字军首领贿以大量财物，以显示帝国的富庶、尊严和皇帝的大仁大义。

第一个到达君士坦丁堡的是休，他很快答应了阿历克塞一世的效忠要求，但其他十字军首领对宣誓效忠拜占庭皇帝一事并不那么爽快。1096 年 12 月底，布荣的哥德夫雷率军抵达君士坦丁堡，在城外安营扎寨，阿历克塞一世立即开展外交攻势，一是让休劝诱宣誓；二是派使臣敦请哥德夫雷伯爵宣誓称臣。然而哥德夫雷根本无意向拜占庭皇帝俯首。他告诉使臣：一仆不事二主，自己已向德意志国王、神圣罗马帝国皇帝亨利四世效忠，不能再效忠他人，并表示等其他十字军队伍到齐后再给予答复。阿历克塞一世对此极为愤怒，以断绝粮食供给、派遣部队骚扰等手段胁迫哥德夫雷就范。十字军与拜占庭之间出现了严重的对抗，引发冲突。在双方交战中，拜占庭方面几十名士兵被杀，十字军被初次胜利所鼓舞，洗劫了君士坦丁堡周围的乡村，农舍火光冲天，燃烧了差不多一个星期。后来拜占庭派出精锐部队，把十字军打得一败涂地。这时，哥德夫雷才意识到“称臣”一事实为权宜之计。于是他马上宣布效忠拜占庭皇帝，承认拜占庭皇帝是他们今后所征服土地的最高领主，原先属于拜占庭的土地应归还拜占庭皇帝。拜占庭皇帝则向他们赠送了大量钱物，以示主情。

哥德夫雷称臣不久，就被阿历克塞一世用船送过博斯普鲁斯海峡。皇帝的意图是不能让所有东来的西欧十字军停留在君士坦丁堡，而哥德夫雷也并不留恋君士坦丁堡，他的目标是小亚细亚，是征服圣城耶路撒冷。

阿历克塞一世刚刚把哥德夫雷送过海峡，立即迎来了波希蒙德率领的十字军。阿历克塞一世认为波希蒙德是十字军中最危险的人物，因而特别提防着他。这支军队一进入拜占庭境内就受到拜占庭军队的监视，拜占庭方面还做好了军事准备。因此波希蒙德率军来到君士坦丁堡城下后，阿历克塞一世便以试探方式同意接见他。波希蒙德是个有勇有谋的人，他深知拜占庭帝国国力尚强，东征事业若没有皇帝支持很难成功。此外，他想在十字军中取得领导地位，此事也需阿历克塞一世的支持。对于称臣之事，波希蒙德则认为虽言不由衷，但来日方长，何必吝啬几句动听的谎言。于是他毫不犹豫地对拜占庭皇帝作了效忠宣誓，并声称："我来这里是做陛下您的朋友。"

阿历克塞一世向他展示了宫中的珍玩。在一个小房间里堆满了各种贵重用具，金银珠宝。据说，波希蒙德见此惊讶地喊道："要是我有这些财物，我就会成为大片土地的主人啦!"当即，阿历克塞一世宣布："这些都属于你的了。"对于波希蒙德担当十字军统帅的要求，阿历克塞一世感到十分为难。百难之际，他搪塞道，现在还不是任命这个职务的时候，但只要努力效忠，这个职务肯定唯他独有。

1097 年 4 月 27 日（一说 4 月 26 日），波希蒙德的军队和和气气地撤出了君士坦丁堡，渡过博斯普鲁斯海峡，冲向小亚细亚，与等候在帕莱坎营地的哥德夫雷的十字军和休的十字军残部会合。

就在波希蒙德的十字军撤出君士坦丁堡的当天，图卢兹伯爵雷蒙德率领的法国南部的十字军到了，两位首领匆匆会面之后随即分手。

然而雷蒙德一到君士坦丁堡，就得知阿历克塞一世已把十字军统帅权许诺给波希蒙德，心中非常不快。他自恃是十字军首领中最富裕的领主和年岁、资格最老的一位，拒绝向皇帝效忠，声称他之所以舍弃故国的土地和财富，只是为了解放圣城耶路撒冷，只是为了万能的上帝。言下之意，雷蒙德是受教皇之托而来，他只承认上帝是最高的领主。因此他起誓不做有害于皇帝阿历克塞一世之事，尊重皇权。对此阿历克塞一世也只好认可。4 月 29 日，雷蒙德的军队被匆匆送过了海峡。

最后到达君士坦丁堡的一支十字军主力是诺曼底公爵罗伯特和他的妹夫布卢瓦伯爵斯提芬以及他的堂兄弟佛兰德斯伯爵罗伯特率领的英法联军。这支联军到达意大利时，因隆冬季节不宜长途行军，诺曼底公爵罗伯特和他的妹夫布卢瓦伯爵斯提芬便在意大利逗留了一个冬天。佛兰德斯伯爵罗伯特不愿等待，在巴里港乘船东行。第二年开春后，诺曼底公爵罗伯特和布卢瓦伯爵斯提芬重又启程，5 月初到达君士坦丁堡城外。这时几支十字军主力均已渡过海峡继续东征。拜占庭皇帝阿历克塞一世感到大的危险已经过去，便允许他们三五成群地进入君士坦丁堡城中，游览教堂，瞻仰圣物，这批十字军是唯一受到这种优待的。据说他们在君士坦丁堡住了 21 周，感受到的只是东方都市的繁华，当他们被送过海峡时，十字军已开始进攻尼西亚了。

二、攻占尼西亚与爱德沙伯国的建立

骑士十字军渡过了博斯普鲁斯海峡，对于他们的东征使命来讲，仅仅是开始。进入小亚细亚后，各路十字军开始联合起来。这是一支国际性的冒险群体，语言、文化和效忠对象均不同，但此时他们已有了名义上的统帅，即教皇特使阿德马。各支队伍的首领及大贵族组成了联合会议，但这种联合是极其松散的，根本保证不了行动的协调。

十字军进入亚洲后，宗教狂热迅速高涨起来，表现出了一种新的共同体意识。吉尔伯特·诺戊在《法兰西人的神圣事业》一书中讲：假如一个布立吞人[布立吞人（Britons 或 Brythons）是古代克尔特人的一部分。公元前 1 世纪中叶至公元 5 世纪中叶受罗马人统治。5 世纪后，曾长期抵抗来自欧洲大陆的盎格鲁人、撒克逊人的侵略，后被迫退入不列颠西部山地，逐渐形成近代威尔士人。部分渡海迁居高卢的阿尔摩利卡（Armorica，今法国布列塔尼半岛），现法国境内的布列塔尼人即其后裔]或一个德意志人想对我讲话，“我既不知如何对这一位回答，也不知如何对另一位回答，尽管我们被语言障碍所阻，但我们能够认为我们是唯一的一个民族，由对上帝的爱和对武装同伴的同情所紧紧地

联结在一起。”([意]卢多维科·加托:《十字军东征——马背上的圣战》,四川人民出版社 2000 年版,第 51 页)

十字军前往耶路撒冷的第一道障碍是小亚细亚的尼西亚。尼西亚城靠近马尔马拉海,是罗姆苏丹国的首都。这是一座城防重镇,城墙坚固,周长近 4 000 米,设有 240 个塔楼。十字军攻占尼西亚城后,罗姆苏丹国的首都迁至伊康(今科尼亚 Konya,古称伊康 Iconium)11 世纪末期,罗姆苏丹国的苏丹是基利吉·阿斯兰一世(? —1107 年)。1097 年 5 月初,各路十字军陆续抵达尼西亚近郊,远望城内的“异教徒”,十字军情绪高昂,恨不能飞身进城,与异教徒拼杀。在尼西亚攻城战中,有大批拜占庭军队参战,熟悉东方事务的拜占庭军事指挥官参与指挥攻城。十字军对尼西亚城发起进攻时,尼西亚城正处于守备空虚之际,基利吉·阿斯兰一世正率军在东部边界与其他土耳其小邦交战,当他听到十字军进入小亚细亚时,开始并未把此事放在心上。后来听说大批十字军和拜占庭军队向尼西亚发起攻势时,便匆匆结束战争,赶回尼西亚应战,此时已是 5 月 21 日了,当天就发生了一整天的激战。据记载,这一天的战斗相当激烈,这是西欧骑士与土耳其骑兵的第一次交锋,可以说也是东西方两种文化的直接冲撞。西方的基督教骑士扔掉了他们传统的长矛,他们身着长达膝盖的锁子甲,骑在未经阉割的雄马上,使用的是深马鞍与长马镫,手握轻巧的盾牌与刀剑作战,这种装备使得这些“基督战士”能够稳固地骑在马背上作战且行动自如。基利吉·阿斯兰一世组织猛烈的攻击,企图冲散这个盔甲部队,然后各个击破。战斗打得相当残酷，几乎所有参战的十字军战士都带了伤，但基利吉·阿斯兰一世还是无法打退他们。为了恐吓城中守军，十字军把城上掉下来的敌军士兵斩首，然后用篓子装着挂在城门前；十字军还挖掘地下通道，企图迅速攻下尼西亚，但没有奏效。尼西亚城中的守军也在拼死抵抗，向十字军连连射击毒箭，当十字军战士被射死在城墙下时，他们就用铁钩把尸体拽上去，肢解后扔回攻城队伍中。苏丹基利吉·阿斯兰一世并没有打进城去，只得趁夜幕降临，悻悻退出战场。因为尼西亚城的西部城墙深入到阿斯坎尼亚湖中，所以城内守军还可以通过湖上的航运得到援助。最后，拜占庭从陆路运送来了船只，通过阿斯坎尼亚湖进入尼西亚城，迫使城内守军谈判投降。6 月 19 日清晨，当十字军准备再次对尼西亚城发起总攻时，发现城楼上已经悬挂起拜占庭皇帝的旗帜了。原来，城内守军已将尼西亚城交给了来自湖中的拜占庭军队了。尼西亚易帜，使得十字军大失所望，他们本想破城后大肆劫掠一番，如今美梦不再。尤其是当十字军将士被允许在拜占庭军队的监督下分批进城，看到大批财物被运往君士坦丁堡时，对阿历克塞一世产生了强烈的愤怒。为了平息众怒，阿历克塞一世只得对十字军将士大加赏赐，将城中金银器物留出部分赠送他们，以补偿其人员伤亡和其他损失。阿历克塞一世此举不能不说是成功之举，因为它阻止了十字军对尼西亚的抢劫，使尼西亚城免遭破坏，并成为拜占庭帝国的重镇，也使拜占庭轻而易举地获得了该城的财富。

6 月 26 日，沮丧、怨恨与恼火的十字军将士怀着对阿历克塞一世伺机报复的心态，继续挥师向东南进发，一支由塔提苏斯将军指挥的拜占庭军队仍伴同前进。这一次行军，十字军部队分为两支，其原因可能是为了便于在路上得到足够的供给。这两支部队，一支由波希蒙德、坦克雷德、布卢瓦伯爵斯提芬和诺曼底公爵罗伯特率领，拜占庭的部队伴同行进，这支部队作为东进的前锋部队，另一支由哥德夫雷和雷蒙德指挥。两支部队拉开一天的行程。

山路崎岖，缺水少粮，此时又值夏季，炎炎烈日使十字军人困马乏。1097 年 7 月 1 日清晨，十字军前锋部队到达多利勒伊城（距尼西亚东南数百千米）附近的平原。

苏丹基利吉·阿斯兰一世在尼西亚城外与十字军交战失败后，便向东撤，他把向他称臣的所有力量联合起来，并与一直处于交战状态的邻国达尼什门特（塞尔柱突厥人的小邦，现在土耳其境内）的埃米尔（即总督）议和。基利吉·阿斯兰一世虽然失去了尼西亚城和大量财物，但对于当时仍处于半游牧状态的塞尔柱突厥人来说，首领的营帐和他的属民就是他的全部国家。因此，当基利吉·阿斯兰一世在东部结聚起大批军队（据说约有 20 万人）后，便迅速返回，于 6 月 30 日到达多利勒伊城附近，在一条峡谷中等候将路过这里的十字军。得知十字军扎营在不远处的平原之后，基利吉·阿斯兰一世便下令骑兵以迅猛之势冲下山去，一场恶战发生了。此时，深谙军理的波希蒙德明白十字军孤军深入且给养不足，气候不适，不能莽撞，唯一的办法是布阵迎敌，保存实力，不主动出击。他下令立即传信后援部队快速前进。而处于半游牧状态下的塞尔柱突厥人有着游牧民族特有的强悍，在复仇心态的驱使下，把十字军团团围住，并轮番用箭射向十字军营垒，十字军面对强烈攻势，只得仓促应战，不少人死于突厥骑兵的铁蹄和毒箭之下。十字军全线崩溃。据十字军史家佛尔舍记载："在突厥士兵的包围之中，我们就像羊栏中的羊群一样，挤在一起颤抖，惊恐万分，绝望地瘫倒在地上等待被屠杀，只感到因为罪孽，上帝将抛弃我们，很多人边流泪边唱起赎罪之歌，承认自己是罪人，并祈求上帝给我们力量摧毁敌人……"正在关键时刻，哥德夫雷和雷蒙德带着人马赶到了，战场上立即出现了转机，十字军骑士以西方特有的布阵方式，采用长阵线进攻，以波希蒙德、诺曼底的罗伯特和斯提芬为左翼，雷蒙德和佛兰德斯的罗伯特为中锋，哥德夫雷与休为右翼，他们并肩前进。他们深知，这是一场生死之战，生命与财富均系于此举，背水而战的十字军在发起攻势之前还听了波希蒙德的临阵演说。突厥人对此无任何准备，基利吉·阿斯兰一世的军队很大一部分是新招募来的士兵，并未经过训练，一下子阵形大乱。据一个诺曼目击者说，突厥人也以他们特有的方式呐喊冲锋，他们说着急促不清的话，据后来坦克雷德的传记作家鲁定夫说，这些话是说："神是伟大的"，而十字军也呼喊着"神的意愿"冲向敌阵。一场鏖战下来，十字军伤亡很大，但基利吉·阿斯兰一世没有赢得胜利，不得不带着人马再度逃奔异地。多利勒伊大战的胜利，为十字军打开了通往安纳托利亚的道路，基本解决了小亚细亚的战局，苏丹基利吉·阿斯兰一世在短时期内是无力恢复实力了。胜利的喜悦使十字军将士的情绪达到了癫狂状态，他们认为这一胜利乃是神给予的非凡礼物，于是十字军中很快流传开了一个奇异的故事：在多利勒伊战争中，有两个身穿闪亮盔甲的骑士出现在十字军队伍前，恫吓敌人，帮助十字军赢得了胜利，这两个人就是士兵圣徒圣·格列高利和圣·迪米特里。十字军兴奋地互相问候与转告着这个神奇的故事，想象着圣徒的模样。不日，十字军队伍中又流传出：有人看到圣·安德鲁（希腊教会的保护者）和圣·墨丘利（东正教会所封的圣徒）也在他们的队伍前保护他们，把东正教会所封的圣徒也作为十字军的保护者，其缘由是很清楚的，即十字军在东方征战，他们需要东方圣徒的保护。

多利勒伊战役后，十字军的精神为之振奋，几万人的大军直趋东南。然而沿途的村庄由于多年战乱早已洗劫一空，荒无人烟。时值盛夏，烈日炎炎，十字军很快断了粮草，口渴难忍，马匹相继倒毙在地。十字军将士们迫不得已，把身上背的行李放在狗、羊，甚至猪身上，或者干脆抛弃。但是即使在这样严峻的关头，他们的士气仍然很高，死后会得到永恒幸福的理想鼓舞着他们。8 月中旬，十字军来到了伊康，在那里休整几天后，到达了埃拉克雷，沿途战胜了突厥人的阻止。在埃拉克雷，十字军首领对行军路线发生了分歧，最后决定十字军主力向东北方向的凯撒利亚前进，另一部分则离开主力，他们在坦克雷德和鲍德温率领下急转南下，越过陶罗斯山脉。陶罗斯山位于土耳其南部，由弧形的东南、中、西陶罗斯等山脉组成，各山脉成雁行式排列，平均海拔 2 000～3 000 米，山势峭拔，白色石灰岩山脊随处可见。十字军穿越陶罗斯山的行程是异常艰苦的。据吉尔伯特记载:光秃秃的山地和戈壁被骄阳烤得滚烫,水源缺乏,十字军时时受到干渴和中暑的威胁,人和动物不断倒下死亡。越来越多的骑士因失去马匹而降为军士,有些骑士不得不骑牛,骑山羊,甚至绵羊,并用狗来驮东西。不少人扔掉了他们的行李甚至盔甲。

在共同的信仰和共同的利益的激励与支撑之下,十字军终于走出了陶罗斯山,到达西里西亚(又译为奇利乞亚)。与此同时,主力部队到达了马拉什(现土耳其中东部城市,控制陶罗斯山的三个山口,为安纳托利亚与叙利亚之间的交通要道,地位重要),两支十字军终于会合。10 月 20 日,十字军到达了离安条克仅三小时行程的狮桥。在十字军部队行进的同时,拜占庭的军队则借助十字军的力量收复了小亚细亚的很多地方,沿途亚美尼亚人的一些小邦则纷纷承认拜占庭的宗主权。

鲍德温和坦克雷德本想同舟共济,一同杀进地中海滨的塔尔苏斯,但利益不能均分,两人不得不分道扬镳。坦克雷德率军征服了阿达纳和马米斯特拉两个城市,鲍德温则继续东进,与主力会合。但他到达马拉什仅两天,便再度离开主力,独自东进。鲍德温是个有勇有谋之士,早在东征之始,他就想抢先夺取一块属于自己的领地,但他又认为孤军出征有两种可能,出征不利的话很可能导致全军覆没,但出征顺利的话,所得的一切即可一人所有。因此他与主力保持着若即若离的状态。1097 年冬,鲍德温径直向东进军,他的目标是爱德沙。

爱德沙(一译埃德萨)是亚美尼亚人建立的城市,实际上是一个小邦，它位于幼发拉底河和底格里斯河之间，地处美索不达米亚至叙利亚的要冲，这里是南来北往的商人聚散之地，是亚美尼亚地区最富裕和战略地位最重要的城市，据说这里也是圣经人物亚伯拉罕的出生地。爱德沙原本是拜占庭的属地，在 1087 年时，塞尔柱突厥人占领了这座城市，但并未征服该城，亚美尼亚人仍统治着这座城市。爱德沙城的居民大多为基督徒，该城城主是亚美尼亚人托洛斯，他虽拥有相当的自主权，但仍希望有一天能把塞尔柱突厥人的势力完全排挤出去，他也不希望承认拜占庭的宗主权。爱德沙正受到邻国——一些塞尔柱突厥小邦，尤其是萨摩萨达国的进攻威胁。因此当鲍德温来到爱德沙城下时，受到了当地信仰基督教的亚美尼亚居民的欢迎，城主托洛斯急切地希望鲍德温能率军为之解围。但鲍德温并不急于驰救，而是乘机提出苛刻条件，要求托洛斯收纳他为义子和继承人，并立即共同治理这个亚美尼亚人的国家。他发现托洛斯年老无子，估计这两个要求不会落空。事实也是这样，面对邻国的攻击，托洛斯只得同意鲍德温的要求。随同鲍德温前往爱德沙的法国教士佛尔舍在他的《耶路撒冷史》中记叙了鲍德温在爱德沙的情况，使后人对这段历史有较为详细的了解。据佛尔舍记载，认子仪式是按亚美尼亚人的风俗举行的：托洛斯拿出一件相当宽大的衬衫，与鲍德温两人一起套在这件衬衫里，用胸膛互相摩擦几下，然后托洛斯的妻子与鲍德温再以同样的方式演示一遍。仪式后，托洛斯便正式宣布鲍德温为自己的继承人。这一天是 1098 年 2 月 6 日（一说 2 月 20 日）。

此后，爱德沙的局势变得复杂起来了，一部分贵族不满托洛斯的做法，密谋反叛。工于心计的鲍德温一方面努力获得托洛斯的信任，另一方面又暗中与密谋反叛者接近。几天后，爱德沙发生叛乱，公开反对托洛斯的统治，当暴动者闯入王宫时，身为义子的鲍德温并未搭救，而是竭力劝说托洛斯退位。托洛斯在准备逃出王宫时，被暴动者所杀。3 月 10 日，鲍德温名正言顺地当上了国王。然而，爱德沙原先是拜占庭的属地，按照鲍德温对阿历克塞一世的宣誓，爱德沙本应归还拜占庭。所以鲍德温只选了爱德沙伯爵的头衔，爱德沙成了鲍德温的伯国。第一个十字军国家爱德沙伯国建立起来了。

三、安条克之战

就在鲍德温东进爱德沙之时，十字军主力行进到了安条克附近。安条克城位于奥伦特河（今土耳其的安塔基亚）左岸，距海岸仅 12 英里。它位于两条商路的交叉点上：一条是从幼发拉底河到海岸的重要商路；另一条是黎巴嫩和安替力巴那之间广阔盆地上的商路，经过西里西亚到达小亚细亚。因此在安条克的历史上，商业是相当活跃的，东方物品不时传到这个商业的交汇点。从波斯传来的甘蔗，种植在安条克的海岸边。在 10 世纪时，橘子也从印度传入，橘树种植在安条克城周围及其他的城市里。纺织业在安条克很发达，织造丝绸及其他贵重衣料的技术已有了高度发展，并已能制造棉造纸。因而安条克的阿拉伯文 Antakiya，具有“被单”“毯子”之意。安条克地势险要，是通向巴勒斯坦南部的要道，自古就是兵家必争之地。早在公元前 300 年，塞琉古王国（一译塞琉西王国）的创立者塞琉古一世（前 312—前 280 年在位）在此建都。公元前 64 年，被罗马占领，成为罗马著名的大城市，7 世纪起为阿拉伯人占领。从 10 世纪 60 年代起，安条克转入拜占庭帝国之手。1085 年，塞尔柱突厥人攻占了安条克。1087 年起，塞尔柱突厥人牙岐-塞扬成为安条克的城主。安条克城内的居民大多信仰基督教，但也有不少信奉伊斯兰教。

安条克自建城至 11 世纪，经过数百年的营建，已成为一座易守难攻的堡垒。安条克城拥有 10 多千米长的城墙，城墙上可以四马并行。整个城墙设有 450 座谯楼，西南部的城墙一直延伸到崇山峻岭之中。

得知十字军正向安条克逼近的消息，安条克总督牙岐-塞扬作了紧急布置。其一，摈弃旧嫌，求助于伊斯兰教各邻国，派特使向上美索不达米亚最强大的摩苏尔总督克尔布噶求援，派遣其子亲自去大马士革求助其总督杜恰克；巴格达的苏丹也答应出兵援助；其二，作好战争准备，加固城墙，加紧储备粮食；在奥伦特河的桥头（铁桥）布下重兵，因为这里是阿勒颇和马拉什延伸而来的道路的会合处；其三，对城中居民的宗教活动实行限制，驱逐了希腊人和亚美尼亚人中重要的基督徒首领，并囚禁了安条克主教。这些措施导致城内基督徒与伊斯兰教徒的矛盾。

10 月 20 日，十字军主力到达安条克，夺取了奥伦特河桥头，主帅波希蒙特看到这座威严、雄伟的城市，尽管有些望而生畏，但一种强烈的占有欲使得他不顾一切。

对于十字军而言，攻占安条克是第一次十字军东征进程中的关键。因此十字军首领均小心行事，他们在安条克的东北门外扎营后，便对各路人马作了布置。波希蒙德驻守安条克的保罗门，雷蒙德驻守道格门，哥德夫雷在公爵门，其余军队布置在他们之后，以备增援。不久，坦克雷德也赶到了。尽管十字军锋芒强劲，但军中没有统一的指挥，十字军首领对强攻还是围攻争执不下。雷蒙德坚持立即强攻，但对安条克怀有野心的波希蒙德则坚决反对强攻，因为强行攻下安条克的话，会使城市受到严重破坏，同时众首领也会在攻占城市后瓜分该城。他认为用不了多久，城中居民就会内乱，到时候必定有利可图。

十字军开始围攻安条克，时近 8 个月的“安条克之战”由此拉开。面对东方城市的高大城墙，十字军对安条克的围攻显得有些力不从心。到 11 月中旬，阴雨连绵的冬日已到来，十字军的备用物资已消耗殆尽，正在双方僵持不下时，西方的援兵自海路而来，英吉利人、佛兰德斯人、热那亚人、比萨人以及拜占庭人不时派出船只由大西洋和地中海来到安条克海岸，运来给养。热那亚、比萨等城市的商人也积极响应教皇号召，用船只满载食物，运到小亚细亚海岸，卖给十字军将士。安条克战役打响后，热那亚人一下子派出了 13 艘舰船，运来了增援人员和大量粮草及攻城装备，缓解了安条克城外十字军缺衣少粮的困境。

到 1097 年 12 月底，十字军围攻安条克已整整 3 个月了，但双方交战仅仅 4 天，安条克守军数次冲出城门，企图击溃十字军，却无法如愿。为了嘲笑基督徒，牙岐-塞扬把安条克的基督教主教囚禁在铁笼里，放置在城墙上，时不时摇一摇铁笼。在安条克围城战中，最严峻的是饥荒。几万十字军及朝圣者集中在一地，很快粮草告急，安条克附近的农村已找不到可再搜刮的食物了。到 1097 年的圣诞节，十字军希望在“圣地”过圣诞节的希望变成了严酷的受罪日子。为了应付饥荒，12 月 28 日，十字军首领召开了一次会议，决定由波希蒙德和佛兰德斯的罗伯特率两万十字军出发掠夺粮草，不料他们在途中遭到塞尔柱突厥人的阻止，几乎空手而归。1098 年 1 月，安条克城外的饥荒达到了顶点。据佛尔舍记载，那时饥饿的人们狼吞虎咽地吞食着还在田野里生长的豆类茎梗，煮食没有盐的各种草本植物，甚至蓟，以致许多人的舌头发炎。他们还吃马、骆驼、狗，甚至老鼠。贫穷的朝圣者吃兽皮，甚至在动物的粪便中寻找动物吃下尚未消化就屙出的种子……到后来，有些人就开始吃起了同伴的尸体。

在极其艰难的围攻战中，十字军的宗教狂热进一步高涨，他们开始特别注意“神的预兆”，更加刻意地去宣传狂热者所“看到”的奇异景象，希望靠它来减轻所受的痛苦。例如，1097 年 12 月底，小亚细亚、叙利亚一带发生了地震，被十字军看作是不祥的征兆。后来，他们又看到天空中出现了彗星，便认为这是燃烧着的十字架，将带领他们去夺取胜利。他们甚至认为眼前苦难是上帝对他们的考验和他们的赎罪。十字军中的一些随军主教与神父也积极说教，鼓励“基督战士”为了“上帝的事业”斗争到底。在这种宗教氛围中，许多普通的十字军士兵和朝圣者逐渐形成了这样的看法:这些灾难和痛苦是上帝送出的,是上帝用来检验他所爱的孩子的手段,因此无论是逃跑还是拒绝都是叛教。就连雷蒙德的随军主教、比萨的戴姆贝特也在写回欧洲的信中说:"在安条克城下,上帝阻止我们,贬低我们,直到我们从自高自大变成谦恭。"这种"上帝新选民"以及"上帝考验""上帝帮助他的子民赎罪"的观点一时在十字军中流行甚广。

在1097年的冬天,十字军中的贫苦士兵和随军朝圣的贫苦基督徒看到了平日里富裕、傲慢的贵族,此时也在为面包而乞讨,骑着笨拙的骡子如同农民一般,他们认为新的世界已经来临了。于是,他们把自己看作是这个新世界的前卫部队。在安条克围城战中,穷人们,特别是那些最贫穷的人组织起来,其中有些人本来就是隐士彼得所率的农民十字军的幸存者,据说还有一些吉卜赛人也被吸引参与,形成了独立的作战团体,成为十字军中凶猛的部队,其中最著名的一支被称为塔夫尔(Tafur,一词之意可能来自亚美尼亚语或阿拉伯语,意为"王"),其首领是一个诺曼骑士,因自称塔夫尔,故名。塔夫尔宣称:"让想获得财产的人们追随我吧!在上帝的帮助下,我将为你们赢得足够的财产。因为只有穷人才是上帝真正的选民,只有穷人才能征服耶路撒冷。"据说,在安条克围城时,他们因不满骑士对安条克的围而不攻,同时也不满骑士们对穷人的傲慢与凶狠,他们单独扎营。他们赤裸双脚,没有武器,作战时使用棍棒、石块、匕首以及各种随手拾取的东西,以抢劫与掠夺为生。在安条克攻城战以及此后的东征中,他们都承担着最危险、最艰巨的任务，他们是最虔诚，也是最残忍的宗教狂热者。种种令人胆战心惊的行为，使他们在当地人中成为恐惧的代名词。

就在十字军望城兴叹之际，城内的“异教徒”也不甘心坐以待毙，被围困在城里的牙歧-塞扬再次派人向其他塞尔柱突厥人首领求救。不久，有 3 支塞尔柱突厥大军先后向安条克扑来。

1097 年 12 月，首先来到安条克的是大马士革总督杜恰克派来的军队。十字军面临严重的危险，各路军队再次携手奋战，波希蒙德和佛兰德斯的罗伯特联合作战，一战告捷。击退杜恰克军队之后不久，1098 年 2 月，位于安条克东部的阿勒颇总督雷德凡又派遣大军而来，这支军队集中了小亚细亚各地的突厥零散军队。面对来势凶猛的突厥军队，教皇特使阿德马召开了紧急会议，根据波希蒙德的建议，决定步兵守营，骑兵出击，当时能参战的骑士是 700 人。2 月 8 日晚上，十字军骑兵在奥伦特铁桥处埋伏，等待突厥军队的到来。天亮时分，突厥军队刚踏上铁桥，骑士十字军便扑向敌军，一交锋马上撤退，把突厥人引向他们选好的战场，这是一处地形狭窄的沿河地带，使突厥人不能把军队摆开作战，而西方骑士大多经过武艺训练，善于单独交锋，且身披盔甲骑马作战，轻装的突厥士兵无法抵挡，很快败下阵去。

十字军击退了突厥人的两次援兵，却并没有改变不利的局势，围城者的士气仍十分低落，且供给受到阻击。应该说自从第一次热那亚派船送给养到西亚海岸以来，海上供应基本未断，出逃在塞浦路斯的耶路撒冷大主教西蒙，为了能恢复他在耶路撒冷的地位,想方设法帮助十字军,运送粮食;返回拜占庭的塔提苏斯,也派船只为十字军运送粮草,但十字军得到这些粮食并非易事,因为突厥人常常出其不意地冲出城门,抢劫粮食。3 月 4 日,一艘由英国十字军装备的船只带着许多意大利的朝圣者和商人经君士坦丁堡到达安条克,随船带来了攻城器械。由于安条克不在海岸边,所以这艘船只驶入了圣西缅港。雷蒙德和波希蒙德共同率军到圣西缅港迎接该船,但在返程中遭到突厥人阻止。幸好哥德夫雷率军接应,才转败为胜。

1098 年春天,安条克城外出现了一系列新的情况:其一,天气转暖,有利于十字军的活动,十字军从海上得到外部援助的机会多了;其二,十字军加紧围城,把攻城堡垒建在安条克各城门的附近,使城内守军无法派出军队偷袭十字军,同时也真正切断了安条克守军与外界的任何联系;其三,埃及法蒂玛王朝派出重臣阿尔·阿夫达尔主动与十字军接触,表达结盟与共同瓜分塞尔柱帝国的愿望。对于这一要求,在当时的情况下十字军未作肯定回答,而是对阿尔·阿夫达尔重礼相待。其四,5 月份安条克的第三支援军大马士革和摩苏尔的军队在摩苏尔的埃米尔克波加的率领下,正向安条克逼近。

从上述情况看,形势的变化对十字军是有利的,唯克波加大军的到来,使十字军惊慌失措。十字军营垒中首领们各怀私心,纷纷寻找机会,但又互相守密。布卢瓦伯爵斯提芬原本就准备撤离,他认为与其丧命异邦,不如先撤为妙。听到突厥大军将至,便立即率领自己的部下撤离战场。然而他早走了一天。在此之前，波希蒙德已精心策划以重金买通了一位安条克守军将领，这位名叫佛洛兹的安条克守军将领是亚美尼亚人，后改信了伊斯兰教，受到牙岐—塞扬的重用，可他在安条克之战中因屯粮居奇而受到罚金处罚，因而对牙岐—塞扬心怀不满，暗中与信仰基督教的同胞加强联系，并通过他们与波希蒙德接触。当时佛洛兹驻守安条克东部城墙的“两姐妹”城楼。波希蒙德委派亲信设法与佛洛兹联络。佛洛兹则答应让波希蒙德的军队从他管辖城楼的窗口进入城市。波希蒙德严守此秘密，为显示他的作用和夺取安条克城的独占权，他大肆制造紧张危险的气氛。这样，当克波加大军逼近安条克、十字军众首领慌乱无措时，波希蒙德则胸有成竹地向大家宣布，只要大家答应事成之后，安条克归他所有，他可以很快攻占安条克，接着他向众将领透露了收买城内守军军官的秘密。虽然十字军众首领对波希蒙德的要求并不心甘情愿，教皇特使阿德马也当场表示谈论此事为时过早，但在克波加大军压境的情况下，十字军首领们只好默认。

1098 年 6 月 2 日深夜，波希蒙德与佛洛兹约定开始实施入城计划，那天晚上下着倾盆大雨，伸手不见五指。按波希蒙德的布置，全体十字军同时发起攻城，他则率军赶到东部城墙准备进城。在人人自危的情况下，十字军将领们竟然协调得非常出色。

波希蒙德率军来到预先约定的进攻地点——“两姐妹”城楼，此时佛洛兹已把部下调往别处。十字军立即架好爬城梯子，佛洛兹即放下一根绳子，士兵们犹豫着一个紧跟一个顺着梯子往上爬，陆续有 60 个人爬上城墙，迅速从城楼里下去，打开城门，主力蜂拥入城，安条克终于落入了十字军之手。

当晚，安条克城里充满了恐怖。十字军将士们这么长时间在城外饱受苦难的折磨，此时已变得极度疯狂，他们见人就杀，直到街上血流成河，黑暗中他们错把同伴当敌人，黎明时分才发现不少剑和矛插在了同伴的胸口。在一片混乱中，牙岐—塞扬被杀，他的头颅被当作了战利品。6 月 4 日的黎明，十字军开始了疯狂的抢劫，他们洗劫了伊斯兰教徒的同时，也洗劫了亚美尼亚人的多所基督教堂，并把城里残存的食物吃了个精光。

进入安条克的十字军在一阵兴奋之后，还来不及定下分赃和归属，就必须商议防守问题了，由于城墙仍然完好，不用加固，只需派兵驻守城墙各个部分。十字军在安条克还没站稳脚跟，克波加的大军就赶到了铁桥，时间是 6 月 5 日。几天后，克波加下令向安条克发起了猛攻，无奈力不从心。于是他决定围困，以求饥饿和内乱迫使十字军出城交战。

的确，此时安条克城内草根树皮被吃光了，所有暂时用不上的战马也都被宰杀吃了，老鼠肉的售价高得吓人，甚至死人肉也用来填充辘辘饥肠。一些十字军趁夜幕掩护逃出城去，这些人把安条克被围的消息告诉了斯提芬。斯提芬撤离安条克后，驻扎在亚历山大（今土耳其伊斯肯德伦），听到自安条克逃出的十字军士兵所说的消息，认为继续战斗没有获胜希望，于是收起帐篷，向君士坦丁堡撤退。路上与拜占庭皇帝阿历克塞一世相遇。阿历克塞一世听说十字军正围攻安条克，正率军急匆匆前往安条克，准备收复失地。一听到斯提芬报告说十字军被围在安条克城内无获胜希望，便立刻掉转马头，唯恐自己成为土耳其人的靶子。消息传到安条克，十字军更加沮丧，士气大降。

处于困境中的十字军把希望寄托在上帝的显灵上了，十字军将士们集结在圣彼得大教堂内外，日夜祈祷，拼命哭喊，请求上帝的保护。随军的主教和僧侣们则忙着把眼前的灾难归咎于上帝对罪人的惩罚，随军神父瓦伦斯的斯提芬突然宣称他看到基督站在他面前，严厉指责十字军的淫荡、通奸和各种罪孽，要求"基督战士"通过祈祷和道德改革重新回到神的正义中来。自然，恐惧可以产生强烈的宗教热情，神父们借此机会在十字军中实施起道德改革和禁欲主义。他们把随军妇女从军营中驱赶出去，让她们单独扎营住宿，并加强了十字军的集体祈祷。大约在斯提芬神父做梦的同时，1098 年 6 月 10 日，一个衣衫褴褛的农民来到雷蒙德的营帐前求见。据说，雷蒙德和阿德马勉强会见了这人。来人自称是法国普罗旺斯人，名叫彼得・巴托罗穆，是一名叫威廉・彼得的朝圣者的仆人。他说早在十字军攻打安条克时，他一个人在帐篷中休息，地震把他惊醒了，他发现有两个被光环笼罩的人站在他面前，他一下子就认出了其中的一位是上帝使徒圣・安德鲁。圣・安德鲁告诉他埋在地下的"圣矛"是拯救十字军的神物，可以帮助基督战士打败土耳其人。据《圣经》所说，耶稣基督被处死刑时，罗马士兵曾用矛刺杀了钉在十字架上的耶稣。按照当时的观念，凡接触过基督的东西都具有神性。因此那支矛也就被看作有了神性。但彼得说，他担心将领们不相信这个离奇的梦而没有报告。他说几天后他奉命出城找食物时，又看见了这一神圣的景象，使徒向他指示了“圣矛”所处的位置，并要求他立即报告图卢兹伯爵，指示图卢兹伯爵应穿亚麻衬衫、马裤，用约旦河水弄皱衣服，然后派人掘出“圣矛”。尽管彼得·巴托罗穆说得有声有色，雷蒙德与阿德马等人仍表示怀疑。不过雷蒙德认为这可以激发士气，不相信可以装作相信。于是一场寻找圣物的活动开始了。按彼得所说挑选出了12名最虔诚者，其中包括雷蒙德和阿德马。在实施彼得转述的圣·安德鲁下令的仪式后，人们在彼得梦中所得到的指示地点——安条克城里圣彼得教堂开始挖掘，从太阳升起一直挖到日落，他们没有挖到任何东西。眼看就要前功尽弃，突然彼得·巴托罗穆一下子脱掉外衣，只穿一件内衣跳入挖掘的坑内。立刻，他和雷蒙德、阿德马以及在场的基督徒几乎同时看到了土里的矛尖，“上帝保佑！”“上帝保佑！”人们欢呼着，叫喊着拔出“圣矛”，兴奋地吻它，并用一块事先准备好的紫色布（在基督教文化中，颜色具有象征意义，紫色象征着赎罪、忏悔）包起来，展示给众人看。教堂前聚集的很多人都看到了这一幕神奇的景象。

这是多么神奇和不可思议，恐惧、沮丧的十字军重又憧憬希望，饥饿和痛苦暂时被忘却，从欧洲一路激励着他们的宗教热情重新燃起来了。尽管当时十字军中有不少人，尤其是波希蒙德等人已看出“圣矛”的造假，但彼得创造的奇迹反映了十字军下层士兵的信仰思维，它同斯提芬神父的梦一样，重新点燃了十字军的宗教热情，挽救了这支濒临崩溃的军队，阿德马抓住时机，下令全体基督徒每天唱圣经，要求十字军首领们宣誓决不放弃这个城市。

1098 年 6 月 28 日黎明，十字军在安条克城最高的一座城楼上升起一面黑旗，通知克波加，基督教的十字军将发起进攻。十字军在阿德马的主持之下做完弥撒，打开城门，由波希蒙德率军向克波加发起攻势。当时的十字军中有马骑的骑兵不到 200 人，步兵更是虚弱不堪，但宗教狂热使他们充满了难以置信的勇气，出城交战的场面是富有戏剧性的，十字军由波希蒙德、佛兰德斯的罗伯特与韦尔曼杜瓦伯爵休率领，哥德夫雷和阿德马紧跟在他们后面。阿德马全副武装，高举着“圣矛”，让全体将士都能看见。雷蒙德身体虚弱，无法出征，留守在安条克城内。十字军以“圣矛”开路，身穿白色法衣，举着白色旗帜，蹒跚着向克波加阵地走去。关于这一历史片段，在《法兰克人与前往耶路撒冷事记》中有精彩的记载。《法兰克人与前往耶路撒冷事记》一书是一位不知真名的俗人撰写的，他是跟随诺曼十字军到达巴勒斯坦的一名骑士，后又投身雷蒙德麾下。作者粗识文字，所写的拉丁文极其粗俗。他以日记形式记载了 1096 年春到 1099 年 8 月 12 日发生的事，后人读来很是惊异。书中写道：当克波加军队看到身穿白色法衣，举着白色旗帜的人出现时，只感到幽灵也参加了战斗，他们惊慌地向后退去而此时，克波加正在下棋，他十分了解安条克城里十字军的处境，因此对十字军在城墙上升起黑旗的挑战以及十字军的主动出击不以为然。此刻，他以东方人特有的镇静，坚持要下完棋再对付这些不堪一击的基督徒。不料，当他派出去的 2 000 人战败的消息传来时，他才惊醒过来，认识到不能轻视这些十字军。于是他立即下令焚烧地面的枯草，让他的骑兵在浓烟的掩护下冲向十字军。十字军受到猛烈的攻击，终于抵挡不住。就在这个关键时刻，十字军中有人高喊："看啊！圣人在为我们战斗！"原来战场上焚烧枯草的烟已扩散，升腾到空中，弥漫在远处山边形成奇形怪状的白云。"基督战士"见状，高喊："圣徒骑着白马来了，来营救我们了！"瞬间，最普通的士兵也变成了英雄。宗教的激情和求生的欲望激发了他们前所未有的勇气。恐惧很快在克波加士兵中传开了，他们害怕得四散溃退了。克波加想让他们重整旗鼓，但已力不从心，无奈之中只得匆匆撤回摩苏尔，此后其势力大大衰落了。

安条克突围战的胜利，使安条克正式成为十字军控制的国家，附近地区都归该城统辖。

占领安条克后，十字军首领之间的矛盾一下子突出了，他们谁也不着急继续远征耶路撒冷。他们关心的是安条克的归属权。波希蒙德认为在攻占安条克的战斗中，他的贡献最大，安条克理应归属于他。但雷蒙德不甘示弱。据说在安条克突围战中，雷蒙德因身体虚弱未能出城参战，他带领 200 余名十字军守在城里。但安条克突围战一结束，众首领发现城楼上已插上了雷蒙德的旗帜，这大大冒犯了波希蒙德等人，于是首领们大吵一通之后，拔掉了雷蒙德的旗帜，并决定共同驻守安条克，波希蒙德占据主城楼，并联合了哥德夫雷和佛兰德斯的罗伯特，共同对抗雷蒙德。

虽然安条克已落入了十字军手中，但仍处于粮荒状态。这年的 7 月中旬，安条克城内又发生了严重的瘟疫，斑疹与伤寒病肆意流行。8 月 1 日教皇特使阿德马也染病而死。他的死不仅使十字军中本来就已无法控制的局面更加严重，而且也结束了罗马教廷对十字军的控制。为了缓解十字军内部的不和，也为了躲避瘟疫、解决粮荒，十字军首领决定分头率部出城，在西亚各显神通，这样做还可以巩固安条克四周。据记载，波希蒙德去了西里西亚，诺曼底的罗伯特去了拉搭基亚，哥德夫雷向爱德沙进军，去帮助鲍德温了，雷蒙德的去向不见史载。另外，韦尔曼杜瓦伯爵休被派往君士坦丁堡，去催促阿历克塞一世派遣援兵“解放圣城”，并责问他为何放弃这一神圣使命。然而阿历克塞一世对此不屑一顾，休在君士坦丁堡逗留了一阵，东征的热情冷却下来了，他返回了法国。

1098 年 9 月，安条克城内的瘟疫稍稍缓解，各路十字军纷纷返回安条克，他们都已感觉到如果再不去攻打“异教徒”，很有可能会自相残杀。于是 9 月 11 日，十字军首领开会，起草给教皇乌尔班二世的信函，表示不再承认拜占庭帝国的宗主权，要求乌尔班二世亲临安条克，确定安条克的世俗君主。这次会议虽然还是没有明确波希蒙德为安条克的主人，但在给教皇信件的签名中，他的名字已排在众首领的首位，实际上这个城市的控制权已在波希蒙德手中。

四、十字军攻占耶路撒冷

就在众首领为安条克的归属争论不休时，十字军中的下层士兵和跟随而来的朝圣者已经不耐烦了，他们要求十字军立即南下，去夺取圣城耶路撒冷。因为在他们看来，夺取耶路撒冷既是朝圣的完成，又是朝圣向捍卫基督陵墓的转变。塔夫尔派甚至威胁道："如果首领们为安条克的争执还不停止，我们就毁了这座城市。"

在下层十字军士兵的压力之下，众首领在安条克圣彼得教堂召开会议，决定南下耶路撒冷的事宜，但实际上也公开挑明安条克的归属问题。经过几天的激烈争论，他们达成了暂时的安排。波希蒙德发誓要随十字军前往耶路撒冷，他在安条克占有四分之三的城市和城楼；雷蒙德控制着铁桥桥头堡和原基利克·阿斯兰一世的王宫，但他决定交给部下守护。十字军决定先进攻安条克附近的要塞马拉坦阿努曼(又译为马拉·安·诺曼)。这一要塞距安条克 4 天的路程，是安条克附近的重要要塞，防守坚固，被十字军看作是安条克安全的隐患。1098 年 11 月 27 日，由雷蒙德和佛兰德斯的罗伯特率领十字军到达马拉坦阿努曼要塞，次日清晨十字军便向该要塞发起攻击。当天下午波希蒙德率领的十字军赶到战场，组织攻城。攻城战进行得十分激烈，经过半个月的围攻，12 月 11 日，雷蒙德的军队攻破城墙一角，向城内突进，守城军民殊死抵抗。波希蒙德却以诱骗手法使守军投降，并宣布对城内居民大赦，但第二天即对居民大屠杀。

攻占马拉坦阿努曼要塞后，波希蒙德和雷蒙德的矛盾更加激烈了。雷蒙德坚决要求马拉坦阿努曼要塞的主权，因为他的军队首先攻破城墙。但波希蒙德却以守军向其投降为理由，不肯撤出军队，并提出，要雷蒙德让出所占的安条克的那部分城区。正在他们争权夺利之时，雷蒙德的部下和其他十字军不愿再等待下去了，他们要求雷蒙德作为向耶路撒冷进军的首领。1099 年 1 月 5 日，十字军中的下层士兵与穷人疯狂地捣毁了马拉坦阿努曼的城墙，以此逼迫雷蒙德率领十字军出发。雷蒙德被迫让步，放弃了安条克的地盘，也放弃了马拉坦阿努曼要塞。

1099 年 1 月 13 日，年近 60 岁的雷蒙德赤裸双脚，以示作为朝圣的君主，率领 5 000 多名狂热的十字军将士与朝圣者，沿着奥伦特河谷奔向十字军东征的最后目的地——耶路撒冷城。哥德夫雷和佛兰德斯的罗伯特是在雷蒙德占领了托尔托萨港之后，认为他们不得不赶快行动，才率军赶来与十字军主力会合的。坦克雷德是在十字军主力接近耶路撒冷时才率军赶到的。波希蒙德的十字军没有参加前往耶路撒冷的远征。然而，在十字军长期围攻和逗留安条克之时，巴勒斯坦及耶路撒冷的局势已经发生了很大的变化。1098 年底，埃及的法蒂玛王朝把塞尔柱突厥人赶出了耶路撒冷。当时，法蒂玛王朝的哈里发是年幼的穆斯台阿里(1094—1101 年在位)。安条克围攻战时期，十字军曾与其权臣阿尔·阿夫达尔商议过结盟、共同抗击塞尔柱突厥人并瓜分巴勒斯坦和叙利亚之事。后来阿尔·阿夫达尔看到十字军攻占安条克，了解到塞尔柱突厥人因内讧无法互相援助、抵抗外敌的情况后，便积极准备进兵巴勒斯坦。经过

40 多天的激战，埃及军队终于占领了耶路撒冷。之后，埃及军队又向北推进到贝鲁特海岸，占领了巴勒斯坦地区。阿尔·阿夫达尔深知十字军的最终目的地也是耶路撒冷，所以在夺取耶路撒冷后立即加固城防，囤积粮食，准备迎战十字军。

由于巴勒斯坦易主，使得十字军在行进途中少了塞尔柱突厥人的阻击，巴勒斯坦境内的城市都设法尽可能快地把这支危险的军队送出他们的领土。前往耶路撒冷的路上，要经过好几个埃米尔的辖地，其中最重要的是的黎波里、阿克城、贝鲁特等。的黎波里的埃米尔得知十字军将至，派了使臣到十字军处表示愿意结成同盟关系，并邀请十字军代表到的黎波里去讨论缔结联盟一事。他希望利用十字军的力量来维护的黎波里的独立。但当雷蒙德派去的使臣到达的黎波里，看到这个城市的繁华、富庶时，顿感眼花缭乱，“联盟”一词被他们想象成了“获得”。雷蒙德决定夺取这个富庶的“可捡物”，他已经不满足于顺利通过的黎波里了。为了威慑的黎波里，雷蒙德决定先进攻距的黎波里 15 英里的阿尔卡城。阿尔卡城是的黎波里的埃米尔统辖地中的第二大城市。2 月 14 日，十字军对阿尔卡城发起猛烈攻势，尽管的黎波里怕得罪十字军而未出兵援救，但阿尔卡城的军民奋力抵抗，决心与城市共存亡。

几天后，十字军又攻占了托尔托萨港，消息传到安条克，促使哥德夫雷与佛兰德斯的罗伯特感到必须赶快行动了，于是率军火速赶到阿尔卡城，参与攻城。不久，诺曼底的罗伯特也率军赶到。十字军对阿尔卡城发起一次次猛烈围攻，但都不能如愿。阿尔卡城久攻不克，十字军将士们纷纷请求弃城而去。由于哥德夫雷和两个罗伯特的到来，十字军内部矛盾再起，首领们的争执很快传遍十字军，士兵中的诺曼人和普罗旺斯人之间的争论也不时引发出冲突。这时，拜占庭皇帝阿历克塞一世也遣使臣送来了信函。声称皇帝将亲自驾临叙利亚，与十字军共同进军耶路撒冷，埃及法蒂玛王朝也向十字军提出了议和条件：十字军可以放下武器进入圣地耶路撒冷。但这一提议即遭到十字军的拒绝，因为十字军的目的不是朝圣，而是占领。在这种情况下，十字军首领处于两难境地，对阿尔卡城攻不破但又不甘心放弃不攻。正在这时，4 月 5 日，彼得·巴托罗穆赶到了阿尔卡城下，大谈梦中启示，企图再次施展托梦伎俩。这一次遭到了诺曼底伯爵罗伯特等人的公开指责，那些与雷蒙德不和的十字军首领趁机煽动将士反对雷蒙德，并再次提出安条克“圣矛”的真实性问题，纷纷要求对彼得进行神意裁判。为了保住自己的尊严和威信，雷蒙德答应对彼得进行神意裁判。4 月 8 日，彼得被迫接受火的裁判，他必须手持“圣矛”走过两排燃烧的木柴形成的狭窄通道。据说“圣矛”的奇迹是真的话，彼得就能遇火无恙，否则就会葬身火海。所幸的是他当时没有被烧死，这多少保住了雷蒙德的面子。不过，这个可怜的人在苟延残喘了几天后还是因火伤而死了。彼得死后，“圣矛”的故事也就随之而结束了。5 月 13 日，雷蒙德放弃了攻占阿尔卡城的欲望。这是十字军主力未能攻破的一个城池。

尽管十字军在阿尔卡城受挫，但巴勒斯坦的一些塞尔

十字军攻破耶路撒冷

杜突厥人的一些小邦还是采取花钱买平安的方法，让十字军迅速通过自己的国土。的黎波里的埃米尔为避免损失，不改初衷，向十字军提供马匹和给养，赠送金钱并释放城中关押的几百名基督教。通过的黎波里之后不久，十字军到达贝鲁特。此时十字军已进入了埃及法蒂玛王朝控制的地区了。法蒂玛王朝对巴勒斯坦的控制只限于在沿海城市驻军防守，内地并未设防，十字军自知对这些沿海城市无力攻取，所以一路南下，并未停留。他们到达贝鲁特时，贝鲁特守城长官主动提供钱财，只是希望十字军和平通过。5 月 23 日他们到达提尔，据说耶稣基督曾访问过这座城市，这使十字军的宗教情绪高涨起来了。6 月 3 日他们到达了拉马拉城。这一路的顺利行进，使十字军将士的头脑中生出了越来越多的幻想：上帝和圣徒伴着他们前往圣城。他们沿途收集圣物，愈发感到内心深处产生出了一种新的力量。带着中世纪欧洲朝圣者特有的疯狂，也带着冒险家的发财欲望，1099 年 6 月 7 日清晨，这些欧洲的“基督军”经过漫长的艰苦历程，终于到了耶路撒冷城墙外。此刻，太阳已冉冉升起。朝霞中，十字军将士隐约看到了城里的塔楼和居民，再也抑制不住内心的激动，泪流满面，一边大声喊叫着“耶路撒冷！”“耶路撒冷！”一边匍匐吻地。从欧洲一路跟随十字军而来的那些朝圣者，包括妇女和孩子，他们和十字军将士们一起经历了各种磨难，更是激动地笑着、哭着、祈祷着，这是一种歇斯底里的发泄。随后，十字军面朝“圣墓”的方向跪地、祈祷，残忍、贪婪的狂热之徒一下子变成了谦恭顺从的朝圣者。

最初的激动和喜悦平静之后，十字军立即把耶路撒冷城团团围住，开始攻城。但是要攻下耶路撒冷并非轻而易举。

耶路撒冷城是中世纪时期最坚固的城市之一，自罗马皇帝哈德良建城池以来，经拜占庭人、塞尔柱突厥人和刚刚占领城市的埃及法蒂玛人的轮番修筑，已成为一座易守难攻的城市了。耶路撒冷城除北面外，三面环以沟壑，筑有坚固工事，唯有它的北部城墙利于进攻。城中最主要的城堡是建在山坡城墙上的大卫塔，它居高临下扼守着加发城门。此时驻守耶路撒冷的军队多为阿拉伯人和不久前刚调防而来的苏丹人，总兵力约 4 万人，一说不足 2 万人。守城总督是埃及人阿尔—达乌拉，看到十字军接近耶路撒冷时，他并不担心城池会被攻克。此刻，他拥有 40 架射弹（又可射石）装置，这是一种最新设计的木制机械；另外他已实行了坚壁清野，城外的水井都已堵塞或投了毒，甚至还砍掉了城外的树木、赶走了牲畜，城里的基督教各派居民也都被逐出城外，因此平时能居住 7 万人的城市，此时居民只有不足 3 万人。

耶路撒冷城外的十字军缺粮、缺水、缺少攻城器械，又担心法蒂玛王朝的军队及时赶到，因此他们决定立即攻城，时间定在 6 月 13 日。那天清晨，十字军对耶路撒冷城北墙发起强攻，无奈缺少攻城爬梯，只好撤出战斗。

就在十字军面对耶路撒冷高大城墙无可奈何之际，6 月 17 日雅法港口驶入一支船队，据说其中 4 艘船来自英国，2 艘船来自热那亚。这支船队为十字军送来了大量的食物，还有酒，更重要的是船队为十字军送来了绳子、钉子、弩箭等可以制造攻城器械的必需品，一下子把十字军从狼狈不堪的境地中挽救了出来。几乎在同时，坦克雷德在率军劫掠食物时偶然找到了制造攻城器械的木料。据他的传记作者鲁定夫记载：坦克雷德率军寻找食物时，因患痢疾不时离开同伴，偶然在一个凹地的洞穴中，发现了当地人贮藏的 400 多根木料。有了这些木料，打造攻城爬梯（又称悬梯）等攻城器械的条件就具备了。为了防止木梯被"希腊火"及油脂的浇洒，十字军用牛皮和驼皮缝钉在攻城梯的表面。十字军制造的攻城器械除攻城爬梯外，还有攻城槌（又称撞墙机）和攻城塔。攻城塔形似一塔，分多层建造，塔上盖以牛皮，塔中埋伏攻城敢死队，并设有许多投射机械，可以平射或居高临下攻打城墙或守城敌人，还可以利用其活动木板搭到对方的城墙上，战士可从塔上冲向城头。攻城塔底有轮子，可以移动。塔下设计有攻城槌，它是用一根巨型树干做成的，前部制成羊头形的尖锐器，用杠杆和骑士的勇猛力量使槌头猛击城墙，迅即可在坚硬的城墙上撞出一个窟窿。这种技术显然是从古希腊、古罗马人那里继承下来的，早在公元前 305 年，罗得岛上的罗得城围攻战中已经出现了高达 50 米的九层攻城塔。

7 月 8 日，十字军再次举行斋戒，并庄重地举行绕城巡游仪式，所有的十字军将士都赤裸双脚，由教士率领唱着圣歌绕城一周，在《圣经·福音书》记载的每一个特别神圣的地方都举行了集体祈祷。在十字军绕城巡游的仪式中，随军神父用洪亮的声音演说以鼓舞士气，隐士彼得站在耶稣受难的橄榄山上滔滔不绝地发表临阵演说，坦克雷德与雷蒙德等十字军首领在士兵面前紧紧拥抱……耶路撒冷城墙上的异教徒不以为然地看着这一切，为了激怒这些基督徒，他们高声嘲笑辱骂十字军，还做了一些丑陋的十字军架钉在城墙上，朝它吐唾沫和扔脏东西。这一切反而刺激了基督徒的狂热，于是凶猛代替了勇敢，疯狂代替了热情，残忍代替了谦卑，所有的战争机器都开动了。

7 月 14 日夜里，十字军把造好的攻城器械运到了耶路撒冷城墙下。次日清晨，十字军从各个城门向耶路撒冷城发起猛攻。城内的守军殊死抵抗，从城墙上抛下巨石，泼浇沸滚的油脂，施放“希腊火”，攻城塔中一批批十字军敢死队战士被活活烫死，但十字军巨大的攻城槌仍不断撞击着城墙，攻城塔中的射箭手仍不断地射出支支矢箭。雷蒙德、哥德夫雷、诺曼底的罗伯特和佛兰德斯的罗伯特等首领各自率军一次次发起激烈的攻势，战斗一直持续到天黑，双方都有很大的伤亡。第二天黎明，十字军即做好了进攻的准备，妇女、孩子也参加了战斗，他们从远处用皮囊盛水运送到战场，全然不顾身旁纷纷落下的敌箭。很快哥德夫雷控制了北部城墙的悬桥，一个名叫利埃托的骑士攀上了城墙，一跃登上了城头，其他的十字军战士呼喊着紧跟着冲上了城墙。不久，雷蒙德的军队也依靠攻城悬梯登上了城墙。几乎与此同时，坦克雷德也率军成功地打开了一扇城门，“圣城”耶路撒冷落到了十字军手中。随即，“基督战士”表现出了穷凶极恶的野蛮本性，对居民进行惨无人道的屠杀和劫掠。

据目击者阿格勒斯的雷蒙在其《第一次十字军东征》中记载："这是多么惊人的场面！我们的人割下了敌人的头颅，另一些人则用箭射死他们，有些伊斯兰教徒被迫从高耸的城楼上跳下去，还有些伊斯兰教徒被抓获后，被折磨数天再被焚以烈火，街上到处都是成堆的头、手和脚以及零碎的肢体，在街上行走必须在尸体上辨认出一条路，但这些比起在所罗门圣殿中发生的事来讲就算不上大事了……在所罗门圣殿内和圣殿门口，鲜血溅到骑马人的膝盖和缰绳。"

雷蒙，一名十字军战士，他完全是站在十字军的立场来记述当时的事情，字里行间流露出胜利者的那种神气活现的情绪。他最后还说："这是上帝公正和杰出的审判，在这个地方应该让异教徒的鲜血充满，因为它已经长期遭到他们的亵渎……"

佛尔舍在《耶路撒冷史》中也记载了十字军的这些暴行：在星期五中午，即在基督为全世界赎罪的那一天，号角吹起来了：大家激动起来，英勇地战斗着，高喊"上帝佑助！"在城墙上升起了旗帜。异教徒完全被吓倒，变傲慢为奔逃了。

……没有一块地方的萨拉森人可逃避刽子手的屠杀。其中很多人被射死在所罗门庙的屋顶上，他们在逃走时把庙放火焚烧；又有很多人从屋顶上滚下。在这庙的屋顶上，屠杀了将近万人。

如果你站在那里的话，你的脚直至大腿上，会染着死人的鲜血。还有什么可说？他们中谁也不能保住生

> 命。妇女与幼孩,均不得幸免。
>
> 你们可看到……我们骑士的侍从和比较穷的步兵,由于知道萨拉森人的狡猾,怎样剖开死人的肚皮,要取出他们生时所吞下的金币……为了这个,他们在若干天里把尸体堆积起来,然后烧为灰烬,以便容易地找到这些黄金……
>
> 在这样的大流血以后,十字军士兵散到市民的住宅中去占夺住宅中的一切东西。当时,形成一种惯例:任何人,不管是富人或穷人,首先进入一个住宅的,可收取、获得、并领有那住宅或宫殿以及其中一切东西,作为自己的财产,不受别人的侵犯,很多穷汉因此变为富翁。

耶稣基督殉难的“圣地”变成了“基督战士”夺取异教徒生命和财产的竞技场。

十字军运动表现出了基督徒信仰的高涨和宗教热忱,又淋漓尽致地表现出了基督徒内心深处的贪婪与残忍。在这场活动中,人类心灵的一切虔诚的信念和卑劣的欲望矛盾地纠合在一起,在耶稣墓前得到了宣泄。正如黑格尔所说:当耶路撒冷惨遭屠杀的居民还在鲜血淋漓当中,那些基督徒却已经屈身俯伏在“救世主的坟前,向他做热诚的祈祷了”([德]黑格尔著,王造时译:《历史哲学》,上海书店出版社 1999 年版,第 405 页)。

第四章　西亚的十字军国家与宗教骑士

一、十字军国家的建立及其初期的扩张

1099年7月15日，耶路撒冷城被攻陷。当大屠杀还在持续之时，十字军首领们已经迫不及待地争夺圣城的主权了。7月17日，十字军首领开会定夺耶路撒冷的归属、安排城市管理和准备对埃及法蒂玛王朝的攻击进行抵御。参加会议的十字军首领有4人，即雷蒙、哥德夫雷、佛兰德斯的罗伯特和诺曼底的罗伯特。此外还有十字军中的高级教士和大贵族参加。坦克雷德虽也在场，但此时他所属的部下人少势弱，不具备竞争条件。经过几天激烈的争论，先推举了雷蒙德为圣城国王，但出乎意料的是，他表示拒绝。原因可能是他的部下都急于返回欧洲，愿意留在圣城的人不多；也可能是他自知十字军首领之间的不和，其他首领不会听命于他。7月22日，在两位罗伯特的支持下，哥德夫雷被推举为耶路撒冷之王。哥德夫雷稍作推辞便接受了，但他聪明地表示：不用国王称号，而使用“圣陵保卫者”的头衔。这样他既得到了圣城的统治实权，又使罗马教会保全了面子。于是，又一个十字军国家——耶路撒冷王国出现

了。哥德夫雷在得到耶路撒冷“圣陵保卫者”的头衔后不到两年，便于 38 岁英年早逝。

耶路撒冷城被攻占后，大多数十字军和朝圣者认为他们的目的已经达到。的确，他们已在圣城尽其“虔诚”。于是，他们便带着劫掠来的财物和圣物纷纷打道回府了。

此时，十字军在地中海东部的西亚沿海占领了一条狭窄的地带，建立起了三个十字军国家了：爱德沙伯国、安条克公国和耶路撒冷王国。表面上爱德沙、安条克承认耶路撒冷为最高领主，实际上这三个国家是各自为政的，他们分散在西亚伊斯兰世界，基本处于孤立之中，他们之间的联系仅以海上或沿岸为主，只是在必要时才互相支援。在这条海岸上集中着一些重要的城市，如拉塔基亚、的黎波里、贝鲁特、西顿、提尔、阿克城、雅法等。后来十字军与伊斯兰教徒为争夺这些城市进行了激烈的战争。随着大部分的十字军和朝圣者返回西欧，这些十字军国家显得更加势单力薄了。据说在 1097 年 9 月，耶路撒冷王国只剩下 300 名骑兵和 2 000 多名士兵，他们要保卫的是耶路撒冷、雅法、希伯伦，不久再加上加利利，因此形势极为严峻。

爱德沙的四周没有天然屏障，是以要塞方式进行防御的。但由于爱德沙处于幼发拉底河两岸，经济状况相对较好。在三个十字军国家中，安条克公国是最富裕的，它离小亚细亚最近，是这一地区与来自地中海的商人进行交往的商品集聚地。但它的处境也最为艰难，周边的伊斯兰小国仍不断对它发起攻势。因此波希蒙德仍不时率军与之交战并借机扩张领土。然而在 1101 年他与达尼什门的军队交战时，战败被俘。这个不可一世的十字军主要首领刚当上东方君主没几天就成了阶下囚，他请求鲍德温出面解救，但出于各种利益关系，未能如愿。安条克公国暂时由坦克雷德管辖。不过叔侄间约定，一旦波希蒙德获释，坦克雷德就须让位。坦克雷德只以代管形式占有安条克而不能称王，他铸的钱币上所印的符号是“上帝之仆”。

耶路撒冷被攻占，十字军在地中海东部建立了三个国家。这一胜利在战争史上并不是惊天动地的大事，但在基督教会看来是基督徒对异教徒的巨大胜利。因此，当这一消息传到西欧时，不仅引起了强烈的震动，而且还出现了一股新的朝圣与东征热。特别是那些返回欧洲的骑士和他们的随从向人们展示他们在东方的掠夺物，讲述他们在东方的所见所闻，使人们对东方更为热切，各阶层的人们恨不得立刻动身前往圣地。

在随之东去的人流中，意大利一些城市的商人是最积极、最活跃的力量。在当时，威尼斯、比萨、热那亚、米兰等城市的舰队既是地中海上载兵作战的重要军事力量，也是重要的商业运输力量。第一次十字军东征时，意大利的一些商业城市积极响应教皇号召，为十字军提供粮草军需援助，不失时机地把触角伸进地中海东部乃至黑海地区。攻占耶路撒冷后，十字军依靠意大利船队的援助，攻下了海法、恺撒利亚、阿克城、西顿、提尔等临海城市。作为回报，意大利商人不仅在战时向十字军索取大量报酬，而且在十字军每攻下一座城市后，他们都要在该城取得一些特权。如 1101 年 4 月 5 日，鲍德温一世(1100—1118 年在位)曾和热那亚人缔结了条约，规定热那亚在每个由于他们援助而占领的港口城市里，可获得一个“居住区”和三分之一的战利品。以后，热那亚人在安条克、耶路撒冷和的黎波里各获得了一个“居住区”。比萨也因援助耶路撒冷国王而获得了雅法的一个“居住区”。威尼斯也曾帮助过耶路撒冷和的黎波里。

12 世纪初，热那亚、威尼斯、比萨等意大利城市借援助十字军之机，在十字军国家获得了大量的特权和封建义务的豁免权，法国南部的马赛等城大约在同一时期也获得了在耶路撒冷王国和提尔等城的“居住区”和特权。在这些西方商人集团中，有的还捞到了一批地方税收，如热那亚人在提尔、阿克城等城获得征收三分之一港口税的权力。十字军需要商人的舰船、需要商人的援助，商人的意愿又影响了十字军的征战，如 1099 年，比萨大主教戴姆伯特率 120 艘两桅帆船组成的舰队在拉塔基亚上岸时，波希蒙德打算进攻该城，但比萨人宁愿前往圣城，对此波希蒙德根本无法左右。1124 年，十字军在决定攻占提尔还是阿斯卡隆时，威尼斯商人专门召开了军队会议，因为意见纷纭，于是大家决定，这件事让上帝来裁定，他们把两个城市的名字放入一只竹筒中……提尔中签。于是他们决定先攻占提尔。可见商人们关心的全然不是对异教徒的圣战，而是经济利益和对东方商业贸易的垄断权。

在西方商人的这些“居住区”中，除进行经济活动外，他们还拥有司法权，行政管理权隶属于“母邦”。商人的活动，促使东西方贸易与交往有了明显的发展。当法兰克人扛着枪剑攻占土地时，意大利商人却以自己的方式到东方占领商业，垄断商路。可见，战争和商业贸易从来就是东西方交往中的一对共生现象。

十字军的胜利，使拜占庭帝国得到了较大的利益。虽然拜占庭帝国阿历克塞一世没有实现他原来的计划，即利用十字军宣誓效忠来收复失地，但他的军队尾随十字军收复了帝国在小亚细亚的大片土地。

耶路撒冷被攻占，实际上标志着第一次十字军东征已基本结束。但夺取耶路撒冷的胜利刺激了欧洲新的人群的东征。从 1100 年起，欧洲各地的人们纷纷涌向东方。这一次强调的自然已不是“解放”圣城，而是朝圣和“保卫”圣城。这次新的远征中，有许多是虔诚的朝圣者，但更多的却是拿起武器，准备到东方发财的人。在历史上，这些十字军被称为“后卫十字军”。1100 年 9 月，意大利伦巴德地区组成的十字军首先踏上了东方之路。这支队伍的首领是身居高位的米兰大主教安赛尔姆，随行的还有几位伯爵。但队伍中大多数是农民和城市下层平民，还有妇女儿童。这支数千人的队伍从 1100 年秋逶迤前进，穿过匈牙利进入拜占庭帝国境内，他们一路抢劫，破坏村舍与教堂。这次，拜占庭皇帝阿历克塞一世早有准备，以便于扎营和供给食物为理由，让他们分成三批进入君士坦丁堡，并以断绝粮食供应相胁，尽快地把他们送过了博斯普鲁斯海峡。这批伦巴德十字军没有忘记波希蒙德，所以一到西亚便急于攻打囚禁波希蒙德的达尼什门的尼克萨城。但他们与达尼什门的主力一交锋，就被打得一败涂地，只有骑士得以逃脱外，步兵几乎被屠杀殆尽，随军妇女与教士大多落入敌手，很多人被送到地中海东部一些城市的市场，当作奴隶卖掉。

第二批东行的后卫十字军是由布荣的斯提芬伯爵率领的，他在第一次十字军东征攻占安条克前夕，临阵撤出战场，回到欧洲后，他的这种行为受到世人的指责和嘲笑。十字军攻占耶路撒冷后，教皇帕斯卡二世(1099—1118 年在位)要求未履行到圣城的人必须立即拿起十字架去完成其诺言，以弥补过错。斯提芬是在他妻子的督促下又一次踏上东征之路的。这一次随他东去的有法国的勃艮第伯爵和苏瓦松主教。他们于 1101 年春出发，走的还是斯提芬上次所走的路线。到意大利后，经亚得里亚海到君士坦丁堡。1146 年，德意志国王亨利四世的外孙康拉德三世(1093—1152 年，1138—1152 年在位)也率领德意志的十字军到达君士坦丁堡。但第二批十字军的命运也不好。由于他们缺乏协调，所以一过海峡，就处于伊斯兰军队的包围之中，几乎被屠杀殆尽。就在这两批十字军被消灭之际，第三批后卫十字军由法国的内韦尔伯爵威廉二世率领到达西亚，不幸的是他们在赫拉克莱附近遭到伊斯兰军队的伏击，几近覆没。第四批后卫十字军主要是法、德两国的人员组成。法国十字军由阿丹奎公爵威廉九世率领，随行人员中有韦尔曼杜瓦伯爵休，他是在安条克围攻战后离开战场的，按照教皇要求，必须重新拿起十字架到达耶路撒冷。当这支队伍进入南德意志时，巴伐利亚公爵威尔夫四世率领的军队与之联合。法、德大军到达君士坦丁堡时，阿历克塞一世刚刚把内韦尔伯爵威廉二世的十字军送过博斯普鲁斯海峡。于是，阿历克塞一世很快把法、德十字军送过了海峡。这些十字军原本可以与内韦尔伯爵威廉二世的军队联合行动的，但为了各自的利益，他们不愿同行。内韦尔伯爵威廉二世遭到伊斯兰教军队伏击时，他们就在不到百英里处。后来，他们进入赫拉克莱时，同样也遭到了伊斯兰教军队的袭击。到 1101 年夏天，“后卫十字军”几乎全部在小亚细亚覆没。

然而，后卫十字军的惨剧并没有吓倒西欧那些“痴迷”的基督徒，家乡的困苦、对财富的欲望照样使他们走上“主的道路”。

但与此同时，东方的十字军国家正经历着一番磨难，他们不但受到伊斯兰教军队的攻击，十字军国家之间也演绎着一场场争权夺利的斗争。安条克的代理君主坦克雷德是个凶暴强悍之士，1101 年到达安条克后，着手扩张战争，他一鼓作气攻下了拜占庭所属的马米斯特拉、塔尔苏斯(一译塔尔图斯)等地，并迫使雷蒙德把其驻守的拉塔基亚城让给他。拉塔基亚是拜占庭的属地。雷蒙德被迫撤出后，城中只剩拜占庭军队守城。1102 年，坦克雷德率军攻城，但一直未破。次年年初，坦克雷德雇佣热那亚舰船，切断了拉塔基亚与塞浦路斯的海上联系，拉塔基亚被迫投降。坦克雷德势力大增，引起爱德沙伯国布荣的鲍德温(他是爱德沙伯国鲍德温的堂弟，后成为爱德沙的统治者，称鲍德温二世)的担忧和戒心，他深知自己力单势薄，便极力与当地亚美尼亚人联盟，他自己还与亚美尼亚的麦利泰耐城领主加波列尔之女结婚，利用亚美尼亚人守卫城市。耶路撒冷王国的鲍德温一世继位后，也积极对周边地区进行征战。

1101 年,他夺取了阿尔苏夫和恺撒里亚;1104 年,在热那亚人帮助下夺取了阿克城;1105 年,在拉马拉击退法蒂玛王朝的进攻;1109 年,在挪威王国的舰队和热那亚人的支持下,占领了贝鲁特;1110 年,在威尼斯的帮助下攻占了西顿。出于自身的利益,爱德沙的鲍德温二世连同波希蒙德在意大利的诺曼亲属,筹措十万金币,把波希蒙德赎回。达尼什门的埃米尔抓获波希蒙德后未处死他。按当时欧洲人和阿拉伯人的习惯,对抓获的能攫取巨额赎金的敌方主要首领一般都不杀掉。1103 年,波希蒙德获释返回安条克后,立即对周边伊斯兰教徒发起攻击,并大肆搜刮财产以偿还鲍德温二世等人支付的赎金。

面对十字军的攻势,小亚细亚和西亚的许多独立与半独立的塞尔柱突厥人的小邦开始联合起来。1104 年他们组成联军,在今土耳其境内的马尔丁的埃米尔索克曼和摩苏尔的埃米尔耶克米什的率领下,向爱德沙伯国发动攻击。索克曼的军队由土库曼骑士组成,耶克米什的军队由塞尔柱突厥人、库尔德人和阿拉伯人组成。鲍德温二世得到消息,立刻向安条克伯国与耶路撒冷王国求救。十字军决定先发制人,夺取连接伊朗、伊拉克与叙利亚的战略高地和文化重镇哈兰。哈兰是马格兰的重要门户,一旦哈兰被攻破,通往巴格达的道路就会被打开。进攻哈兰是十字军的一次大的联合军事行动。爱德沙的十字军全部出动,波希蒙德、坦克雷德等人也率军参战,据说这次出征的总兵力有上万名步兵和 3 000 名骑兵。尽管哈兰城堡难攻,但城内守军不多,在十字军猛烈的攻击下,哈兰城的守军准备投降。但哈兰城归谁所有？城头上插哪位首领的旗帜？十字军首领的争论不休。就在这一关键时刻，索克曼和耶克米什的伊斯兰联军赶到了。经过一场激烈的交锋，十字军被打败了，鲍德温二世成了联军的阶下囚。爱德沙一时无主，不得不接受坦克雷德的代管（在营救波希蒙德中，坦克雷德没作出任何努力，也没提供赎金，因此波希蒙德返回之后立即与他发生矛盾，坦克雷德只在该王国得到些领地）。

哈兰战败对十字军国家产生了很大的影响，爱德沙和安条克从此一蹶不振。由于1101年夏后卫十字军的失败，使十字军国家很难再得到西方援兵的补充。相反，伊斯兰联军初战告捷，震撼人心，由此开始了一系列反击十字军的战争。1105—1108年，埃及法蒂玛王朝联合大马士革攻打耶路撒冷；1110—1111年，摩苏尔的埃米尔联合其他土耳其小邦连续向爱德沙发起攻势；1119年迪亚巴克尔的埃米尔艾尔·加齐在阿塔里布大败安条克的十字军。按阿勒颇的历史学家卡马尔丁记载，这次战役持续不到一个小时，伊斯兰教徒仅损失20人，而基督徒却只有20来人得以逃生。受到如此惨重的打击，基督徒把阿塔里布称为“Field of Blood”，意思是“浴血的战场”。

此时，拜占庭帝国乘机陆续收复了十字军攻占的西里西亚、塔尔苏斯、阿达纳和拉塔基亚等原先属拜占庭的城市。面对联军的攻势与拜占庭帝国的趁机打劫，安条克和爱德沙感到无力对抗。波希蒙德分析了形势，认为若无兵源补充，十字军国家早晚会被攻陷，他决定向教皇和西方基督教国家请求援兵。同时波希蒙德也认为十字军国家的主要敌人不是异教徒，而是他们诺曼人的老对手拜占庭。哈兰战役后，波希蒙德便携带劫掠的大量财物返回欧洲，他被人们当作英雄而受到欢迎。他到罗马拜谒了教皇帕斯卡二世，很可能向教皇提出了援助圣地的请求，也可能他们对拜占庭的希腊人怀有同样的不满，因为事后帕斯卡二世派了一名叫希鲁诺的特使陪伴波希蒙德在欧洲游说圣战之事，并把矛头指向拜占庭。欧洲之行，波希蒙德在法王腓力一世的宫廷中逗留了较长时间。据说他还与腓力一世的女儿康斯坦斯结婚，成了法王的女婿。通过联姻加强了法王与十字军国家的联系。1107 年，波希蒙德带着他在欧洲大陆招募的十字军气势汹汹地进攻巴尔干半岛上的拜占庭城市迪拉丘姆(现阿尔巴尼亚的都拉斯)，阿历克塞一世早已风闻西方对拜占庭的怨恨，因此已作好了准备。拜占庭的舰队封锁了沿岸海域，还与塞尔柱突厥人签订了合约，雇用了塞尔柱突厥军队。从春天到夏天，波希蒙德率军围困迪拉丘姆城，但毫无进展，不得不同阿历克塞一世签订条约，向其称臣纳贡。尽管这个条约仅仅是一纸空文，却使高傲的波希蒙德抬不起头。他自觉无脸再去东方，便悄悄回到阿普利亚，1111 年，他在那里去世。安条克公国的王权归坦克雷德所有了。坦克雷德继续实施扩张政策，在叙利地区与塞尔柱突厥人、拜占庭人争夺土地和城市，攻占了西里西亚、拉塔基亚，达到了其势力的顶峰，自称为“伟大的叙利亚王”。

在爱德沙、安条克和耶路撒冷三个十字军国家建国、扩张及争权夺利的厮杀中，第一次十字军东征在东方建立的最后一个国家——的黎波里伯国也在腥风血雨中诞生了。

在第一次十字军东征的众首领中，最富有的是雷蒙德，但奇怪的是当其他首领都已坐上王位时，雷蒙德还在飘荡。他没向阿历克塞一世宣誓效忠，但与拜占庭保持着密切的关系，使十字军的其他首领及军中高级教士均对他有戒心。在攻占安条克后，他曾想代表阿历克塞一世占有这个重要的城市，无奈波希蒙德咄咄逼人，只得率军继续征战；攻下耶路撒冷后，他被推举为国王，但又推辞不干。后来他驻军拉塔基亚，但由于坦克雷德对该地的窥视而不断受到挑衅，被迫撤出。之后，雷蒙德便着意建立一个自己的王国，以实现他发誓的不再返回欧洲的愿望。1101 年年底，他率军南下，随同前往的有后卫十字军的一些残兵败将，包括斯提芬、阿奎丹的威廉和巴伐利亚的威尔夫等人。这支军队在热那亚人的帮助下首先攻下了托尔托萨城。雷蒙德以此为据点进军的黎波里。的黎波里处于交通要道，商业发达，城市也很富庶。对十字军来讲，占领的黎波里，对于沟通南北十字军国家具有十分重要的意义。1103 年，雷蒙德利用热那亚舰队的帮助，攻占了的黎波里附近的沿海地区，完成了对该城的包围。面对固若金汤的的黎波里城墙，雷蒙德并不急于攻城，而是在拜占庭人的帮助下，建造了一座要塞，取名“朝圣堡”，从陆地一侧封锁的黎波里。他本人则住在要塞中指挥对的黎波里的围困。这一时期，拜占庭所属的塞浦路斯不断运来粮草援助雷蒙德，而的黎波里虽也有霍姆斯和大马士革等城的援助，但因缺乏协调，终究未对雷蒙德构成大的威胁。对的黎波里的围攻自 1103 年开始，雷蒙德本人在 1105 年 2 月的一次围城战中受伤而死，未能看到梦想中的黎波里王国的建立，他死后，其表弟法国的采尔达尼伯爵威廉继续率军围攻的黎波里。

1108 年夏，的黎波里守军感到援兵无望，便把城市交给了埃及法蒂玛王朝。1109 年，雷蒙德的儿子伯特兰根据当时欧洲的继承观念，率军从欧洲匆匆赶到的黎波里城下，扬言一旦该城攻破，他就是该城的领主。雷蒙德的继承权之争曾促使东方十字军国家的君主在的黎波里城下集会辩论。耶路撒冷王国国王鲍德温以东方最高领主自居出面调解，最后大家同意：伯特兰应为耶路撒冷王国国王鲍德温的封臣，占有待攻占的的黎波里，采尔达尼伯爵威廉为坦克雷德的封臣，占有托尔托萨和他自己攻占的阿尔恰。采尔达尼伯爵威廉不久就被暗箭射死，尽管有人怀疑此为伯特兰之计，但没有证据。但伯特兰由此获得了威廉分去的那部分领土。

1109 年 7 月，的黎波里的埃及守军投降，旋即城市遭到了十字军的洗劫。伯特兰终于实现了其父雷蒙德的夙愿，建立了的黎波里伯国。从此，在地中海东岸，从北向南，十字军建立了爱德沙伯国、安条克公国、的黎波里伯国和耶路撒冷王国，这四个十字军国家在东方伊斯兰世界中，上演着一幕幕丰富而特有的历史悲喜剧。

二、十字军国家概况

名义上，安条克公国、爱德沙伯国和的黎波里伯国都臣属于耶路撒冷王国，但实际上这些国家都是独立的，只有在必要时才相互出援，他们明白任何一个国家的陷落都会对本国带来不利。

十字军国家的君主们把自己熟悉的西欧封建社会的模式带到了东方，但由于其面临着特殊的环境，所以他们建立起来的是一种既类似于西方封建制又不完全与之相同的社会制度。13 世纪时，耶路撒冷王国的文献被收集成册，称为《耶路撒冷宪章》，虽然其中主要反映了这个王国后期的情况，但从一些条文中我们仍能看到十字军国家的大致状况。由于这一原因，有关十字军国家的情况，我们主要以耶路撒冷王国为例。

十字军国家建立初期，君主的力量比较强大，其原因主要是：一、他们的国土是靠武力征服而来的，君主的威望较高；二、十字军国家的贵族集团尚未形成。三、国王控制了王国内最富裕的土地和一些重要的港口，有较强的经济实力；四、十字军国家战争频繁，死亡率高，附庸死亡后土地归还王室的事例十分平常，而君主为稳固统治，常常把土地分割成小块分封给附庸，并使他们的土地分散且相互交叉，使他们的力量不易集中。

十字军国家的政治活动大多集中在高等法庭，国王的宫廷就是最高法庭，其核心部分是由王国各利益方代表组成的议事会。最高法庭仲裁各种纠纷，批准封建转让、继承和买卖等事宜，国王有最后的决定权。国王还拥有铸币权及征税权等等。十字军国家将西方封建制移入东方的十字军国家，同时又保留了当地的一些组织和机构，并给予当地居民以某种程度的自主权,这种自主权的普遍特征就是给予他们成立自治组织和宗教团体的权利。

十字军国家的土地制度沿袭了西方、主要是法国的土地分封制。他们从国王处得到一定的封地,成为大小不等的领主。领主拥有司法、征税权。十字军国家建国时间短,且国家始终处于战争状态。因此,所有的封臣都是国王的直接封臣,都必须效忠国王、为国王服军役。据记载,十字军国家国王的封臣中还包括当地的贵族。如爱德沙伯国原本就是一个亚美尼亚-法兰克人的国家,爱德沙伯爵自然有一些亚美尼亚的封臣,但后来这些亚美尼亚人逐渐被排挤了。耶路撒冷王国的宪章中也提到:任何人与国家最高领主建立附庸关系时,他们必须跪在领主面前,合拢手掌并把自己的手放在领主的手掌里,承认附庸关系。超过 60 岁或有明显残疾的骑士,宪章规定可免除其亲身服役,但领主可随时通知征用他的马匹和武器,以代替他的亲身服役。十字军国家建立初期,王国的首领与其部下的关系还是比较紧密的,但到了第二代、第三代,领地已为祖传,初期对其领主(国王)的感激之情日趋淡薄。约从 12 世纪中叶开始,大贵族通过联姻与继承关系逐渐形成了一个个强大而封闭的集团,他们势力日增,兼并土地、霸据一方。国王早期享有的特权在逐步消散。如在初期,国王可以造币,征收沉船所得,掌握国际化的港口以及从他们的领地延伸到陆路去的道路。他们可能控制着各条交通要道。但在鲍德温二世时期,就只有造币权和控制港口及交通被认为是王室的特权。海法和恺撒利亚的领主发展起了自有的港口,1187 年前后,外约旦和西顿的领主已经开始自己铸币。在12世纪60年代,沉船都是由国王阿马利尔经正式程序予以没收,但到了13世纪,各路权贵似乎已经夺取了之前国王们在他们掌控的交通要道上享有的权利。约从12世纪末开始,十字军国家内出现了反抗其统治者的斗争,如1193年在安条克,1232年在阿克城,1287年在的黎波里先后出现了一些反叛团体,以反抗国王的统治,这些团体中有贵族,也有城市中的中产阶级和自由民。

来自西欧的十字军骑士主要集中在城市,他们的人数随移民潮而增减。在十字军国家盛期不超过10万,当地的居民无论是希腊正教还是西方拉丁教派,或者是什叶派教徒还是逊尼派教徒都成了十字军的臣民。所以无论是拜占庭人、阿拉伯人、埃及人、塞尔柱突厥人,一概都是十字军剥削的对象,都要交纳人头税(拉丁基督徒除外)、农产品什一税、服建筑劳役等。沉重的赋税使得当地的基督徒百姓回顾伊斯兰统治时期时,也认为此前才是黄金时代。

尽管十字军与他们的伊斯兰邻居常常兵戎相见,但一旦停战,他们之间的交往和交流仍是存在的,特别是当十字军国家的首领们希望加强国家治理,建立一定的社会秩序时,往往会采取一定的措施,鼓励这种交往与交流。譬如,耶路撒冷王国在鲍德温一世统治时期,由于人口少,他不仅命令外地的基督徒到耶路撒冷居住,还鼓励邻近的伊斯兰教居民到巴勒斯坦地区定居;他允许当地各教居民互相通婚,鼓励下层骑士和来圣地的西方朝圣者与当地黑发姑娘结婚。他本人也于1098年同一名亚美尼亚公主结婚。异族通婚在十字军国家并不少见，尤其在安条克和爱德沙，混合婚姻大量存在。拉丁西方和伊斯兰的统治者还想利用联姻解决东西方之间的冲突，最有名的事例就是英国理查[狮心王]曾建议他的妹妹和撒拉丁的兄弟结成百年之好，以消除两者之间的战争，但这一愿望没有实现。为了安置不同信仰的居民，在各地允许保留一些清真寺和犹太教堂，允许希腊东正教徒用自己的礼拜仪式作弥撒。《古兰经》和《圣经·旧约》可以在法庭作证中作为伊斯兰教徒和犹太教徒的誓言引语。对此，罗马教皇帕斯卡二世认为这样的做法过于宽容而训斥耶路撒冷王国国王。上述情况也发生在其他十字军国家。这些情况从表面看，反映了十字军首领摈弃宗教的狭隘，表现出宽容的一面，实质则反映了他们为达到稳固统治的目的而采取的权宜之计。当然在客观上也促进了不同文化的交往和融合，这种融合是明显的。佛尔舍在《耶路撒冷史》中提到：我们这些住在西方各国的人如今变成了东方各国的居民，有的原是罗马人或法兰克人，却成了加利莱人或巴勒斯坦人，变成了提尔或安条克的居民。我们都忘掉了自己的出生地，许多人并不承认有这样的出生地。还有些人更加简单地娶叙利亚人或萨拉森人为妻，因此他在这里有媳妇、女婿、亲戚。这些人喝着用他们的葡萄园的葡萄酿造的酒，用他们田地的产品过日子，毫无区分地使用这块土地上的不同的流行语言。

西班牙的史学家本杰明在谈到 1167 年的耶路撒冷城时也说：“它拥有许多居民，有亚美尼亚人和阿拉伯人、有法兰克人和格鲁吉亚人等等。一些宗教人士，如西顿的雷金纳德和提尔的威廉，两人都是基督教会的大主教，既懂拉丁文、希腊文，也能讲一口流利的阿拉伯语。”特别是提尔的威廉，1130 年出生于提尔，担任过提尔的大助祭和大主教，也以提尔大臣的身份出使过拜占庭，曾出席 1179 年的拉特兰公会议。他曾用拉丁文写了一部《耶路撒冷史》(最后一卷未写完)，作品文笔优美，问世不久就被译成法文、意大利文、西班牙文等。圣殿骑士团的首领，耶路撒冷、的黎波里、安提克的高级官员以及他们的使节都能用阿拉伯语与当地居民交谈。在日常生活中，居住在东方的十字军人及其他们的后代穿起了东方的服装，在他们的头上还缠着阿拉伯头巾，甚至还留起了胡须，他们还模仿阿拉伯人的礼节，用东方的艺术品来装饰他们的房屋。总之，西欧人已懂得使自己适应他们新的生存环境了。

十字军国家建立以后，东地中海地区与西欧的交往更为密切了。十字军国家从欧洲本土到塞浦路斯、西西里或更遥远的地方进口粮食和武器；从香槟、佛兰德斯进口呢绒等。作为交换，十字军国家向欧洲出口的商品有：推罗的粮油、肥皂，提尔的丝织品、玻璃制品，巴格达的锦缎、大马士革的锦缎花纹布、摩苏尔的轻薄棉布等。为便于商业贸易，在十字军控制的地区，传统的集市仍定期举行，如在拜占庭和阿拉伯统治时期就很出名的耶路撒冷九月市集，米丹和伊布林那样的季节市集继续举行。集市上流通的货币有拜占庭帝国的货币，伊斯兰国家的货币，意大利城市威尼斯、热那亚、米兰、比萨的货币以及十字军从西欧带来的各色各样的货币。这些货币中有金币、银币和铜币等，最令人感兴趣的是安条克公国的坦克雷德统治时期，为便利巴勒斯坦沿海地区与内地的贸易，曾铸造过一种特别的货币，叫作萨拉塞那，一面刻着基督教的象征与文字，另一面刻着伊斯兰教的象征和阿拉伯文字。在十字军国家的沿海城市中，意大利商人在准许给予他们的居住地内不管是一片房屋、一条街道、一处街坊、一个集市、一块港口周围地段或仅仅是一幢建筑物，水手、商人和居民都可以自由地做他们的生意，并享有独立的司法权。十字军国家没有船队，为征服沿海地带，也为了保持与基督教国家的联系，需要意大利商人的帮助。因此，他们与意大利城市缔结的条约多半对商人有利。

十字军国家的生存依赖于他们的军事力量，但伊斯兰教徒在数量上超过拉丁人许多倍。在一份不完整的1180年为耶路撒冷服务的骑士名单上，有675位骑士的名字。爱德沙的骑士数量大约是500人。在整个王国的封建体系内，能提供服务的骑士人数，在十字军国家强盛期可能也不超过2 000人。当然耶路撒冷的骑士们还可以征召教堂、修道院和城镇的防卫者来帮忙。在1180年前后，这股力量可能有5 000多人。此外，就是招募雇佣兵。所以他们依赖于已占领的或新建的城堡。这些城堡为西欧的移民提供了安全保障，也为邻近居民在战时提供保护。这些城堡出于战略的考虑，大多建造在主要道路和河流渡口的地方。凭借这些城堡，基督徒把信仰伊斯兰教的居民置于控制之下。与拜占庭军事建筑相比，十字军所熟悉的西欧式城堡就显得简陋多了。但他们现在定居在东方，在当地与邻近地区的接触中，很快学会了新的建造方法。他们逐渐创建了一种同心式的城堡建筑。这种建筑的主要特征是双层墙和沿墙建有塔楼。从现有资料分析，双层墙在拜占庭很早就出现，沿墙设塔楼也是拜占庭人的做法，只是拜占庭人喜欢矩形塔楼，很少采用圆形塔楼。同心式城堡是十字军军人在对东方城堡加以修正的基础上发展起来的一种新的城堡样式。这种城堡不久便被十字军介绍到了西欧。英国国王理查一世在第三次东征返回欧洲后，在其领地诺曼底建造的沙托·盖拉德城堡就是采用这种新的建筑样式，据说这是西方最早的实例。在十字军建造的城堡中，最精巧的是塞赫云城堡(位于拉塔基亚的腹地)，它建立在一块巨大的悬崖上，有两条人工开挖的壕沟以保安全。最著名的、至今仍保存完好的城堡是位于的黎波里附近的骑士堡(位于今叙利亚西部)，这座城堡原是阿拉伯人的要塞，1099 年被雷蒙德攻破后不断加以改进、扩建。它地处高山之上，有两道建有方形与圆形塔楼的城郭，使它易守难攻。十字军国家的城堡大多由宗教骑士团派兵把守。

在十字军时代，十字军对修缮、扩建基督教堂表现出极大的热情。他们在东方维修、改建了不少基督教堂。他们根据《圣经》叙述，竭力表现耶稣的活动及其所留下的圣迹。在他们的努力下，主诞教堂、圣墓教堂、受难教堂、锡安山上耶稣用最后晚餐的房间、圣灵降临的场所等都一一得到了修缮。很多在《圣经》记载的事件也根据想象在空间上得到了展现，如基督在加略山被钉上十字架、基督复活、玛利亚父母的家等。受到东方文化的影响，这些教堂及宗教建筑的样式与装饰风格都融合了东西方艺术的表现手法。如十字军占领耶路撒冷后，很快着手扩建圣墓大教堂，将该建筑向东扩建，加上了一个带有回廊和呈放射状的礼拜堂的圣坛以及建有双耳的耳堂。许多改建的十字军教堂常常采用三廊巴西利卡式，这些教堂中殿堂的尖拱式筒形拱顶十分普通，建在十字交叉穹隅之上的圆顶也有发现，使人想起了耶路撒冷圣岩清真寺的穹顶。十字军教堂中的装饰也常常仿效拜占庭的装饰风格，采用马赛克镶嵌、壁画创作和雕刻装饰工程。在这些修缮一新的圣所中，神迹剧的表演几乎每天都能看到、体验到。比如，从复活节到降临节，圣墓教堂每个星期六都有晚祷游行。这些教堂回应了朝圣者的要求，因为不断前来的朝圣者想要在明确的地点敬拜基督与其他圣徒的遗迹。在这样一个充满共同情感的地方很容易激发公众的宗教狂热。

十字军征服西亚沿海地区后，便立即宣布取消希腊正教，驱赶东正教神职人员，任命西欧主教，在教堂中使用拉丁礼拜仪式。在十字军国家建立起来的教会属于西欧天主教会，名义上接受罗马教皇的管辖，罗马教皇定期向十字军国家派遣特使，十字军国家的主教也常出席罗马教廷的宗教会议。西欧的一些修道团体也在十字军国家建立修道院，发展修士。但总体上讲，十字军国家中的教会有相当大的独立性。

十字军国家建立后，战争并没有停止，自攻占耶路撒冷一直到 1124 年夺取提尔，整整花了 25 年时间。至此，十字军控制了巴勒斯坦沿海地带。但即使在这个节节得胜的阶段，十字军的活动主要仍局限于地中海的沿海平原与坡地。

耶路撒冷王国在鲍德温一世统治时期，曾连续三次(1101 年、1102 年和 1105 年)击退前来进攻的埃及军队，并在 1115 年又成功地在东北部与东部出击，使耶路撒冷王国的边界北达贝鲁特，南抵贝尔谢巴，东部推进到约旦河，由此切断了叙利亚和埃及之间的交通。

1112 年，的黎波里的君主伯特兰死了，伯国由其子继承。同年 12 月，安条克公国的坦克雷德也死了，临终前立下遗嘱，把公国交归波希蒙德之子。1118 年 4 月，耶路撒冷国王鲍德温一世去世，他没有留下后嗣，按封建继承顺序，王位由其兄弟继承。1118 年 4 月 14 日，经贵族会议认可，他的堂弟、爱德沙君主布荣的鲍德温继承了王位(即鲍德温二世)，爱德沙伯国的君主宝座让给了鲍德温二世的表弟约塞林，他是随后卫十字军到达东方的。1118 年，这一年去世的还有教皇帕斯卡二世和拜占庭皇帝阿历克塞一世。到了这一年，第一次十字军东征的主要首领中，只剩下了鲍德温二世了。1126 年，波希蒙德的儿子到达安条克继承王位。可惜的是 1129 年 2 月，波希蒙德之子在一次出击中身亡，他的公国转到了他的妻子、鲍德温二世的女儿阿丽丝之手。1131 年，鲍德温二世和约塞林相继去世，耶路撒冷王位由鲍德温二世的另一个女儿麦丽桑德和其丈夫法国安茹的富尔克继承。约塞林之后，爱德沙便由其子继承，称约塞林二世。鲍德温二世与约塞林的去世，表明第一次十字军东征的主要首领的活动结束了，十字军国家的建国与扩张活动也到此结束了。此后，他们的后代，便被称为第二代领主了。新的一代与他们的父辈已完全不同了。他们是这块土地上的居民,已或多或少接纳了东方的文明,如果要把他们也称之为十字军的话,实际已不那么恰当了。

三、宗教骑士团

十字军东征过程中,十字军国家出现了基督教骑士团。基督教骑士团又称宗教骑士团,这是一种独立的半宗教半武装的僧侣团体,它把西欧中世纪社会中两个各具特征的教俗阶层——骑士和修士融合了在了一起,相当典型的反映了封建统治制度赖以依靠的两大力量:武士和宗教。宗教骑士团内部实行集权制。骑士团的最高首领称大团长(又称为总团长),下设支团长、司令等职,支团长以下的军官组成总会,从属于大团长。大团长直接听命于教皇。罗马教皇给予骑士团各种特权,包括免税、不受地方政权管辖等权利。在十字军国家,尽管耶路撒冷王国的大主教是教皇委派的特使,但他也无权调遣骑士团。骑士团有自己的特殊标志:即在一般的修士袍(斗篷)上缀有十字架符号,以示僧侣与骑士的合一,只是各骑士团选用的颜色不同。参加骑士团的人员大多来自十字军骑士,但也有相当部分的人员来自西欧基督教国家的贵族和一般的教徒。在十字军时代的12—13世纪,各骑士团常常在西欧基督教国家中征募新兵。一般情况下,骑士团的成员结构大致为骑士、军士和僧侣。在骑士团内,骑士占少数,多数成员是军士。骑士团成员的平均年龄大致为25岁上下。无论来自哪个等级,凡加入骑士团,都要受宗教戒律的约束,都必须发修道三愿，即神贫、贞洁、听命，并必须严格执行团规团法。宗教骑士团的任务是在十字军所攻占的叙利亚、巴勒斯坦一带与毗邻的伊斯兰国家作战，保护十字军的领地和耶路撒冷圣地，同时骑士团还负有保护朝圣者安全的职责。因此，宗教骑士团的成员是一群通过发愿服从基督教教会、义无反顾地承担起宗教义务的教会斗士，他们遵守的是一种与修道士们所遵循的同样严格的宗教观念和组织原则。他们没有国家、民族的观念，唯有教皇至尊、宗教至上的观念。

十字军期间最为重要的骑士团是耶路撒冷圣约翰医院骑士团、圣殿骑士团和稍后出现的条顿骑士团，他们都是教皇批准的官方宗教骑士团。

耶路撒冷圣约翰医院骑士团，通常简称为圣约翰骑士团，或医护骑士团（以下称圣约翰骑士团），是宗教骑士团中最重要的一支，据说它的雏形出现于第一次十字军东征之前。当时，连接东西方的路上已有了一些为西方朝圣者服务的接待处和医疗站，这些接待处和医疗站大多由意大利人、法国人、匈牙利人创办，其中意大利的阿马尔菲商人是一支很活跃的力量。他们利用拜占庭帝国给予的保护，与埃及、叙利亚和耶路撒冷建立了商业关系，他们对基督教圣地及当时的朝圣热潮也表现出了很大的热情，先后在小亚细亚的安那托利亚到耶路撒冷的沿线建造了一些旅舍兼医疗站，为欧洲到圣地朝圣的基督徒服务。其中较为重要的是在1065—1070年间由阿马尔菲的富商摩路家族在耶路撒冷和安条克建造的医疗站。1098年7月十字军攻占耶路撒冷城后，有个叫杰拉德（被认为是圣约翰医院骑士团的

宗教骑士团

第一任大团长)的法国普罗旺斯的骑士和他的同伴占领了摩路家族的医疗站。杰拉德没有改变摩路家族救助朝圣者的传统,还发誓保护基督徒朝圣者,因而得到了十字军首领们的慷慨捐赠。杰拉德对这个医疗站采用了修道院式的管理,把医院办成了一个既有修士,又有世俗教徒的团体,成员之间互称兄弟,他还为这个团体设计了专门的服饰:身穿带有白色十字军标记的黑色披风。1113 年该团体得到教皇帕斯卡二世的认可。1120 年法国的雷蒙德接替了杰拉德,在耶路撒冷城的圣约翰礼堂附近建造了一幢新的建筑,作为这个团体的总部,把医疗站改造为军事修会。由此,这个军事修会便获得了圣约翰骑士团(其得名还有一说,即起初他们以圣约翰为名保护圣徒)和医院骑士团的称号。在雷蒙德为大团长的时期,该骑士团的规章制度被确定了下来。雷蒙德把骑士团的成员分为三个等级:骑士、神父和军士。为了获得更多的财富,该骑士团已经不满足于所获取得捐赠,而是向朝圣者收取保护酬金。雷蒙德时期,该团的慈善活动退到了一个次要地位,而把军事行为放到了该团的主导地位。罗马教会把它看作是教皇在军事上的一支特别力量,耶路撒冷王国也利用该骑士团抵御异教徒的进攻。随着圣约翰医院骑士团的强盛,其势力在欧洲各地也获得了迅速发展。骑士团在英、法、德、西班牙等地都有其势力。

据 13 世纪一位匿名作者说,当时圣约翰医院骑士团在欧洲的团体有 19 000 处之多。他们把在西方所占据的土地划分成 7 个省,叫作“方言区”,下再分为修道院,财产包括了土地、葡萄园、果园、市场权利、港口特权、城市要塞、牲畜场、羊群。从现存的文献资料看，当时圣约翰医院骑士团的大量地产均有严格的管理，这些文献资料包括产权证、租簿、印税簿、登录册、地产账簿以及骑士团的采邑表。十字军时代，人们对宗教骑士团的热情是后人难以理解的。人们慷慨地向宗教骑士团捐赠土地及其他财产，使这些骑士团的财产和势力迅速膨胀，圣约翰医院骑士团的地产遍布欧洲和中东地区。据说亚拉冈和那瓦尔国王阿丰索一世(1104—1134 年在位)去世前，准备把他的王国赠予圣殿骑士团和圣约翰医院骑士团，后遭到国内各阶层反对而未实行。1188 年，撒拉丁攻陷耶路撒冷后，圣约翰医院骑士团的总部便撤出圣地，移师的黎波里，继续在西亚沿海地区活动。1291 年阿克城沦陷后，圣约翰医院骑士团的总部便迁至塞浦路斯，继续在地中海东部活动。

如果说圣约翰医院骑士团起初还做过一些“慈善的医护”工作的话，那么圣殿骑士团的出现则完全是军事性质的。圣殿骑士团创始于 1118 年(一说 1119 年)，创始者是一名叫休·德·帕英的法国勃艮第骑士和另一名来自法国北部的名叫哥弗莱的骑士。据说当时休和哥弗莱以及另外 8 名十字军骑士是受了圣约翰医院骑士团的鼓舞，认为圣约翰医院骑士团对朝圣者的服务与保卫主要在城市，而到圣地途中充满着各种危险，于是他们组成了一个宗教性的军事团体，发誓严守神贫、贞节与服从三戒律，保护基督徒朝圣者到巴勒斯坦的朝圣路线。后来他们从耶路撒冷王国国王鲍德温二世那里得到了王宫的一部分，他们相信这是犹太人所罗门圣殿的一角，圣殿骑士团由此得名。此后，圣殿骑士团逐渐扩大他们的活动范围，并积极参与基督徒对伊斯兰教徒的战争。他们从贵族中，主要是法国的十字军骑士中招募成员，接受欧洲基督教国家教徒的捐赎，逐渐变得富裕起来。1128 年 6 月，罗马教廷的特兰特宗教会议召开，圣殿骑士团大团长休参加了会议。在这次宗教会议上教皇认可了圣殿骑士团，并批准了该骑士团的章程《新军荣誉赞》。后世认为这一章程是伯尔纳帮助起草的，因为其内容与西多会的章程十分相像。特兰特宗教会议一结束，圣殿骑士团即派出代表在欧洲基督教国家游历，寻找广泛支持和进行募捐，获得了极大的成功。到 1153 年，圣殿骑士团在法、英等欧洲国家都建有自己的组织，团员人数增至上万人，地产遍布欧洲各地。骑士团保护朝圣者的使命使他们经常往返于东西方之间，具有很大的流动性，骑士团的成员没有国籍和地域的限制。这种便利条件使他们具备了从事国际贸易的条件。圣殿骑士团涉足东西方交往所需的交易活动和银行业，接受君主定期存款，让人存放首饰和宝物。据说英、法国王曾将御库委托在巴黎和伦敦的圣殿骑士团保管。圣殿骑士团还是一支富有经验的职业军队，随时可调动几百名武装骑士参战。

随着十字军国家的衰落与崩溃，圣殿骑士团在东方无法立足，便身着修服，披盔戴甲地回到了欧洲，选择法国的巴黎为活动中心。他们利用教会给予的特权，积极涉足金融业，成为中世纪欧洲头等重要的军事金融势力。在法国，圣殿骑士团享受着司法豁免权，支配着法国的中央银行，在国家财政入不敷出时，法王则常常不得已向圣殿骑士团借债，这些债务往往成为法国王室的一个沉重负担，由此而产生的冲突也时有发生。

1305年，法王腓力四世在与教皇卜尼法斯八世的斗争中占据了上风，把法国的波尔多大主教德戈特选为教皇，是为克雷门特五世(1305—1314)，新教皇根据法王的意愿，宣布腓力四世对教皇卜尼法斯八世的攻击无罪，并宣布不再给予圣殿骑士团以保护，使得圣殿骑士团的处境发生变化。1307年10月腓力四世说服克雷门特五世，以蛊惑异端邪论、不敬上帝及道德败坏等罪名，突然逮捕了在法国的圣殿骑士团成员。1312年，在腓力四世的压力下，克雷门特五世在维埃纳宗教会议上宣布解散圣殿骑士团，剥取圣殿骑士团在法国的财产。1314年圣殿骑士团末代大团长莫莱被处死，圣殿骑士团的历史也随之结束了。

条顿骑士团，又称为德意志骑士团和耶路撒冷圣玛利德意志医护骑士团，是三大宗教骑士团中创建较晚的一支，它是在1190年腓特烈一世率领的十字军东征失败后，由其中的幸存者几位骑士和僧侣在战地医院的基础上创建的医护团体。第二年就得到了教皇克雷门特三世的批准，并享有与医护骑士团、圣殿骑士团同等的地位。1198年，英诺森三世继任教皇，他发布通谕，要求该医护团体承担起对异教徒作战的军事义务。由此，这个医护团体转变为军事修会。1199年教皇英诺森三世准核它为教廷官方的军事骑士团。该骑士团成员的征募地主要在德意志地区，其成员主要也是德意志人，故历史上常常把它称为德意志骑士团或条顿骑士团。教皇洪诺留三世在位时，颁布了一项有

113 项条款的教皇训令，给予条顿骑士团以特殊地位，并禁止骑士团与世俗权力结合。

和医护骑士团与圣殿骑士团一样，条顿骑士团也大量接受教徒的馈赠。但其人员结构与上述两个骑士团有所不同，除了僧侣骑士外，骑士团内还有世俗骑士，他们与僧侣骑士并肩作战。条顿骑士团还吸收一些修女从事慈善性的救护工作。条顿骑士团组织结构也与圣殿骑士团和医护骑士团不同。在兴盛时期，条顿骑士团在欧洲各地建立骑士辖地，设司令管理。骑士团的最高领导层，包括大团长、总司令、军需官、司库等职均按该骑士团的章程中选举产生。

与上述两个骑士团相比，条顿骑士团发展较快。在大团长冯·萨尔扎统治时期，每年都有一两个骑士团辖区在欧洲大陆建立起来，骑士团的活动的重心也随之由中东移到了东欧。1233 年后他们逐步征服了普鲁士。后来他们又联合了德意志诸侯进军波罗的海地区，寻求新的发展。1237 年在教皇的策划下，条顿骑士团与驻扎在波罗的海东部的圣剑骑士团(成立于 1201 年，1214 年占领了爱沙尼亚，1236 年它在与立陶宛和拉脱维亚联军的战斗中遭到惨败，不得不投靠德意志骑士团)合并，由于条顿骑士团原有的领地与圣剑骑士团的领地连成了一片，在波罗的海南部与东部地区形成了一个强大的政治势力。骑士团虽发神贫愿，但在 1263 年教皇允许他们直接经商，他们曾与汉萨同盟联合，垄断了波罗的海的海上贸易。1309 年，骑士团在普鲁士境内的马林贝格修建城堡，建立起强大的封建国家。骑士团的扩张与强大，直接威胁了波兰与立陶宛。1408

年，萨摩吉提亚发生反对骑士团的暴动。1410年，波兰与立陶宛联军对骑士团发起攻势，打败了骑士团。从此条顿骑士团一蹶不振。

上述三个宗教骑士团都有自己的特色服饰，圣约翰医护骑士团的服饰为：平时身着黑色外套，上缀有白色十字架；战时身穿铠甲，外着红色外套，上缀白色十字符号；圣殿骑士团的服饰为白色无袖外套，后经教皇尤金三世允许，在白色外套上缀有红色十字符号；条顿骑士团则采用缀有黑色十字符号的白色外套，他们的世俗骑士兄弟身穿灰色披风。战时，这些修士袍的外套内一律穿有铠甲。骑士团成员都留平头，蓄短胡须，据说这是战争的需要。

第五章　第二次十字军东征

一、赞吉王朝的兴起和爱德沙的陷落

在长达200年的十字军东征中，第一次十字军东征是唯一取胜的一次，其主要原因不在于靠西方十字军自身的力量，而在于伊斯兰教方面的分散性和内讧。但从1127年起，情况发生了变化，在伊斯兰各国对十字军国家的战争中，出现了一个重要的将领，他就是赞吉。1127年，奉职塞尔柱朝廷的土耳其官员赞吉攻下摩苏尔城，逐渐在美索不达米亚北部与叙利亚地区形成一股强大的力量，建立了赞吉王朝。据说赞吉生性粗暴、残忍、狂热、嗜酒如命，常常喝得酩酊大醉，实为一介武夫。不过他生活简朴，带兵有方。他从不居住在他所征服的任何一座城市里。在18年的征战生涯中，他一直睡在他帐篷里的麦秸堆上。他还建立了独特的情报系统。

1139年赞吉征服了大马士革邻近的巴勒贝克后，对大马士革发起了攻势。大马士革不愿落入赞吉之手，迅速向耶路撒冷王国求救，并提议缔结合约，共同对付赞吉。耶路撒冷王国一拍即合，立即作出反应，派兵帮助大马士革。赞吉被迫撤军。撤军途中，赞吉还遭到了安条克军队的伏击。

可见，当时在叙利亚和巴勒斯坦的国家，无论是十字军国家还是伊斯兰国家，实际上已形成了一种平衡。这种平衡是不允许任何一国一邦强大的。

耶路撒冷和大马士革的联盟，抵挡了赞吉的强劲攻势，也暂时保障了耶路撒冷王国的安宁。1144 年 11 月，赞吉发兵进攻伊斯兰城市阿尔斯兰。与阿尔斯兰联盟的爱德沙立即出兵援助，这等于引火烧身。赞吉已经摸清了爱德沙的国力虚弱，随即调转军队围攻爱德沙。爱德沙君主约塞林势单力孤，出援阿尔斯兰时所带兵力不足，不敢回爱德沙与赞吉交锋，只得避居在外，请求耶路撒冷和安条克发来援兵，但耶路撒冷相距太远，援兵一时难以赶到，安条克与爱德沙早有不和，这次正幸灾乐祸。爱德沙城中居民大多是致力于贸易而不能作战的商人。他们进行了殊死的抵抗，围攻持续了 4 个星期。提尔的威廉记述道：尽管爱德沙拥有厚实的城墙和塔楼，但如果没有士兵，再好的防御也无济于事，赞吉的军队挖了一条坑道，这条坑道穿过城墙延伸进城。1144 年的圣诞节前，赞吉亲自视察坑道，指示放火焚烧。于是，坑道上的城墙倒塌了，赞吉的军队涌进城去……绝望的人们逃往城堡避难，但大主教已下令关闭城堡的大门。惊恐之中，几千名男女及孩子遭践踏而死，还有不少人被赞吉的军队屠杀，其中包括大主教。爱德沙被攻陷的消息震动了东西方，赞吉成了伊斯兰国家的英雄，被看作是真主赐给伊斯兰的礼物。攻陷爱德沙后，赞吉因内部斗争旋即撤离。两年后在一次发兵南下后，被身边的随从刺死。据说赞吉酒醉酣睡中，朦胧看到他的一名随从正在用他的高脚杯喝酒，便嘀咕了几句倒头又睡了。那随从害怕受到惩罚，趁赞吉熟睡之际杀死了他。

赞吉的突然死去，使他的国家立即陷入了分裂。赞吉的长子塞伊夫占领了摩苏尔，次子努尔丁占据了阿勒颇，与赞吉长期对峙的大马士革则趁机出兵占据已属赞吉的霍姆斯等地，安条克公国也抓住时机出兵四处掠夺。失去爱德沙的约塞林则在亚美尼亚人的帮助下开始反攻，力图收复爱德沙。不料，努尔丁包围了爱德沙，迫使约塞林星夜撤离。爱德沙城里幸存的居民涌向城门，试图逃生的人有的被马蹄踩死，有的被挤倒在地，更多的人死于土耳其人的刀剑。从此爱德沙的房屋被毁，城墙被拆，这个曾经是阿拉伯世界中繁华的商业重镇，如今与十字军一同走向了毁灭。

赞吉的死没有改变叙利亚和巴勒斯坦的局势，十字军建立的另三个国家根本无力反击也不可能联合起来，他们的处境愈来愈艰难了。

二、圣·伯尔纳的圣战游说和第二次十字军东征

爱德沙的陷落使东西方都极为震惊。对东方伊斯兰世界来讲，这不啻是个振奋人心的消息；对于西方基督教世界则是一次沉重打击；对十字军国家来说骤添了万分紧张的气氛。爱德沙位于阿拉伯的腹地，它控制着美索不达米亚和地中海之间的主要道路，爱德沙的陷落，拔除了十字军在叙利亚和伊拉克诸伊斯兰国家之间的楔子，也使沿海的三个十字军国家失去了内地的屏障，使得他们诚惶诚恐，于是三国立即商议派特使去罗马与欧洲各地，请求再次发动十

字军东征。

作为基督教世界的精神领袖，教皇尤金三世(1145—1153年在位)对西方乃至东方十字军国家的宗教事务颇为热心，但他当时的处境十分艰难。他是克莱沃的圣·伯尔纳的学生，1145年当选教皇后，正逢罗马城内掀起反抗教皇统治的城市公社运动，他当选教皇半年还未能进入罗马城。爱德沙陷落的消息传来，使尤金三世抓到了一根救命稻草，他立即把十字军国家使者的告急广布西方，希望借助发动新一轮的十字军东征来提高自己的威望和地位。1146年12月1日，他颁发了题为《给予参加十字军的特权书》，这是罗马教廷第一次以教廷法规形式颁发的、对参加十字军者赋予特权的诏书。作为成文的诏书，它对以后的十字军参加者原则上都是有效的。在这份诏书的开头部分，尤金三世简单回顾了乌尔班二世号召十字军的全过程以及十字军取得的胜利，接着他说："我不能不以悲伤和痛惜的心情来叙述一件事，那就是由于我们的罪恶，以及由于他们本身的罪恶，那个一向被我们称作爱德沙的城市和许多属于基督教徒的堡寨被他们(异教徒)攻占了。按照习惯来说，人们的高贵和刚勇的最大证明，就是你们的祖先们用他们的勇敢所取得的东西，你们这些后嗣们也能英勇地保卫它，如果不是这样，上帝断然不许，那么祖先们的勇敢就会在后嗣们的身上显得衰落了。"为了煽动人们参加十字军，尤金三世以上帝的名义对参加十字军者许诺了若干特权："我以使徒的权力，禁止任何人对参加十字军的军士所正常保有的财产提出任何诉讼，除非关于他们的返回或死亡已经得到非常可靠的消息。”“至于那些为债务所迫而怀着纯洁心灵开始这个神圣行程的人，无需偿付过去的利息，若是他自己，或者他们的担保人，曾经为支付利息而做过任何誓约，我也以使徒的权力予以解除……我也向那些以虔诚之心开始、并且完成这一神圣旅程的，或在旅程中死去的人宣告，只要他们痛切忏悔，他们的全部罪孽可以得到赦宥，而且将从赏善罚恶之主那里得到永恒的报酬。”

从上述引文可见，罗马教会所宣扬的对“异教徒”的宗教战争已经相当明显地体现出了它的主旨。尤金三世的《特许书》没有像50年前他的前任乌尔班二世的演说那样，许诺给予基督徒以许多虚无缥缈的天国荣耀和来世的特权，而且非常实在的向基督徒许下了许多非宗教的经济特权。社会的客观条件变了，人们的思想感情已经不像50年前第一次十字军东征时那样的神秘玄虚和冲动狂热了。尤金三世似乎也明白这一点，在《特许书》中表露了更多人们希望的实际利益。

此外，尤金三世派遣特使前往法、德两国宫廷，劝说君主们响应主的召唤。为何选择法国与德国呢？可能是因为他认为自己对法、德两国的君主和教会有较大的影响力。因为德意志的霍亨斯陶芬王朝的康拉德三世在登基即位时得到过教皇的帮助，而法国国王路易七世则是个有名的虔诚教徒。为了鼓动法、德君主参加十字军，尤金三世特地选择了他的老师和支持者伯尔纳为十字军布道。

伯尔纳(1090—1153年)是西多会的修士。他出生于法国第戎附近枫丹的一个不富裕的骑士家庭，但他的家庭有着很深的社会背景，与很多大贵族有亲缘关系。伯尔纳在后来的发展中充分利用了这些关系。7 岁时，伯尔纳被送进了一所主教办的学校。在那个时代，贵族子弟接受学校教育通常有两种选择：一是进修道院学校；二是进主教学校。伯尔纳在主教学校学习的同时，还接受了骑士教育。伯尔纳就是与他的兄弟一起进入修道院的。但值得一提的是，他们没有选择已经相当有权势、有影响的克吕尼修道院。而是进了名不见经传的、新建不久的克莱沃修道院。克莱沃修道院的创始人是罗贝特（1027—1111 年），此人原是本笃修会的一名修院院长，因不满修士纪律松弛和世俗化的生活方式而隐修深山，一些修士慕名追随而去。

1098 年，罗贝特在离第戎不远的西多旷野创建了一所修道院，故称“西多会”。西多旷野远离世俗社会，修士们效法早期本笃会修士，辛勤耕作，开垦荒地，过一种自我否定的简朴生活，所以这个修会又被称为“重整本笃会”。西多会不重视文化教育，也不重视布道，而是倡导沉思冥想、以贫困为荣的生活方式。西多会特别强调垦荒，但真正从垦荒及种植的是一些二等修士，他们中不少人是破产农民，为求温饱而入会。西多会修士们身穿未经染色的粗糙的羊毛衣服，因此又被称为“白衣隐修院修士”；本笃会修士身穿黑衣，被称为“黑衣修院修士”。起初，西多会发展不快，到 1115 年才建立起四所分院。后来，在伯尔纳的大力推动下，西多会迅速发展，到 1130 年已有 30 所。到 1168 年已达 288 所，一个世纪后，增至 671 所。西多会不采取总院集权，而是实行地方分治，各分院院长均有独立主权，因此西多会是由许多独立的修道院组成的联合体。13 世纪时，西多会不仅从事农业生产，还兼营商业逐渐成为巨大而富裕的农业和手工业生产的中心。

1115 年，伯尔纳带领 12 名修士到一个离奥布不远的荒凉偏僻的山谷，创建了西多会的分院，并任院长，时年 25 岁。他所在的这个修道院被叫作明谷修道院。尽管后来教会多次提拔他担任显赫职位，但他一概拒绝，一直任明谷修道院院长至死。伯尔纳虽然仅仅是一位普通的修道院院长，但却是当时欧洲和法国的权威人物，被誉为“无冕教皇”。伯尔纳深受人们的尊重，被后世尊为圣徒（1174 年 6 月，教皇亚历山大三世宣布他为圣徒，1830 年教皇庇护三世宣布他为教会博士）。伯尔纳是一个狂热的神秘主义者，他提倡禁欲苦行，特别强调对基督的爱。认为人对上帝的爱是救赎之路，是对上帝爱的回报。他的思想反映了当时的社会实际，即在 12 世纪上半叶，伴随经济发展，社会活动丰富，人际交往扩大，人们感到传统的思想意识与现实的社会生活存在着种种不适应甚至矛盾冲突。这种状况既使人们对教会的所为表示不满，同时对实现救赎的需要又使他们不可能脱离基督教会。至 13 世纪末，西多会教产增多，纪律松弛。随着十字军东征的失败，民众的宗教热忱逐渐冷淡，西多会也逐渐衰弱。

法国国王路易七世是响应教皇东征号召最积极的君主。当他知晓东方十字军国家的状况和教皇的意图后，就急急召集其领地上的封建主开会，宣布他准备亲自率军前往圣地。不料，大家对此反应冷漠，使得路易七世对他的附庸大为不满。他决定三个月后在勃艮第的韦兹莱再召开会议，号召贵族们随同前往。与此同时，他还写信给教皇尤金三世，郑重宣布自己愿意亲自率军前往圣地。尤金三世见此非常高兴，马上让伯尔纳速速前往法国布道。

路易七世的东征激情出于两个原因：一是他要对他所进行的战争作宗教补偿，并以此表明他的精神信念，也许这是他那个时代所特有的时尚；二是出于他对加强王权和经济利益的考虑。因此尽管他的大臣絮热（在路易七世参加十字军东征期间担任摄政）竭力劝阻他放弃耗时耗力的征程，去处理国家亟待解决的问题时，路易七世还是断然拒绝，并在圣·丹尼斯修道院接受教皇的东征祝福。1146 年 3 月 31 日，人们在韦兹莱的广场上搭起一座木台。伯尔纳受教皇之委托，以教皇特使的身份出席会议。韦兹莱会议重现了半个世纪前克勒芒会议的场景。伯尔纳在这次会议上一展他的演讲才能。据说在狂热的气氛中，许多陶醉其中的骑士与平民狂喊着："发给我们十字！"由于要十字的人太多，一时难以满足。为了渲染气氛，伯尔纳当场脱下自己的修士法衣，剪成许多十字分发给大家。法王路易七世是第一个从伯尔纳手中接过十字的人。之后，他的臣属纷纷效仿，其中不少是法国的教俗大贵族。

伯尔纳讲演的文稿没有能流传下来，人们只能根据他当时写给十字军首领的书信中了解这次布道的大致内容，其主要内容：

1. 伯尔纳认为：爱德沙的陷落是一次灾难，因为它受到了邪恶之士的威胁，但这次事件又不完全是灾难，而是上帝计划的一个部分，目的是使基督徒受到震惊，并得到上帝之爱的机会，新的十字军将是上帝之爱的显示，是上帝为有罪的和犯下暴行的人们提供的一个救赎自己的机会；

2. 伯尔纳强调耶路撒冷圣地的神圣性。他提出耶路撒冷是最接近上帝之处，只有上帝的选民即现在的基督徒才能接近它。因此参加十字军，是一次上帝神圣的邀请，也是上帝仁慈的一次展示；

3. 伯尔纳敦促基督教骑士应以武力来保卫信仰。

法国的十字军热潮被煽动起来了。伯尔纳折入德意志境内进行十字军布道。但此时的德意志国王、神圣罗马帝国皇帝和贵族对到东方去进行圣战热情不高，他们的注意力主要集中在对其东部边境的斯拉夫人和文德人（居住在神圣罗马帝国境内的西斯拉夫人，由多个部落构成）的征战，夺取那里的土地和财富远比到东方圣地容易得多。加上德意志国王康拉德三世（1138—1152 年在位）此时已年老体弱，国内局势也不乐观，因此康拉德三世对出征东方不感兴趣。鉴于此，伯尔纳抵达德意志，要求与康拉德三世会晤时，并未得到热烈反映。直到 1146 年秋，伯尔纳在德意志的弗赖堡、沙夫豪森和康斯坦茨等地布道时，终于获得了很大的成功，民众对他的十字军讲演表现出了极大的热情，这倒使康拉德三世多少有点窘迫。其实，德意志民众对十字军的热情并不是他们突然表现出虔诚的信仰，而是由于当时他们所处的生活状况。那些年，德意志正值普遍的饥荒，饥饿与贫困使人们的灵魂变得“虔诚与高尚”。在伯尔纳雄辩口才的煽动下，第一次十字军东征时民众那种异想天开的狂热再次重演。但伯尔纳对此并不满足，他的目的是要让康拉德三世率军前往圣地。那年圣诞节，伯尔纳再次对康拉德三世单独布道，提请他注意，如果他不听从基督的召唤，在最后审判时他的命运将相当悲惨。康拉德三世被逼无奈，只得允诺扛起十字架前往东方。伯尔纳成功了，他兴奋得马上返回法国，张贴告示，布置第二次十字军东征的出征事宜。1147 年 3 月，他再次折入德国，在法兰克福参加贵族会议，会议上决定派遣军队出征斯拉夫人。这支军队同样也戴着十字符号，其待遇与前往东方圣地的十字军相同。这次对斯拉夫人的战争，名义上是为了使斯拉夫人改信基督教。实质上是进入易北河以东地区抢夺土地和财富。但这次东进因遭到斯拉夫人的顽强抵抗而没有成功。不久，英国人、佛莱芒人也组成十字军进逼伊比利亚半岛，参加当地基督徒对伊斯兰国家的收复失地运动。伯尔纳鼓吹的十字军变成了巨大的三叉箭，即攻击东方、西班牙的伊斯兰教徒和东欧的斯拉夫人。

第二次十字军终于能够成行了。这次十字军是由欧洲的国王亲自率军，这多少给予这次东征增添了一点神圣和庄严的色彩，同时也表明十字军东征已从一般的封建主、骑士的东征转变为欧洲国家的东征。当然，法、德君主能够亲驾出征，不仅仅只是伯尔纳费尽心机，使尽手腕的煽动的结果，也不仅仅是出于宗教的激情，隐藏在宗教外衣之下的还有他们现实的需要。12 世纪中叶，正是各国君主着手加强主权的开端。他们对内竭力剪除割据诸侯的羽翼，扩张王权；对外与教权既争雄又携手。这一时期，英、法、德等国的君主都在为集权而殚精竭虑。王权的加强要建立常备军，要组建从地方到中央的机构，这一过程需要金钱。因此东方的财富是吸引西方君主东征的动力。

就在第二次十字军准备出征的当口，与第一次十字军东征时的情形一样，德、法两国又一次掀起了反犹排犹的社会情绪。这一次西多会成了反犹的主力。科隆、美因茨等德意志城市的犹太居住区都遭到了蹂躏。

1147 年 5 月中旬，德王康拉德三世和他的军队踏上了东征的旅途。与康拉德三世同行的有两位臣属国的国王，他们是波希米亚的威拉迪斯拉夫和波兰的波希斯拉夫四世，一支来自洛林的十字军也与之同行。他们选择的是陆路，取道匈牙利进入巴尔干半岛，然后到达君士坦丁堡。尽管西西里国王罗哲尔二世此前写信给德、法两王，表示愿意提供海上运输船只，但在德、法君主看来，罗哲尔二世此举必定别有用心，因此加以拒绝。据同时代的人估计说，康拉德三世的军队约有两万名十字军战士，其中还有一支女子骑兵队，称为“金脚女士”。此外，队伍中还有为数不少的妇女，他们是陪伴丈夫或爱人奔赴战场的妻子和情人。尾随队伍后面的还有大批的朝圣者。德国十字军上路不久，队伍中便矛盾迭出。康拉德三世年老体弱，且性情无常，根本无法控制这个局势。全军的指挥权是由他的继承人斯瓦比亚公爵腓特烈，即后来的“红胡子”腓特烈掌控。

德国十字军经匈牙利、保加利亚于 7 月 20 日左右进入拜占庭帝国的土地。拜占庭皇帝曼努埃尔一世依然如他的祖辈阿历克塞一世一样，担忧十字军危及自身的安全。因此，他要求康拉德三世发誓以拜占庭的友人的身份进入帝国，不得有任何劫掠行为。因为当时德意志神圣罗马帝国皇帝与拜占庭帝国还保持着同盟关系，这个同盟被称为“两帝同盟”，同盟是以共同开展对西西里王国国王罗哲尔二世的斗争为目的的(1127 年罗哲尔二世在统一了西西里和意大利南部之后，继续其先辈的政策，对拜占庭帝国采取敌对行动。同时，罗哲尔二世也意图阻止德意志霍亨斯陶芬王朝在意大利发展势力。出于共同的利益，拜占庭和德意志决定缔结同盟，共同对付诺曼人罗哲尔二世。1146 年，曼努埃尔一世与康拉德三世的妻妹贝尔塔成婚，这桩婚姻本身是为了对付罗哲尔二世而结成的)。同盟关系并没有使德国骑士在拜占庭的国土上安分守己。这些西欧骑士一看到东方帝国的富庶，顾不上任何约束，开始抢劫甚至杀人。据说就在这些骑士大肆抢劫之时，一场大雨使扎营在色雷斯平原上的德国十字军队伍遭到了洪水冲淹，人财均有损失。这些德国十字军骑士便认为这是上帝的惩罚，杀人越货的行为才稍有收敛。虽然拜占庭皇帝曼努埃尔一再要求十字军队伍不要进入君士坦丁堡，他建议康拉德三世直接从塞斯托斯(位于今土耳其的加利波利半岛)渡过达达尼尔海峡即可迎战异教徒。但康拉德三世拒绝了这一建议，以“加深两国友谊”为名进入君士坦丁堡。9 月初，这支德国十字军到达了君士坦丁堡。

德国十字军到达东方时，曼努埃尔一世正率军在小亚细亚的安纳托利亚征战。当十字军入境时，他急忙与其敌手土耳其人签订了合约，匆匆率军返回君十坦丁堡。曼努埃尔是个性格复杂的人物，历史上誉之者称他为最杰出的政治家和军人，毁之者称他为残忍的暴君。实际上，他是一位铁腕军人，也是一个善于运用外交手腕的政治家。当康拉德三世率军进入君士坦丁堡时，曼努埃尔只得被迫迎见他，并把他安排在位于首都郊外的皇帝行宫歇脚。然而君士坦丁堡的繁华再次撩起了西方骑士的占有欲，他们冲进皇帝设计精巧的花园，放走或杀死珍奇动物，把皇帝行宫劫夺一空。据说曼努埃尔从宫殿窗口看到了这一切，只是当时还需要这样的同盟者，才强忍住未下手弹压。就在这时，他又听到法王路易七世率领的法国十字军已经启程东征。如果让法军与德意志骑士在君士坦丁堡会合，后果将不堪设想。曼努埃尔速速准备船只，用尽引诱和威胁手段，把这位亲戚兼盟友的德意志皇帝及其他的军队送过了博斯普鲁斯海峡，让他们尽快地踏上"主的征途"。

康拉德三世本来可以在叙利亚地区同十字军国家的基督徒会合，可以等待法国十字军到来后一起行动。但这位德意志国王不愿与他人共同完成东征大业，便孤军深入小亚细亚。10 月 25 日，德国十字军到达多利莱乌姆（Dorylaeum），又累又渴的德国骑士刚刚下马休息，即遭到土耳其人的攻击，骑士们穿着笨重的铠甲，难以立即翻身上马，而土耳其人主要是轻骑兵，他们没有盔甲保护，主要的兵器是弓箭。在正常情况下，他们是不敢与欧洲骑士正面交锋的。而此刻，土耳其人则以迅猛之势直扑德国骑士，他们时前时后，乱箭雨点般地射过来，把德军诱入空旷地和沼泽。德军被这一突如其来的打击所压倒，根本没有还手的机会，绝大部分十字军骑士遭到杀戮。最后趁暮色掩护，康拉德三世率领残兵败将逃到了尼西亚。多利莱乌姆之战，使德军损失了十分之九的人员和全部营帐。幸存的十字军骑士和尾随十字军到达东方的下层民众中，又因饥饿和病疫，不断有人葬身于荒野杂草之中。此刻，德国十字军中出征时那种神圣与豪迈的情绪早已烟消云散。圣战的口号已无法再使他们激动起来。一部分人打道回府了，只有少数将士，康拉德三世与他的继承人腓特烈，还留在小亚细亚，等待法国十字军的到来。

法国十字军是在德国十字军启程一个月后，于 1147 年 6 月 8 日启程的。领头的是年仅 26 岁的法国国王路易七世。他是扛着十字架踏上东征之路的。陪伴他东行的是他的年轻貌美的妻子埃丽诺，而埃丽诺则有抒情诗人陪伴。与国王同行的还有佛兰德斯和图卢兹伯爵，也都有他们的夫人随侍。法军的行李车满载着箱子，里面尽是服装与化妆品，为的是使那些女士们在任何情况下保持美艳动人。圣殿骑士团的大团长埃威拉尔德带领着自己在法国征募的骑士随法军一同出发。法国国王路易以虔信宗教而出名，对于战争他毫无经验。他宣称他是作为一名朝圣者到东方去的。出发的那天，他先是访问了一名麻风病人，完成了这一善举后，他又到圣·丹尼修道院从教皇尤金三世手中接受了十字旗子。法军选择的东征路线与德军相似。他们穿过匈牙利，进入拜占庭帝国境内。由于沿途城乡已受到先行的德国十字军的掠夺，供给非常不顺。所以法国十字军一开始就对德国十字军表示出不满。那些随同德国十字军东征的洛林十字军也因与德国骑士的矛盾而留下来加入了法国十字军。法、德十字军的矛盾使得两军根本无法联合。

法军是在这年的10月4日到达君士坦丁堡的。当时西西里王国国王罗哲尔正率军对拜占庭帝国发起攻势，已经攻陷了拜占庭的属地科林斯，劫掠了希腊海岸，占领了科孚岛。形势对曼努埃尔极为不利，因此为避免再树一敌，曼努埃尔只能极力讨好法国十字军。他派人友好地邀请路易带上小队人马进城，并亲自到皇宫门廊迎候，对路易大唱溢美之词，直说得路易脸红。曼努埃尔的用意就是赶紧把法国骑士送过海峡。但他仍不忘以花言巧语的许诺，希望法王把未来征服的土地让给拜占庭，这使路易大为不满。这时有关曼努埃尔与土耳其人签订合约消息传到了法军之中，法军将士顿时转为愤怒。加上西西里国王罗哲尔主动拉拢法国十字军，暗示希望商讨两国结盟之事。因此法军中许多人便提出要与罗哲尔联合，一起攻打君士坦丁堡。但是路易七世尚未知道德王惨败之事。他觉得德王与拜占庭乃盟友加亲戚，此次东征是与德王共同的出征。他对将士们的不满叫嚷无动于衷，拆了帐篷向亚洲进军。

第二次十字军东征期间，西欧君主和骑士对拜占庭帝国的不信任达到了高潮，对拜占庭的敌视甚至超过了对异教徒的憎恨。

11月初，法军渡过博斯普鲁斯海峡，到达尼西亚，得到了德军惨败的信息。德、法君主把两国十字军汇集起来，为避开土耳其人的攻击，他们决定沿海岸向南行进。此时的德国十字军残部是跟随法军行动，内心不服法军的指手画脚，双方常为一些细小事情争斗不止，于是法、德两家只得分手。德国十字军残部从海路返回君士坦丁堡,德王康拉德三世也称病回到了君士坦丁堡,受到曼努埃尔的殷勤招待,两国关系随之改善。

法国十字军继续朝耶路撒冷方向前进。他们在梅安达河畔打败了与其相遇的土耳其人。不料,这一胜利却是土耳其人诱敌深入的计谋。得胜后的第三天,法军在劳迪西亚附近的加得蒙山(位于小亚细亚北部弗里吉亚,又称加拉提亚),遭到了土耳其人的伏击。法军随军神父奥达·迪乌尔和提尔的大主教威廉分别记述了这场战争。奥达·迪乌尔在第二次十字军东征中自始至终陪伴着法王路易,作为目击者,他记载道:

> 十字军来到加得蒙山一处陡峭崖壁前,由于害怕土耳其人的攻击,军队对行军秩序作了周密部署:阿奎丹贵族哥弗利和国王的叔叔蒙伦那伯爵率一支小部队作为前卫,紧接其后的是十字军骑士,包括圣殿骑士团的骑士和国王卫队,后面是步兵以及驮运物品的牲畜与二轮运货车,尾随队伍的是大批朝圣者。后翼由军中最显赫的40名贵族组成,归国王路易直接指挥。当时,路易准备在山下扎营,但蒙伦那伯爵坚持到山上扎营更安全。就在这支庞大的队伍慢慢地、一步步费力地在陡峭的山路上向上攀行时,遭到了土耳其人的伏击。土耳其人从埋伏地向十字军骑士的马和步兵射箭,顿时十字军队伍乱作一团,伤的伤,逃的逃。指挥后翼部队的路易七世看到前面的队伍出现骚乱,知道

> 一场激战已经打响，他不知敌人有多少，立即率领40名贵族骑士向前冲去，以为他们的出现会鼓起士气，但一切都是徒劳的。山顶的巨石不断向十字军砸来，那些成功冲上山顶的“基督骑士”与土耳其人开展肉搏，结果大都被倒着头扔回山下的队伍。路易绝望地奋战着，最后趁着夜幕的掩护带着残兵败将逃到了阿塔利亚(小亚细亚南部沿海城市)。

提尔的威廉记载的情节与奥达·迪乌尔大致相同，只是提到了这场灾难的一个原因是法国王后埃丽诺为满足自己好奇心理，干预军事命令，结果导致法军的惨败。他说：前卫部队从劳迪西亚启程后48小时，到达了一座陡峭的山下，行军到这座山的山顶后，哥弗利接到命令扎营，等待国王的到来。随从们正准备支起帐篷，王后看到了一个一片绿色的谷地，这片谷地一直延续到山下，便要求把帐篷安置在那里，哥弗利被迫服从。埃丽诺的这一错误的干预，给法军带来灭顶之灾。提尔的威廉所描述的情节，经中世纪吟游歌手以及传记作家的渲染，埃丽诺几乎成了第二次十字军东征法军失败的元凶。

1148年2月，法军到达阿塔利亚。在拜占庭帝国的帮助下，法军乘坐船只渡海前往安条克公国的圣西门港。但因船少人多，这次渡海，只有骑士、贵族和部分步兵上了船。所剩步兵及大批尾随十字军队伍到达东方的朝圣者，包括妇女与孩子均被十字军抛弃在阿塔利亚城外。阿塔利亚总督拒绝让他们进城，他们中的大部分人或被土耳其人杀戮，或饥饿而死，或被卖为奴隶，只有少数人到了安条克。

3月19日，路易七世与他的军队到达了安条克公国。路易七世是第二次十字军东征中到达安条克的唯一的欧洲君主。法国十字军的到来，使得安条克君主雷蒙非常高兴，因为他的国家正需要援兵，他给予路易七世隆重热烈的欢迎。安条克城内宴请与狂欢持续了数天。的黎波里国的君主也竭力拉拢路易。路易七世仿佛成了十字军国家的救命稻草。但路易七世不愿为这些国家卖命，他以先要到耶路撒冷朝圣为理由，拒绝了这些十字军国家的要求。

1148年5月路易七世到达耶路撒冷，德王康拉德三世已早于路易七世到达圣城(1148年3月，康拉德三世由拜占庭舰队护送到巴勒斯坦)。虽然法、德十字军的人数不如第一次十字军东征时多，但法、德两国国王到达东方，却是自罗马时代以来西方君主首次率兵到达巴勒斯坦地区，自然引起人们的重视。耶路撒冷王国为此在阿克城举行隆重的庆典，王国内教俗两界的所有重要人物都参加了盛会。据奥达·迪乌尔记载，新来的十字军将士看到巴勒斯坦的法兰克人的奢华生活和东方式的生活方式感到十分震惊。他们发现这些东方的欧洲人已经是当地人的朋友了，一些下层的法兰克人已经与东方妇女结婚，生出了东西混血儿。他们还听到耶路撒冷王国已经与大马士革的埃米尔签订了反击努尔丁的合约。新来者感到受到了莫大的耻辱。

1148年7月24日，(一说为1148年5月25日)，十字军国家的君主们与德、法十字军首领在阿克城召开了军事会议，经过反复争论，最后决定进攻大马士革。

此时的大马士革是耶路撒冷的盟友，它对耶路撒冷并不想采取进攻政策，而是准备与之联合抗击努尔丁的扩张，但由于大马士革的富庶而成为其盟国——耶路撒冷王国和德法十字军首选的攻击对象。

大马士革是个设防坚固的城市，它不仅建有高大的城墙，而且其四周还有大片果园。据提尔的威廉记载，大马士革被果园环绕，果园延伸达 5 英里或更大，这些果树形成一道密集的森林，保护着这个城市。进攻大马士革的战役打响之初，十字军将士骁勇善战，几个回合下来便有了突破性的进展，夺取了大马士革城外的果园。大马士革的埃米尔没有料到他的同盟者会第一个攻击他，情急之中，一面匆匆调兵遣将，一面速速派人向他的宿敌阿勒颇的努尔丁求援。然而在攻城战最激烈之际，十字军将领之间疯狂的嫉妒引发了严重的内讧。大马士革还未攻下，将领们已在争夺大马士革的统治权了，安条克君主、的黎波里君主、耶路撒冷国王以及大大小小自认为有资格的候选人明争暗斗，各不相让。大马士革的埃米尔看到这情况，又担心自己请来的努尔丁会危及自身利益，便趁机提出愿意出钱让十字军撤军。正在这时，传来了努尔丁率军逼近大马士革的消息。十字军意识到努尔丁的到来，不但会打败在城外围城的十字军，还有可能占领大马士革，对十字军国家形成更大的威胁。于是接受了大马士革埃米尔的提议，匆匆撤军。

十字军撤回耶路撒冷后，康拉德三世自知手下兵少将寡，不可能有大的作为，便带着可怜的余部返回了欧洲。之后，路易七世又在巴勒斯坦逗留了一段时间后，于 1149 年夏也悻悻回国。途经西西里时，他受到了罗哲尔的热情款待，两人还商量了将来联合攻打拜占庭的计划。

第二次十字军东征就这样结束了。东征的失败使罗马教会的威信受到严重的损害，曾预言东征会取得辉煌成就的伯尔纳，此时也名誉扫地。

12 世纪初开始，圣母崇拜开始流行，并于 12 世纪末和 13 世纪变得更为强烈，许多供奉圣母玛利亚的教堂在欧洲各地建立起来，大量赞美圣母玛利亚的抒情诗在社会上流行，有意思的是伯尔纳被认为是最负盛名的抒情诗作者。圣母崇拜的流行反映出中世纪人们的一种心态的转换。圣母所代表的是安详、和蔼、仁慈的母亲形象。在十字军年代中，尽管以战争为职业的骑士阶层表面上威风凛凛，杀气冲天，但内心的负罪感时时笼罩在他们的心头，他们也希望从宽厚、慈祥的圣母那里获得一种爱与关心。12 世纪下半叶，西方世界对十字军的价值表现出怀疑的情绪，学者们开始探讨圣战的效力问题，他们对暴力与基督教教义的关系等问题进行了思考，对暴力表露出种种忧虑与质疑。当时有位名叫埃萨克的修道院院长在讲到宗教骑士团时曾讲道：他们剥夺合法的，屠杀宗教的，不可能以基督的教义来修正骑士团的残酷。西欧人对外部世界逐渐放弃了排斥的态度，基督教学生到西班牙和西西里学习逐渐成为平常之事。西欧内部，法国南部首先出现的“尚礼之风”与骑士原有的“尚武之风”融合而形成的“骑士风度”或“骑士风范”，在法国南、北上层贵族中开始流行。一股新鲜的空气吹进了西欧社会。

三、撒拉丁的崛起

第二次十字军东征的失败，使东方的十字军国家认识到短时期内欧洲不会再有大规模的十字军到东方来了，这就促使这些十字军国家逐渐地方化。至 12 世纪中期，巴勒斯坦的十字军国家已经成为地方性的基督教国家了，其军队组成成员大多数是当地基督教居民和十字军的后代。他们与陆续到来的西欧骑士和朝圣者已无共同的利益。这些十字军国家与伊斯兰邻国的关系完全服从于外交与战争的需要，宗教信仰不再是战争的原因。但 12 世纪中期以后，伊斯兰世界抗击十字军的力量正以努尔丁为核心而联合起来。

努尔丁是赞吉之子，是个有政治远见和治国才能的君主，他通过发展宗教事业来笼络民心。在巩固边防的同时，他十分重视国内建设，尤其是宗教建筑和宗教设施的建设。他广建城墙、城门、客店、医院、清真寺和马德拉萨（学校）。据说他登基时马德拉萨有 16 所，后增设了 42 所。他以马德拉萨为核心，聘请教师教授圣训学，积极传播伊斯兰教逊尼派教义和吉哈德（圣战）思想，形成了一个庞大的宣传机构。他放弃了奢华的生活，身穿粗布衣服，以虔敬的伊斯兰教徒形象出现在公众面前。他的身边集聚起一些自愿或支薪的学者、传教者，他们以诗歌、论著、讲道等形式大力歌颂努尔丁，把他誉为“宗教之光”，努尔丁也自称是“伊斯兰教的捍卫者”。为了有效地统治国家，努尔丁建立了征税制度，他统治时期的税收主要有三种：1.吉齐亚（人头税），税收对象是非伊斯兰教徒；2.扎卡（施舍）属伊斯兰教徒的义务;3.卡拉标(土地和农产品税)。此外还有一些临时征收的税。努尔丁还建立驿站,并使用马匹联系各驿站。在某些道路上还使用骆驼。努尔丁还首创了一个用鸽子传递信件的通讯网,这在当时的确是个奇迹。努尔丁的政策获得了成功,他在叙利亚日渐强大。1149 年 6 月,努尔丁率领 6 000 名骑兵进攻安条克。安条克君主雷蒙率军迎战。初战告捷后,雷蒙率军冲出城去,在封・米雷兹原野扎营,犯了战争中的大忌,遭到努尔丁军队的包围,大部分安条克官兵战死,雷蒙也战死疆场,安条克失去了大部分领土。1150 年,原爱德沙的君主约塞林在战争中被俘,被关押在阿勒颇。1159 年,约塞林死于狱中。此后,努尔丁野心膨胀。自 1151 年始,他连续发兵大马士革,致使大马士革与耶路撒冷联盟。耶路撒冷曾两次出兵救援大马士革。

1153 年,耶路撒冷倾其兵力进攻巴勒斯坦西海岸的阿什克伦。阿什克伦是埃及在巴勒斯坦附近唯一的据点。据说这个据点的建筑很特别,其建筑物一半延伸到海中,城墙坚固,易守难攻。耶路撒冷王国此次对阿什克伦的围攻完全出于对财富与领土的贪婪。耶路撒冷王国对阿什克伦围攻的主力是圣殿骑士团和圣约翰医院骑士团。但因埃及守军防守严密而久攻不下。7 月底的一个晚上,城内守军悄悄爬出城墙放火燃烧十字军的攻城楼梯,由于火势太大,竟然使那段城墙的埃及守军无法坚守岗位。圣殿骑士团的骑士趁机攻破城墙冲进要塞。富有戏剧性的是,这些宗教骑士唯恐别人抢了他们的战利品,专门派人挡住其他十字军入城,结果冲进城去的只有 40 多个宗教战士,全被城内守军杀死。此后十字军加紧攻城，直到 8 月才最后攻克阿什克伦。这是十字军进行的最后一次大规模的扩张战争。埃及丧失了这一重要的要塞，实际是使埃及本土失去了重要的屏障，从此埃及门户大开，遭到外来的侵袭。

1154 年 4 月，努尔丁攻占了大马士革。此时他已经统一叙利亚地区，其边境已延伸到摩苏尔、哈兰一带；在北部，甚至到达陶罗斯山。但是他没有马上攻打耶路撒冷，而是与耶路撒冷王国签订了两年合约，其目的是想稳住南方，因为他与安纳托利亚的塞尔柱人的战争已经打响。

1160 年，埃及法蒂玛王朝末代哈里发、年幼的阿迪德（1160—1171 年）继位后，王权由权贵执掌，宫廷内早已发生的内争并未因面临外来的入侵而中止。1164 年，埃及执掌大权的维齐尔（宰相）沙韦尔在与另一大臣特尔阿木争夺宰相权位的内讧中失势而求助于努尔丁，请求他用武力帮助夺取政权，并以埃及每年全部租税的三分之一相许。努尔丁原本并不想马上涉足埃及，因此他决定按照阿拉伯人传统的占卦方式，随便打开《古兰经》看那一页的字意如何，恰好字意为吉兆，于是他即派手下的一名能干的大将舍尔库率军前往埃及。

舍尔库是库尔德人，独眼，肥胖，但强悍善战。他率军前往埃及，很快把沙韦尔扶上了相位。沙韦尔重新得到政权后拒绝向努尔丁缴纳贡税。舍尔库恼羞成怒，挥军大加掠夺且不撤出埃及。沙韦尔无奈只得转而求助于耶路撒冷王国。耶路撒冷王国国王阿尔马利（1163—1174 年）见有机可乘，迅速率军与埃及军一起包围了舍尔库的据点比尔贝斯。努尔丁见状，亦发兵攻占安条克附近的十字军的哈里姆城堡。大批基督徒遭到屠杀，许多十字军将领被俘。这些十字军首领中最重要的有安条克君王、的黎波里君王、加利利总督等。几天后，努尔丁派人把满满一袋法兰克人的头皮与十字军的旗帜送到比尔贝斯，交给围城的基督徒。阿尔马利不得不接受这一暗示，与舍尔库达成协议，双方宣布撤军回国，舍尔库则从埃及首相沙韦尔处得到了 3 万第纳尔（金币），这是 1164 年的事。

两年以后，叙利亚北部局势有所缓和，努尔丁开始实施攻占埃及、夹击十字军国家的计划，再次派遣舍尔库率军开往埃及。这一次，舍尔库的侄子撒拉丁（1138—1193 年）与其一同出发。面对来势汹汹的努尔丁大军，沙韦尔立即求助于耶路撒冷王国。1167 年 1 月，耶路撒冷王国的军队几乎倾城而出进抵开罗附近。几乎与此同时，舍尔库也穿过苏伊士地峡抵达开罗。

撒拉丁，库尔德人，他是埃及阿尤布王朝的创建者（1171—1193 年在位）。他的父亲阿尤布和叔父舍尔库都是叙利亚国王努尔丁的部将。据说撒拉丁个头不高，身体孱弱，蓄着整齐的短胡子，常常一脸若有所思的样子。伊斯兰世界把他描绘为个性文雅，为人宽容慷慨，信仰虔诚的人物。他随同舍尔库出征埃及时年仅 29 岁。

当时，耶路撒冷王国的十字军与舍尔库大军的对峙已一月之久。其间，埃及宰相沙韦尔许诺以 4 万第纳尔（一说 40 万第纳尔）的代价，要求十字军把舍尔库的大军赶出埃及。但这并非易事。两军在一系列的冲突后，同年 3 月十字军与埃及军组成的联军和舍尔库的大军发生激战。舍尔库以轻骑兵重创几倍于他的对手。之后,舍尔库弃军去了亚历山大城。他之所心没有乘胜追击耶、埃联军,可能是因为他认为联军在数量上占据优势而不便追赶。但耶、埃联军却调头跟踪而至合力围攻亚历山大城城。努尔丁为了钳制敌人,即派兵进攻的黎波里伯国,迫使阿尔马利与舍尔库再次达成停战协议,并从埃及撤军。之后,沙韦尔以每年10万第纳尔的代价雇佣十字军骑士充当开罗城门的守军。但耶路撒冷的许多骑士,尤其是圣殿骑士团和圣约翰医护骑士团的骑士提出要向埃及索取更多好处、甚至出兵征服埃及的要求,阿尔马利也跃跃欲试。1168年,在发兵埃及之前,阿尔马利与拜占庭皇帝曼努埃尔建立了联盟,一说阿尔马利通过与曼努埃尔的侄女结婚的方式,与拜占庭建立了联盟。两国商定共同出兵埃及,平分战利品。这年的10月,耶路撒冷军队以沙韦尔的儿子卡米勒准备与撒拉丁之妹结婚,破坏了双方的协议为借口,侵入埃及,攻占了比尔贝斯,十字军血腥屠城,引起埃及上下的愤怒。这年12月份,埃及年幼的哈里发阿迪德派出特使求助于努尔丁。努尔丁调拨了8 000骑兵,遣舍尔库统率大军出征埃及,撒拉丁偕行。听到舍尔库率大军攻打埃及,阿尔马利匆匆率军撤离。舍尔库的军队进入了开罗,他原想从沙韦尔处索取巨额金钱,而撒拉丁则有更大的野心。1169年1月18日,撒拉丁突然逮捕了沙韦尔,又以哈里发授命的方式,杀掉了沙韦尔,舍尔库随即上任为宰相。两个月后,舍尔库去世,撒拉丁继任埃及宰相。撒拉丁踌躇满怀地登上了历

埃及阿尤布王朝创建者撒拉丁

史舞台，从此西亚局势出现了新的演变。伊本·阿西尔说：撒拉丁成了埃及宰相，他是军中所有埃米尔中最年轻的，他有了“胜利之王”的头衔，他戴上了白、金二色的大臣头巾，穿上了红色条纹的外衣。从此，他就像变了一个人似的，过起了非常虔诚的生活。“虽然他是当时中东最有权势的人，但他去世的时候，身边只有 47 德拉马克（drachmas，货币名，曾在希腊本土与地中海沿岸地区流通）”。

四、阿尤布王朝的建立

撒拉丁继位埃及宰相后，具有双重身份：他是埃及法蒂玛王朝的宰相，又是叙利亚国王努尔丁的部属。当时努尔丁统辖伊拉克北部，叙利亚大部分以及巴勒斯坦大部；故一般称之为叙利亚国王或赞吉国王。他的处境是十分矛盾的，他要求埃及百姓同时效忠于两个国王，在宗教仪式上为两个国王祈祷。但他一开始执掌埃及政权，就蓄意建立一个以他自己的家族为主的独立王国。他不仅要推翻埃及的法蒂玛王朝，也要把他的势力扩张到包括十字军占领区在内的叙利亚和巴勒斯坦。为了巩固他在埃及的势力，他以虔诚的伊斯兰教徒形象出现在他的人民之中，他离开了家人，放弃了豪华的生活，长年住在帐篷里，每天清晨与其朋友、传记作者巴哈丁一起祈祷。他用尽各种手段争取埃及民众的支持。他又把自己的家族成员与亲信安插到国家的重要位置上。在短短几个月里，他就在埃及建立了一个在军事上和政治上忠于他的核心力量。1171 年 6 月，他宣布废黜法蒂玛王朝末代哈里发阿迪德，法蒂玛王朝告终。撒拉丁成了埃及的君主，建立了以他的家族命名的阿尤布王朝。到 1174 年，阿尤布王朝已经成为一个强大的国家。撒拉丁还在开罗南部的莫干丹建造了一座坚固的城堡，城中掘了一口深达 280 尺的水井，以备城堡遭围攻时，士兵们不至于缺乏饮水。这座水井保留至今，被人称为"约瑟井"或"哈尔祖木井"，后人称这座城堡为"撒拉丁城堡"。

1174 年 5 月努尔丁去世。同年 7 月耶路撒冷王国的阿尔马利也病逝了，于是西亚的局势又发生了变化。就耶路撒冷王国来讲，阿尔马利死后，耶路撒冷王国再也没有出现一个有能力的国王，继承阿尔马利王位的是他的儿子、年仅 13 岁的麻风病人鲍德温四世(1174—1185 年在位)。努尔丁死后，他的儿子(11 岁)在其母帮助下，以大马士革为中心建立统治；阿勒颇总督立即宣布自己是努尔丁的继承人；摩苏尔总督则乘机兼并了爱德沙以东的大片土地。撒拉丁也立即宣布埃及独立，并挥师北上，从努尔丁继承人手中夺取了叙利亚的大片土地，把势力扩张到阿拉伯半岛的西部和也门。1175 年，他请求阿拔斯王朝的哈里发穆斯塔迪(1170—1180 年在位)的册封。当时向哈里发讨封是伊斯兰统治者的惯例。这年 5 月，哈里发根据撒拉丁的请求把他已占领的和尚未占领的领土，包括埃及、马格里布、努比亚、阿拉伯半岛西部地区巴勒斯坦和叙利亚中部地区慷慨地授予撒拉丁并封他为苏丹。从 1174 年至 1183 年的 10 年间，撒拉丁主要在叙利亚作战，尽管此间伊斯兰的阿勒颇与十字军国家联合抵抗，但仍无法阻挡撒拉丁建立"帝国"的步伐。这样，到 1183 年，撒拉丁已把十字军国家以外的伊斯兰世界统一起来，十字军国家的日子越来越难过了。

五、伊斯兰世界的吉哈德

吉哈德(Jihad)习惯上译作“圣战”，本意是“为主道奋斗”，即“在真主的道路上奋勇前进”，包括为传播伊斯兰教作出的一切努力。《古兰经》规定，信仰者除了礼拜和施舍外，还必须拿起武器，以语言、财产和生命为主道而“奋斗”，也是一项重要的宗教义务。早期伊斯兰对外征服的高潮过去后，“吉哈德”观念逐渐趋于淡化，伊斯兰世界的教派斗争尖锐起来了。因此，11 世纪末，西方的十字军占领巴勒斯坦并攻下耶路撒冷时，在周围的伊斯兰教国家中只引起一闪而过的关注。一些信奉伊斯兰教的小邦还愿意与这些十字军友好共存、结成同盟。在伊斯兰教徒的眼中，这件事情(指伊斯兰世界的分裂)对于伊斯兰教的统一和伊斯兰教徒的团结比十字军的威胁要重要得多。十字军在地中海东岸呆了 200 年，同时代的阿拉伯史家对于他们关注极少，在文学、政治、神学领域的作家，更是几乎不曾提到十字军。然而，这个时代的写作者对于伊斯兰教之间的教派不统一问题，却表现出极度的关切。

12 世纪初，“吉哈德”的观念在大马士革和阿勒颇重新出现，一些虔诚的伊斯兰教徒感到伊斯兰教正面临着异教徒的严峻挑战，希望以“吉哈德”来抵抗西方的十字军，但当时有这种观念的伊斯兰教徒还在少数。12 世纪中期，“吉哈德”的观念渐趋明朗。后来，努尔丁通过他身边的阿訇和伊斯兰学者完善了“吉哈德”的理论，并通过“马德拉萨”积极传播他的"吉哈德"思想。努尔丁的"吉哈德"观念有一个重要的思想内容，即提出"吉哈德"的首要任务是恢复西亚（主要是叙利亚和巴勒斯坦地区）伊斯兰教国家的政治统一。他把"吉哈德"和复兴逊尼派结合在了一起。

撒拉丁也宣称忠于"吉哈德"事业，但实际上他崛起之初，主要是与伊斯兰教不同的教派而不是十字军作战，他在埃及建立了阿尤布王朝后，迅速统一了除十字军国家外的叙利亚和巴勒斯坦地区。他沿袭了努尔丁的思想，在所占领地区逐步以逊尼派代替什叶派信仰。他下令在埃及、叙利亚等地的清真寺祈祷词中，只许提到阿拔斯王朝哈里发的名字。在货币上铸上哈里发的称号，以恢复这些地区的逊尼派信仰。因此就逊尼派信徒的观点来看，撒拉丁的主要功绩是消灭了埃及的法蒂玛王朝，使伊斯兰教重归统一。撒拉丁的"吉哈德"思想是在一定条件下加速形成了以下情况：

1. 他与阿萨辛派达成了和解。阿萨辛派通常被称为暗杀派，"阿萨辛"一词来自阿拉伯语 hashish，即大麻叶。据说，这一派的成员外出执行暗杀任务前，往往要吸食一种被称为阿萨辛的麻醉品，因此而得名。阿萨辛派是 11 世纪末从伊司玛仪派中派生出来的。阿拉伯历史学家把它叫作新伊司玛仪派。阿萨辛派的创始人为哈桑·伊本·萨巴哈（？—1124 年），他原是伊司玛仪派的信徒，生于伊朗，自称是希木叶尔王朝（阿拉伯半岛南部的古国，525 年被阿克苏姆王国所灭）的后裔，精通算术、几何、天文等学科，并善于邪术。1090 年，他夺取了伊朗德莱木山区的阿拉木特堡

(意为鹰巢)。这座堡垒地势高峻,十分险要,是里海海岸通往波斯的必经之地,具有重要的战略地位。阿萨辛派夺取阿拉木特堡后,便以此为据点,训练菲达伊(Fida'I,意为敢死队,从事暗杀与破坏)。菲达伊主要是来自阿萨辛派领地上的青年农民。他们在执行行刺任务前,必须经过严格的训练,并饮用大麻剂导致醉卧后,被放到美丽无比的"天堂"。菲达伊醒来看到身处"天堂",且有女子供其娱乐。之后,他们又被灌醉抬到阿拉木特堡。醒后,菲达伊发现自己不在"天堂",顿即惊恐,于是被命令去杀某人。

撒拉丁与阿萨辛派和解后,解除了后顾之忧,开始全力对付基督徒了。1179 年,他与塞尔柱帝国的苏丹结盟;1181 年,他与拜占庭、塞浦路斯结盟;早在 1173 年他还与意大利比萨缔结合约,获得比萨商人提供的建船材料。撒拉丁的这些活动,成功地孤立了十字军国家。

2. 十字军首领雷诺·德·夏蒂莱的刻意挑衅,加速了撒拉丁实施"圣战"。自耶路撒冷王国国王阿尔马利死后,王国首脑是阿尔马利的儿子鲍德温四世,实际上由他的母亲和姐夫古伊(Guy,一译居伊)管理。1183 年 9 月,撒拉丁率军直逼耶路撒冷。当得知撒拉丁进军耶路撒冷时,耶路撒冷王国的大小首脑连忙商议对策。古伊急急忙忙调集耶路撒冷的全部兵力。正在这危急时刻,已经成年的鲍德温四世与其姐夫古伊发生了严重争执,一怒之下废掉了古伊的摄政职位。古伊被迫退到他的领地阿什克伦。撒拉丁率领的大军在进攻耶路撒冷王国的重要要塞克拉克时,因该城城墙坚固未能攻克而撤军。耶路撒冷王国躲过了一劫。

1185年3月，鲍德温四世去世，王位传给了其姐西比叶的儿子，称鲍德温五世，并指定由的黎波里的君主雷蒙摄政。在雷蒙的竭力主张下，耶路撒冷王国与撒拉丁签订了4年的停战协定，这对十字军国家的生存是很重要的。但鲍德温五世在位仅仅一年就病死了，年仅9岁。鲍德温五世是西比叶第一次婚姻所生的儿子，一说他去世时年仅六七岁。古伊依靠圣殿骑士团的支持，趁机夺取了王位。的黎波里的雷蒙不服气，不得不隐居到巴勒斯坦的提比里亚城(一译太巴列)，并与撒拉丁订立了合约。

在撒拉丁咄咄逼人的攻势下，耶路撒冷王国内部充满了内讧，首领们分裂成两大派，历史上把他们叫作鸽派与鹰派。鸽派通常是指那些在东方出身的十字军贵族，他们大都已东方化了。这些人力图保持和平，不想去刺激撒拉丁。他们认为如果陷于战争，耶路撒冷将不可能幸存。这一派的主要代表者是的黎波里的雷蒙。鹰派主要是刚从西欧来的贵族、骑士，这些人带着狂热的宗教偏执，当他们在东方看到基督徒伊斯兰教徒友好相处的状况，常常会感到惊讶甚至愤怒，这一派的主要首领就是雷诺，他对古伊的影响很大。

雷诺是在第二次十字军东征时随法王路易七世到达耶路撒冷的。他出身于法国贵族家庭，但是家中的末子，到东方是为了寻找机遇。1153年，雷诺娶了安条克君主雷蒙德的遗孀康斯坦丝，由此成了安条克的新君。康斯坦丝是安条克公国波希蒙德二世之女，嫁给阿奎丹公爵威廉九世之子雷蒙德。由此雷蒙德成为安条克公爵。雷蒙德死后，康斯坦丝又嫁给雷诺，由此雷诺又成为安条克公爵。雷诺是一个掠夺成性、狂热的好战分子。当他成为安条克君主后，立即伺机抢劫，袭击阿拉伯人的商队与城市以聚敛财富。1156 年，他出兵塞浦路斯岛，临行前为征集钱款，他逮捕了安条克主教艾梅里。艾梅里原是法国里摩日的主教，安条克君主雷蒙德去世、康斯坦丝寡居期间，他是公国的管理者。雷诺把主教打得皮开肉绽，还用蜂蜜涂在他的头上和伤口上，赤身裸体地绑起来在烈日下晒，引来苍蝇和黄蜂的叮咬。艾梅里主教被迫同意拿出钱款。威廉[提尔的]记载说，在塞浦路斯，雷诺破坏城市、毁坏城堡、侮辱修女、抢走金银，引起拜占庭皇帝的强烈愤慨。三年后，拜占庭皇帝率军直抵安条克城下，雷诺不得不卑躬屈膝，以示悔罪。威廉[提尔的]说："他（雷诺）穿着羊毛织成的长达膝盖的短袖束腰外衣，头颈上套上一根绳索，手里拿着一把宝剑，赤脚跪倒在皇帝的脚下，拉丁人的光荣成了羞耻。"然而第二年他再次抢劫时，被阿勒颇的埃米尔抓住扔进了监狱，囚于阿勒颇长达 16 年。1176 年他被释放回到安条克时，发现其妻康斯坦丝已死了，他已不再是安条克的君主了。于是他急忙又"捕获"了一名富裕的寡妇——外约旦领地上的女主人斯提芬娜，婚姻使他成了外约旦的领主。他利用蒙特利尔城堡和莫阿布堡，控制了从大马士革经埃及通往麦加的要道，而此路正是撒拉丁的生命线。1182 年，雷诺在阿拉比亚攻击了一支前往麦加的沙漠商队。同年，他实施了一项更具挑衅性的计划：建造船只部件；1183 年，他又派遣骑兵劫掠了希贾兹海岸（阿拉伯半岛的西海岸）。同年他占领了红海的埃拉特港后，用骆驼把造好的船只部件运到埃拉特港进行装配，然后用这些船只沿阿拉伯海岸向麦地那前进，以海盗方式连续抢劫商人、朝圣者和港口财物，这一行径引起了伊斯兰世界的震惊。1187 年，雷诺又一次拦路抢掠一支来自开罗赴麦加的沙漠商队，商人中有人提起停战合约一事，雷诺嘲笑道："让你们的穆罕默德来拯救你们吧！"消息传到撒拉丁处，撒拉丁表示，一定要亲手杀了雷诺。但撒拉丁仍表示尊重合约，他要求雷诺释放俘虏，归还财物。然而雷诺甚至古伊都拒绝了。的黎波里伯爵雷蒙看到这一情况，感到拉丁基督教王国的末日已经到了，便以个人名义与撒拉丁接触，得到了撒拉丁不攻击的黎波里的承诺。雷蒙的这一举动，被古伊等人看作是背叛，借此剥夺了雷蒙的军队指挥权。

撒拉丁早就声明要进行"吉哈德"，把法兰克人赶到海里去。他看到了耶路撒冷王国孤立无援，决定发动战争。

六、哈丁战役与耶路撒冷的陷落

1187 年 6 月，撒拉丁聚集起数万人的大军（据 Terry Jones 和 Alan Ereira 说，撒拉丁的军队正规军约 3 万人，还有人数不详的志愿军；据 Georges Tate 说，撒拉丁有 12 000 名骑兵）穿过约旦河，于 7 月 1 日进入加利利，军队一部分就地扎营，一部分进攻的黎波里伯国的提比里亚城，该城只抵抗了一个小时左右便落入了撒拉丁之手。撒拉丁对提比里亚城的攻击，在于诱使十字军冲击城堡与之决战。而此时，耶路撒冷王国的重要人物均在 20 英里外的塞弗利亚(Zippori,又译为色佛黎),就要不要驰援提比里亚城的问题,鹰派与鸽派进行了激烈的争论,双方都竭力劝说耶路撒冷国王古伊按其行事。的黎波里伯爵雷蒙主张务必谨慎行事,他不顾自己的家人被困在提比里亚城,坚持反对贸然救援提比里亚城。他建议十字军以守待攻,据守塞弗利亚要塞,伺机反攻。因为这里水源丰富,能控制通向加利利地区的所有道路。更重要的是在炎热的夏季主动出击,进入荒漠地危险太大。雷诺和圣殿骑士团大团长吉拉德等鹰派人物则力主援救提比里亚,进攻撒拉丁。耶路撒冷王国国王古伊听从了鹰派的建议,下令十字军在塞弗利亚集结。7月2日,塞弗利亚集中了一支两万多人的大军,其中包括一支200多人的重装骑兵、2 000多人的轻骑兵和近20 000人的步兵。耶路撒冷王国各城堡的兵力几乎抽调一空。面对这种情况,雷蒙再次苦劝古伊:援救提比里亚城,会毁了耶路撒冷王国,因为只要十字军离开要塞就会被伊斯兰军队围困在沙漠中,没有水,十字军就会成为俘虏。可是那天夜里,吉拉德悄悄进入了古伊的帐篷,进言道:雷蒙野心勃勃,正极力破坏他(指古伊)的声誉。好大喜功的国王当即决定,次日清晨全军出征。7月3日拂晓,古伊下令十字军进军提比里亚城,随军出征的有一件圣物——“真十字架”,被基督战士看作是十字军的神圣标志,他们相信这个基督教世界的最神圣的象征会保佑他们。

从塞弗利亚来到加利利湖畔的提比里亚城,这段路非常干旱,没有水源,沿途到处是石质的丘陵和沙漠。十字军贸然踏上这条道路,与其说是去进攻撒拉丁大军,不如说是自投罗网。

此时，在加利利湖畔，撒拉丁数万人马（一说有 6 万）正在养精蓄锐、等待战机。当探子报来：十字军倾巢出动，正向提比里亚城进军时，撒拉丁激动地大喊："天从人愿！"他简直不能相信，十字军竟真的步入了他的圈套。他急令骑射兵把敌军阻围在沙漠中。

在通往提比里亚城的道路上，十字军正顶着烈日艰难行军，沿途无水，人马热渴难忍，骑士的铠甲被太阳晒得灼热，很多人已中暑。就在这时，撒拉丁的骑射兵出现了，飞蛇似的箭矢猛烈袭来。酷暑、干渴和飞矢使十字军面临的局势越来越严峻。雷蒙催促古伊快快督军前进，但已经来不及了，后卫部队已遭阻击。这天下午，十字军来到了一个叫哈丁角的斜坡。这里，前面是两座小峰，斜坡的尽头是哈丁村，村子边上就是加利利湖，但撒拉丁已派重兵把守，古伊决定在此扎营，他的决定犯了军事大忌——没有饮水，驻扎营边有一口井，是干涸的。雷蒙见此，绝望地仰天大哭，王国已经亡定了。

这天夜里，撒拉丁命部队整夜袭扰十字军，在十字军营地四周点燃干草，并不断放冷箭袭击。十字军彻夜人心惶惶，饥渴交加，士气低落。这天正巧是伊斯兰斋月的 26/27 天。这天夜里，伊斯兰的祈祷声和雄壮的歌声不时传到哈丁村十字军的营垒。撒拉丁的秘书、传记作家伊玛丁（著有一部关于撒拉丁的统治史）说，在这命运之夜中，伊斯兰教徒与基督徒面对面地度过了这一夜，地狱和天堂都为他们的到来作好了准备。次日黎明，早已等候在山坡下的撒拉丁大军已经把十字军围困起来了。撒拉丁军队的攻击一开始，十字军便乱成一团，他们几乎是各自为战。雷蒙率领自己的部队，以猛烈的攻势杀开一条血路，冲出重围，逃回的黎玻里，不久便悲忧而死。从哈丁战场逃生的还有伊拜林的巴林（前耶路撒冷王后玛利亚的第二任丈夫）及他率领的少数十字军战士。其他的十字军战士则不断发起冲锋，不断被撒拉丁的军队击退。在绝望之中，耶路撒冷国王古伊使出了最后一招，他召集了一群骑士，在山坡上摆开了一个庄严的阵势，正中央竖起"真十字架"。这一招果然有效，整个十字军队伍一下子团团围着"真十字架"乞求"上帝显圣"，上万人的军队像在做一场巨大的露天弥撒，毫无战斗队形。撒拉丁认为十字军已经垮了，即命令主力部队全部投入战斗，从四面八方冲向敌军。可是，他很快发现十字军仿佛从"真十字架"汲取了力量，拼死向他们队伍发起冲锋，企图冲出重围，几万大军混战厮杀，战况空前惨烈。空中飞驰的箭矢，燃烧的火圈与烟雾，人喊马嘶声、兵器撞击声汇合在一起，震撼天地，整个战场弥漫着冲天的烟尘……根据当年参战的撒拉丁之子阿尔·阿夫达尔后来回忆说：撒拉丁在战场附近的高坡上督战，紧张地注视着战场。突然，哈丁村那顶绛红色的帐篷被掀翻了，撒拉丁知道他的梦想实现了，耶路撒冷王国灭亡了。

当撒拉丁下令结束战斗时，两万多名十字军除极少数骑士逃出战场外，绝大多数不是被杀就是热死在沙漠里，或者当了俘虏。古伊、雷诺和吉拉德等人连同那个"真十字架"都成了撒拉丁的俘虏。撒拉丁亲自接待了俘虏中的十字军首领。据说当撒拉丁看到古伊饥渴之貌时，立即递上一碗冰雪玫瑰水，古伊喝了几口之后，递给身边的雷诺。按照阿拉伯的传统，给水或给食物吃就意味着给予生路。因此撒拉丁见状立即对翻译说："告诉他，我没给他水喝，是他（古伊）给的。"撒拉丁当着古伊的面，把雷诺的头砍了下来。吉拉德被要求自由选择，皈依伊斯兰教则可免于一死，吉拉德坚持忠于基督教，即被赐死。几天后，撒拉丁又杀了俘虏中的宗教骑士团的成员，宣布他们是伊斯兰教的死敌。其余的俘虏都被卖为奴隶。由于市场上战俘奴隶太多，奴隶价格出奇的低廉。

哈丁战役决定了巴勒斯坦十字军国家的命运，此后耶路撒冷王国再也无力汇集军队，去保卫散布在各地的城市和城堡了。哈丁战役后，撒拉丁乘胜前进，在短短的二个月中，连续攻占了阿克城、加利利、凯撒利亚、雅发、贝鲁特等城。这年的 9 月 2 日，撒拉丁的大军包围了耶路撒冷。伊玛丁告诉我们：那天，撒拉丁向士兵们发表了演讲，他发誓收复耶路撒冷，并亲自走了一遍先知穆斯默德走过的路。此时耶路撒冷城里实际上已无武装力量，古伊的妻子西比叶和大主教负责这场拼死的保卫战。伊拜林的巴林从哈丁战场上逃出后，来到耶路撒冷城，原准备接走还在城里的妻儿。据说撒拉丁允许他不携带任何武器进城。但他看到城中居民准备殊死保卫圣城之后，便决定留在城中。他要求大主教立即承认他的君主地位后，便铸造货币以保卫城市之用（货币上省略了国王的名字）。撒拉丁得知后，特派了警卫队把他的妻儿接出并送到提尔。

耶路撒冷城的居民抵抗了 10 多天后，终于绝望地投降。伊本·阿西尔记载了这一过程。他说：巴林再次来到撒拉丁处提出了绝望的恫吓。他说，如果我们必死无疑的话，那么我们就先杀死妻儿，然后杀掉所有的居民和城里的 5 000 名战俘。我们要烧掉所有的清真寺，把圣岩寺和欧麦尔清真寺夷为平地，然后我们再与你们决一死战。撒拉丁让步了，决定和平占领耶路撒冷圣城，不对 1099 年十字军的屠城进行报复。10 月 2 日，撒拉丁率军进城。城里的基督教居民被要求交纳赎金赎身，男子每人 10 个第纳尔（金币）；妇女每人 5 个第纳尔，儿童每人 1 个第纳尔。支付赎金后的基督徒可以携带财产在 40 天内离开圣城。圣约翰医护骑士团以英王亨利二世的赠款 3 万第纳尔赎取了 7 000 名穷人。撒拉丁的弟弟阿尔·阿迪尔要求从尚未赎放的基督徒中取得 1 000 名奴隶，此要求获准后，他随即释放了他们。巴林也要求同样的特许，也被接受，于是又释放了 1 000 人。耶路撒冷大主教为自己付了 10 个第纳尔后，带着他的数量惊人的财宝包括基督墓上的金银饰物离开了城市。最后，撒拉丁释放了所有付不起赎金的老人、寡妇和孤儿以及在哈丁战役中死亡或被俘的十字军的妻儿。但最后还有一万多人被卖为奴隶。

被放生的基督徒带着“感激而又痛苦”的心情，含泪告别了耶路撒冷城。他们中的许多人是在这里出生的，早已是这里的居民了，并不想到欧洲去生活。这些人组成的人流缓慢地沿耶路撒冷以北的海岸向北方退去。到提尔时，城里早已人满为患，因此只有能战斗的人才被允许进城。

这些人又继续向北，移向的黎波里，同样那里也因城内避难者过多而不能收容。最后他们到了安条克方被允许进城居住。

当耶路撒冷陷落的消息传到拜占庭后，拜占庭皇帝伊萨克二世（1185—1195 年在位）立即派特使带上重礼恭贺撒拉丁的胜利。据说这批礼物包括 400 副胸铠、1 000 支铁矛、5 000 柄剑、2 只金杯以及大量的高贵服饰。拜占庭皇帝要求撒拉丁把耶路撒冷的基督圣墓及教堂交给希腊正教教会管理。撒拉丁迟疑了一段时间后答应了这一要求。当撒拉丁的部将要求捣毁耶路撒冷基督圣墓及教堂时，撒拉丁则认为基督徒崇拜的是这个地方，不管发生什么情况，他们还会来这里朝圣。圣墓教堂仅关闭了三天就开放了。基督徒可以解除武装进入耶路撒冷朝圣。圣岩寺曾一度被改为基督教堂，现在被洒以玫瑰香水，顶上的金色十字架被拆除了。10 月 9 日，伊斯兰教主麻日那天，阿克城清真寺内举行了隆重的宗教仪式。十字军建立的基督教堂被改为清真寺和马德拉萨。

撒拉丁占领耶路撒冷不久，便带着他疲惫的军队继续北上，征战的黎波里和安条克。但他很快发现，解决巴勒斯坦的十字军据点，需要很长的时间，他的军队一时还做不到。于是他决定与安条克的波希蒙德议和（由于的黎波里的雷蒙从哈丁战场逃回后不久便含悲而死，的黎波里与安条克便由康斯坦丝之子波希蒙德一人统领），按照合约，十字军仍保有安条克、的黎波里、提尔及一些城堡。之后，撒拉丁遣散了大部分军队，退隐到了大马士革。

第六章　第三次十字军东征

一、英、法、德三国与第三次十字军东征的发动

哈丁战役惨败和耶路撒冷王国陷落的消息很快传到了西方世界。当这一消息传到罗马教廷时，年迈的教皇乌尔班三世（1185—1187 年在位）既悲又惧，一命呜呼。继任教皇格列高利八世（1187 年 10—12 月在位）一上台就号召组织新十字军，向西方基督教世界遍布通谕。他在通谕中陈述"圣地"失守的严重性，号召基督徒拿起十字架、拯救圣地。他许诺对十字军参加者给予赎罪，其财产得到教会的保护。为保证东征费用的落实，格列高利八世宣布凡不能亲自参加十字军的人都须缴纳"撒拉丁税"。但格列高利八世在位仅两个月，还来不及贯彻他拯救圣地的计划，就于当年 12 月死了，继任的教皇是克雷门特三世，他遵循前任教皇的步伐，希望在天主教世界再次掀起"圣战"狂潮。与此同时，东方十字军国家派遣的特使——提尔的大主教约塞斯也来到了西欧，在与罗马教皇会晤后，便带着教皇的旨意，效法隐士彼得，到法、英等国活动，叙述他目睹的苦难，劝说他们派兵营救。

一场新的十字军运动就这样又开始了。然而时值

12 世纪末期的西欧已与乌尔班二世的时代完全不一样了。天主教会的苦心布道已经激发不起下层民众“为信仰而战”的狂热之情了。当时，西欧城市的复兴为农民们提供了一条更为现实的改善处境的途径，这就是逃往城市，或通过一系列的合同，由敕书、法律、习惯、特许证而获得自由。农民们自己组成村庄或城镇，在西方各地均可见到这种市镇。农民们有了获得自由的希望，他们越来越远离十字军运动。在他们眼里，解救圣地似乎只是国王们、贵族们与教会的事了。从 12 世纪末开始的以后几次十字军运动，其主要力量是骑士、贵族，西欧的君主们则常常成为十字军运动的参与者和积极支持者。另外，意大利北部的城市共和国也积极参加十字军，他们是东方贸易的主角。正因为地中海地区的贸易有着令人着魔的吸引力，意大利的这些城市共和国才刻意培养起自己的“宗教热情”。不过他们一般并不直接参战，而是甘做军事后勤，为十字军提供粮食、武器、攻城器械和运送人员等等。

参加这次十字军的主要是西欧三大王国的君主：德意志国王、神圣罗马帝国皇帝“红胡子”腓特烈一世（1152—1190 年在位），英国理查一世［狮心王］（1189—1199 年在位）和法国国王腓力二世（1180—1223 年在位）。当提尔的大主教约塞斯到达英、法两国鼓动十字军时，英、法两国的君主正在为领地而进行激烈的战争。

英法之间的领地纠纷始于诺曼征服。1066 年，定居法兰西北部诺曼底公国的诺曼人征服了盎格鲁—撒克逊人的英国，诺曼底公爵威廉（1027—1087 年）在英国建立了他强大的统治。1154 年,威廉的外孙亨利二世(1154—1189 年在位)继承了英国王位,开始了金雀花王朝在英国的统治。亨利二世是法国最大的封建主,其父是法国安茹伯爵高弗黎(1113—1151 年),母为英王亨利一世之女玛蒂达(1102—1167 年)。通过继承关系,他拥有法国的安茹、诺曼底等大片土地。1152 年他与法国阿奎丹公爵领的女继承人埃丽诺结婚,由此获得了法国西南部的大片领土。这样,亨利二世统治着法兰西的整个西半部,所辖面积竟比法王领地大出 5 倍。这种领地问题直接播下了英法之间不和的种子,同时又形成了英法之间的错综复杂的关系,金雀花王朝的国王既是英国的最高君主,又是法国国王的附庸。这种关系对英法两国的历史发展产生深远的影响。

法兰西王国是西欧最重要的国家之一,9、10 世纪北欧的诺曼人大举入侵西法兰克王国,加洛林王朝抵抗不力,威信一落千丈,而卡佩家族则率众殊死抵抗,特别是 885 年他们解了巴黎之围,顿时声誉鹊起。一个世纪后,987 年,巴黎伯爵休·卡佩被推举为王,以卡佩王朝取代加洛林王朝,从此才有了法兰西国家之称(西法兰克王国并非法兰西,法兰西国家之名称是从 10 世纪开始的),法兰西开始了一个近两百年的统一和王权强化的过程。从 11 世纪末开始,法国城市发展起来了,许多著名的工商业城市出现了,北部佛兰德斯地区的城市成为欧洲的毛纺业中心;诺曼底的一些城市麻纺业特别发达;在西南部,随着葡萄种植与酿酒业的发达,形成了波尔多和图卢兹等大城市,这样法国各地逐步出现了地区性的固定市场体系,并以巴黎为中心,全国又趋向形成统一的国内市场，经济上的统一趋势成为国家走向统一的物质基础。腓力二世继位以后，充分利用这一优势，采用通婚联姻，巧取豪夺等手段扩展自己的疆土，他从佛兰德斯伯爵手中夺取了阿图瓦，攻占了盛产小麦的韦尔曼杜瓦和亚眠土地，又从香槟伯爵那里夺得了几个据点，剩下的主要是与亨利二世的英国较量了。

腓力二世是个工于心计的人，他首先利用亨利二世与其长子理查的对立，派出远征军支持理查，从亨利二世手里夺取了奥弗涅等领地。因此，当提尔的大主教约塞斯鼓动十字军时，英法两国正处交战状态。据说约塞斯在两个国王间申明大义，痛诉伊斯兰教徒在东方残杀基督教同胞，恳求两王携起手来，拯救圣地。当下亨利二世与腓力二世即答应亲自率军奔赴东方。

英法两国握手言和，决定进军耶路撒冷，这一情况从表面来看，这是经过长期战争，两个王国都找到了休整言和而又不失面子的机会。但实质上两王决定参加十字军还有更深层的考虑，腓力二世是希望通过对异教徒的圣战来增强法国王室的统治权，提高法王在国内外的声望，并积累人力、财力和物力准备与金雀花王朝的英国再次搏斗。而就英王亨利二世而言，继位后为加强王权，他全力推进国王和平政策（指凡王国境内的自由人都可以得到国王提供的保护，若有人敢于伤害他们，将处于重罚）；1160 年颁布《克拉伦敦敕令》，该敕令是强化对封臣的控制，贯彻国王的和平的原则，将“国王和平”落实的重要文件；1170 年，亨利二世颁布郡长调查令状，对势力扩张的郡长们进行调查后或重新任命或调离本郡，以消除郡长们对王权的威胁；他通过婚姻继承关系，获得了法国境内的大片领地，但他并不满足于现有的一切，地中海沿岸的其他国家也都在他的觊觎之中。经过他的外交努力，他的一个女儿成为西班牙卡斯提尔国王阿丰索的王后，另一个女儿嫁给了西西里王国威廉二世。他也关注东方十字军国家，以此确保英国金雀花王朝在地中海沿岸国家中的势力。他关注东方十字军国家的另一层原因是他在耶路撒冷王国有一份利益，耶路撒冷王国前国王富尔克是安茹家族的成员。为了这份利益，亨利二世曾多次捐赠巨款作为保卫圣地的经费。早在耶路撒冷陷落之前，他就萌发了东征的念头，曾与他的女婿、西西里国王威廉二世商谈过进军圣地之事，只因后来国内政局不稳才作罢。所以当教皇使臣前来劝说他组建十字军时，他未经多少犹豫便作出果断决定，准备为“上帝”赴汤蹈火。

为了出征后的国内安宁，也为了英法两国的成功合作，亨利二世与腓力二世决定共同进军东方，为区分国别，双方商定：英军的服装上缝白色十字，法军衣服上缝红色十字，随行的佛兰德斯伯爵的军队缝绿十字。为了征集十字军的经费，英法两国积极响应教皇格列高利八世的“号召”，向广大民众征收“撒拉丁什一税”。

但是英法两国的矛盾由来已久，远非一时的热情所能弥合。1188 年 6 月，亨利二世的次子理查联合法王反抗其父，不肖之子的反叛使亨利二世怒火中烧。1189 年 7 月，法王腓力二世占领英王领地上的图尔等地，又病又恼的亨利二世被迫议和，两天后他在悲哀中去世。

亨利二世死后，英法二国的关系稍有缓和。1190 年，理查登上英国王位后，立即宣布停止与法王的争端，并与法王腓力二世商议出征东方事宜。为了筹措经费，理查费尽心机，根据教皇圣谕，在整个英国以及英王在法国的领地，掀起了为上帝缴税的浪潮。然而民众已经完全丧失了对圣地的热情与幻想，解救圣地早已成了国王与教会的事，因而他们以逃亡、反抗等各种形式拒绝交纳“撒拉丁什一税”。为了东征费用，理查实际上“拍卖”了英格兰王国，他卖官鬻爵，出售国内的各个官司职，把城堡、庄园和特权出卖或抵押出去。他甚至宣布：只要有适当的买主，他愿意出卖伦敦！当然在此时刻，犹太人仍然是首当其冲的受害者，在 1190 年 3 月，约克已发生屠杀犹太人的事件。

1190 年 7 月英法两军在勃艮第的韦兹莱会师，随后兵分两路挥师东进。此时，耶路撒冷已经沦陷三年了。就在英法两国的东征一拖再拖时，德意志十字军单独踏上了东征的道路，德军的统帅是皇帝腓特烈一世。他是德国霍亨斯陶芬王朝最有影响的皇帝。此人红眉白脸，目光犀利，赤发卷曲，红髯飘逸，生就一副好斗的模样，意大利人给他取了个名字叫“巴巴罗萨”（意为红胡子），这个名字后来成了 1941 年法西斯德国发动对苏联侵略战争的行动计划代号。

1152 年，腓特烈一世[红胡子]继位为德意志国王，1155 年受教皇尤金三世加冕，正式获得神圣罗马帝国皇帝的称号。他在位 30 余年，曾 6 次入侵意大利，力图控制富庶的意大利北部城市，以增加皇帝的财政收入。他在 65 岁时雄心勃勃地参加了第三次十字军东征。在第二次十字军东征期间他曾以士瓦本公爵的身份随同其父康拉德三世到过巴勒斯坦，但那次东征未果而归，使他感慨万分。现在他以世界帝国的君主自居，认为保卫圣地是他当然的事业，他甚至不屑与英法君主结伴同行，只想自己独占战胜异教徒的英名。1188 年 3 月 27 日，腓特烈一世在美因茨举行的国会上，宣誓参加十字军，与他同名的儿子（士瓦本公爵）和许多大封建主也纷纷宣誓随同皇帝东征。东征的准备工作持续了 1 年，其间，他把他在德国的最大敌手、大诸侯萨克森和巴伐利亚公爵亨利[狮子]赶到英国，把摄政权交给他的儿子亨利（即亨利六世）。1188 年 8 月，在戈斯拉尔宫廷会议上，腓特烈向亨利[狮子]提出：或出钱参加十字军，或把部分财产交给皇帝，或流放 3 年，亨利[狮子]选择后者，于 1189 年 4 月去英国。

1189 年 3 月，腓特烈一世率军取道陆路，从多瑙河畔的雷根斯堡出发，沿着当年哥德弗雷所走的路线向东进发。据说取道陆路是腓特烈一世有意识的选择。西方世界长期流传关于查理大帝到耶路撒冷朝圣的传奇故事。有人认为腓特烈一世选择陆路是希望自己能循着查理大帝的足迹到圣地。腓特烈一世希望他这次能在东方获得胜利，给他带来荣誉和权力。

二、腓特烈一世[红胡子]命丧小亚细亚

40 多年的戎马生涯使腓特烈一世[红胡子]具有了坚强而狡猾的性格，他深知决定战争成败的并不只是兵力的多寡和武器的优劣，战争是一个全方位的系统工程，如果能

将战场以外的各种因素都充分调动起来，转化为对自己有利的条件，那么战争的胜负也就显而易见了。因此，早在出发之前，腓特烈一世就向沿途各大君主发出信函，请求他们为其军队的通行提供便利，并先后与途中必经的匈牙利和拜占庭进行外交谈判。匈牙利国王培拉三世自然不想得罪德意志国王，立即表示同意德军假道匈牙利东进，并为其提供粮食。拜占庭皇帝也表示同意德意志十字军通过拜占庭领土，并以优惠价格向其出售粮秣。为表示诚意，德军也作出了一些姿态，向拜占庭保证，决不对拜占庭作出任何敌意的行动。

腓特烈一世的军队究竟有多少人数，历史上说法不一，一般认为约有 5 万骑兵、10 万步兵，规模相当庞大。人们认为这是十字军发动以来最大的一支队伍，且装备优良，具有较好的纪律，完全不同于前几次十字军中充斥大量非战斗人员的情况。1189 年 6 月 23 日，德意志十字军顺利越过多瑙河，在贝尔格莱德附近进入拜占庭帝国的领土。拜占庭皇帝伊萨克二世对西方十字军早有戒心，对德意志十字军的誓言并不敢深信，甚至是心怀恐惧。当时，他已听说腓特烈一世以“基督教保卫者”自居，与拜占庭的对手塞尔柱[12 世纪末期，塞尔柱人在小亚细亚的安纳托利亚建立了强盛的塞尔柱君主国，定都科尼亚（Konya，古称伊康，Iconium）]苏丹基利什·阿斯兰一世，建立了一种“超越宗教信仰”的联盟关系。腓特烈已从基利什·阿斯兰一世那里获得承诺：德意志十字军可以顺利地经过小亚细亚。当然，后来的事实说明这种传说并不完全属实，但已使拜占庭皇帝深深担忧。

腓特烈一世率军东征之前，东欧大地也出现了事变，1186 年保加利亚贵族发动反对拜占庭统治的起义，在巴尔干山脉以北地区建立了保加利亚第二王国，摆脱了拜占庭帝国的统治赢得了独立。公元 7 世纪，古保加利亚人在酋长阿斯巴鲁赫(约 644—约 700 年)的率领下，打败拜占庭军队，与定居巴尔干半岛的斯拉夫人结盟，建立了斯拉夫—保加利亚王国，是为第一保加利亚国家。1186 年，第二保加利亚国家建立，结束了拜占庭对保加利亚的统治，13 世纪上半叶，国家一度强盛，成为东南欧一个大国，领土东起黑海，西临亚得里亚海，北至多瑙河，南到爱琴海。1396 年，该国被奥斯曼土耳其帝国侵占。约在同一时期，塞尔维亚人在斯特凡·奈马尼亚的领导下摆脱了拜占庭帝国的控制，走上了独立发展的道路。塞尔维亚国于 13 世纪初建立，在国王斯特凡·杜尚(Stefan D Usan，1331—1355 年在位)的统治时期，国势强盛，其疆土几乎占了巴尔干半岛的三分之二，14 世纪末在奥斯曼土耳其人入侵下解体。这两个刚刚走上独立道路的国家，立即引起了腓特烈一世的注意，与他们频频交往，令拜占庭皇帝不安。

西方国家连续以“圣战”之名，在地中海地区争夺霸权，已使拜占庭深受其害。此时的拜占庭帝国国内形势也不容乐观，为抵抗西方十字军在拜占庭国土上的可能侵犯，为尽可能收复已失去的安条克、亚美尼亚等地，皇帝伊萨克二世试图与撒拉丁建立联盟。早在 1185 年 6 月，他就派出特使与撒拉丁商谈结盟及收复原拜占庭在小亚细亚等地的属地。西方组织第三次十字军的消息传到地中海东部后，双方进行了反复磋商，决定结成联盟共同反抗十字军。撒拉丁对结盟之事很是热情，特地为伊萨克捎去丰厚礼物。据称，撒拉丁送给拜占庭皇帝的礼物主要有 20 箱珍宝与青油、300 串珍宝、一箱芦荟、100 只麝香囊、2 万拜占庭金币、2 000 千克胡椒和大量香料，其他还有大象、鸵鸟、豹等动物，最引人注目的是礼物中还有一坛毒酒。这次缔结联盟的谈判还涉及宗教礼仪等问题，即撒拉丁要求在君士坦丁堡的清真寺中采用逊尼派仪式，伊萨克同样也要求耶路撒冷的圣地基督教堂使用希腊教会礼拜式，撒拉丁甚至还把一座布道台运到君士坦丁堡，但不幸的是运输船只途中被热那亚人截住，布道台成了撒拉丁和拜占庭结盟的证据。很快，提尔的城主蒙德・康拉德(Conrad of Montferrat 是古伊之子，原耶路撒冷国王鲍德温五世的大叔。在哈丁战役后两星期，他就率领一支小规模的武装力量在提尔登陆，夺取了提尔的控制权。)把这一情况传到了西欧，时间是 1188 年 9 月，引起西欧对拜占庭帝国的强烈不满。

稍后，德意志国王腓特烈一世决定参加十字军，即向拜占庭通报德意志十字军取道拜占庭、进军叙利亚之事，得到拜占庭皇帝伊萨克的承诺。1189 年 3 月，腓特烈启程前又派人向拜占庭通报德军即将到达东方一事。但是，此刻的伊萨克却处于两难境地，他既不敢得罪德意志国王，唯恐恼怒他而引火烧身；更不想冒犯撒拉丁，破坏了他与撒拉丁之间的结盟之事。因此，伊萨克常常出尔反尔，他既答应为腓特烈一世提供便利，又不让他从博斯普鲁斯海峡进入亚洲，而是让他从达达尼尔海峡进入亚洲;他扣留了腓特烈派往君士坦丁堡的使臣,还派军队破坏德意志十字军所要行军的道路,这些做法使两国关系骤然紧张起来。腓特烈原本性格暴躁,受到如此“待遇”,不由怒火中烧,他数次写信给留守国内的长子亨利,指示他与威尼斯、热那亚、比萨等城联系,征用它们的船只,准备从海陆两路进攻“背信弃义”的拜占庭。拜占庭和腓特烈的冲突已达到了剑拔弩张的紧张时刻。但罗马教皇不愿让这位自己的对手在拜占庭捞到好处,便竭力阻止双方的冲突,热那亚、威尼斯和比萨等城在拜占庭有着各自的经济利益,一时也不愿去冒此风险,腓特烈一世只好作罢。

直到 1190 年 3 月,腓特烈一世与伊萨克二世终于签订合约,德意志十字军由亚德里亚堡出发,行军数百里之后,由拜占庭海军帮助渡过达达尼尔海峡,进入小亚细亚。与此同时,伊萨克还致信撒拉丁,再次提醒他,拜占庭在君士坦丁堡的清真寺重新确立了逊尼派礼拜仪式,重申拜占庭对伊斯兰教徒的友好态度,并解释他是迫不得已才让腓特烈通过他的国土前往亚洲的。进入亚洲之后,德意志十字军沿着小亚细亚西部崎岖的山路艰难跋涉,开始了更为艰辛的行程。塞尔柱帝国的苏丹基利什·阿斯兰虽在先前曾答应为腓特烈提供便利,但只是口头承诺。与前两次十字军一样,德意志十字军在饥渴中缓缓向“圣地”进军,途中不时遭到塞尔柱人的袭击,死伤过半。

1190 年 6 月 10 日,德意志十字军到达亚美尼亚王国的塞留西亚平原,就在这里发生了一件意外事件。在一条名叫塞勒夫的山涧小溪边，年近七旬的腓特烈下马准备休息，不知何故，竟然溺死在湍急的水中。关于腓特烈溺死的原因有许多说法，较主要的说法有：一说德皇坐船渡河时，因小船倾覆而溺水身亡；一说是德皇来到塞勒夫河时，气候酷热他跳进河去沐浴，可能因为河水太冷，使他身体受到损伤而被淹死。另外还有“在渡口马失前蹄”“饭后洗澡不慎”所致等说法。

撒拉丁把腓特烈的死看作是真主的安排，丧失统帅的德意志十字军顿时乱成一团，成千的骑士开溜返回欧洲，另有一些人乘船去了提尔的，与腓特烈一世同行的、与他同名的儿子士瓦本公爵腓特烈汇集了剩余的德意志十字军，蹒跚地从塞留西亚平原向南行进，直到 6 月底才到达安条克。据说士瓦本公爵腓特烈为了帮助其父完成到达圣地的誓言，从水中捞起其父的尸体，用醋浸泡放在木桶中，随军带到了安条克，不料尸体腐烂，不得不就地埋葬。更不幸的是那年夏天，安条克正爆发流行病(通常的讲法是鼠疫)，不少十字军骑士又葬身于安条克。就这样，一支浩大的德意志十字军，一路上损兵折将，最后只有几百名骑士与士瓦本公爵腓特烈一起来到了阿克城，参加阿克城围城战。

三、攻占阿克城与阿尔苏夫战役

早在 1188 年，英、法国王就已从提尔的大主教约塞斯手中接过十字架、宣布参加十字军，但新的冲突延误了他们的出征，直到 1190 年，英法十字军才先后启程向东方进军，他们约定取道海路，在西西里岛会合后前往巴勒斯坦。

9月，英、法十字军相继开抵西西里，在西西里岛的墨西拿（位于西西里东北角）附近安营扎寨，准备在这里过冬。

西西里岛具有十分优越的地理位置，中世纪时期，这里盛产粮食，是欧洲的富庶之地。自古以来，西西里与南意一带是地中海地区各民族和文化移动、交汇的场所。早在1016年，诺曼人便从诺曼底辗转涉足于此。1029年，诺曼人在南意获得了首块永久性居留地阿韦尔萨。此后不少诺曼人迁居于此。1059年，诺曼人奥特维尔家族的罗伯特·圭斯卡德与罗马教廷联盟，开始称阿普利亚和卡拉布里亚公爵，1091年，其弟罗哲尔一世率诺曼部众经过30年苦战，征服了西西里全岛。罗哲尔一世之子罗哲尔二世执政时期，首次把南意大利大陆部分与西西里岛的诺曼人征服地区统一起来，1130年正式创建了地跨墨西拿海峡的西西里诺曼王朝。诺曼王朝与英、法、德的联姻，使得王位继承问题相当突出，加上它的富庶与地理位置，这里便成了欧洲大国与教皇争夺的焦点。

1190年英、法十字军到达西西里时，这里刚刚发生过一场政权纷争。事情是这样的：1189年11月西西里国王威廉二世去世，德王腓特烈一世之子亨利（亨利六世）便以西西里公主康斯坦丝之夫的名义要求拥有西西里的统治权，而岛上贵族则拥立威廉二世的非婚生堂弟坦克雷德为王，并获得了罗马教皇克雷门特三世的承认，因为教皇竭力反对自己的敌人德国君主在西西里扩张势力。这场王位之争原本已经平息，但理查却以已故西西里国王遗孀，即他妹妹琼的合法权利的保卫者自居，对西西里王位提出要求。

理查很快找到了在西西里使用武力的机会。十字军在西西里到处横行，激起了当地居民的不满，双方时常发生冲突，理查认为这正是“保卫妹妹合法权利”的好机会，便下令从海陆两路包围并进攻墨西拿城，占领了墨西拿，并企图乘胜进军将战事扩及整个西西里岛。理查在西西里岛上的所为引起法王腓力的嫉妒与不满。

英、法在西西里明争暗斗之际，德王腓特烈一世溺死在小亚细亚的消息传到了西西里，对此两国君主并未感到惊讶。然而不久，另一消息却震惊了理查，继任的德王亨利六世率大军逼近意大利和西西里。亨利六世是 1189 年秋天为其父摄政的，时年仅 24 岁。他身材矮小，外表柔弱，多才多艺。但在政治上却表现出强硬的性格，他不愿放弃他妻子的继承权，因此一得到其父去世的消息后，立即准备南下意大利。但他一直到 1191 年 1 月才到达意大利的伦巴第地区，首先赢得了意大利北部城市，特别是热那亚和比萨的支持。1192 年 2 月，亨利六世越过亚平宁山脉继续南下，以便获得罗马教皇的加冕。由于教皇克雷门特三世已于 1191 年 3 月去世，枢机主教中年龄最大的，将近 90 岁高龄的塞勒斯廷三世当选为新教皇。塞勒斯廷原本反对德王的霸权政策，为回避为亨利六世加冕，据说他还推迟了自己的授职礼。亨利六世与罗马人达成协议，把托斯库卢姆城交给罗马人，以换取罗马人对其的支持。1191 年 4 月，亨利六世迫使塞勒斯廷三世为其举行了加冕仪式。之后，亨利六世旋即进军西西里，包围那不勒斯。后因夏季到来，瘟疫突起而被迫撤军，返回伦巴第。在米兰，他与从巴勒斯坦返回的法王腓力二世会晤，准备合力对付理查。1194 年 2 月，西西里国王坦克雷德去世，其子(威廉三世)尚未成年。5 月，亨利六世利用英王理查的赎金再次启程远征意大利，征服西西里王国，威廉三世被遣送德国。12 月，亨利六世如愿戴上西西里王冠。

1191 年春天，英、法十字军先后启程，法军于 4 月 20 日到达阿克城。法军出发 10 天后，理查也率军出发，向东至克里特岛，稍事休整，然后东渡到罗得岛，继续东进。不料狂风暴雨吹散了理查的船队，有三艘船在满是岩石的塞浦路斯海岸搁浅。岛主伊萨克·达凯斯·科穆宁是拜占庭帝国的皇族成员。1182 年成为西里西亚(位于小亚细亚南部沿海)的统治者。随后，他依靠圣殿骑士团的帮助，伪造文件，兵临塞浦路斯岛，声称自己是君士坦丁堡派来的新总督，迫使岛主交出政权。1184—1191 年伊萨克·达凯斯·科穆宁曾脱离拜占庭而独立。伊萨克·达凯斯·科穆宁任由百姓抢劫船只，并拒绝给理查的未婚妻那瓦尔公主贝伦加里亚和他的妹妹琼提供避难。她们乘坐的船只被驱赶到利米索尔港(位于塞浦路斯岛南部)。听到这一消息，火冒三丈的理查当下集结所有船只在利米索尔港登陆，迅速攻占了塞浦路斯岛。随后，这位有着异乎寻常的闲性的国王在岛上举行了婚礼。理查从拜占庭手中夺取塞浦路斯，对十字军国家的影响是巨大的，正是靠着塞浦路斯的粮食供应，使得残存的十字军城市得以维持下去。

直到 1191 年 6 月 8 日，理查率领的十字军到达了阿克城，这时十字军围攻阿克城的战争已经持续两年了。

阿克城位于提尔以南，原是耶路撒冷王国最富裕的滨海城市，哈丁战役后落入撒拉丁之手，成为撒拉丁重要的海岸要塞。而耶路撒冷治下唯一未被撒拉丁攻占的城市提尔，则成为基督徒的重要据点。自罗马教皇号召第三次十字军东征以来，许多欧洲十字军在德、英、法大军到来之前，已经来到巴勒斯坦，大多集结在阿克城外，其中较为重要的有西西里于1188年派来的援军(包括200多名骁勇善战的骑士和大批舰船)。这些军队聚集在古伊麾下。古伊原本是耶路撒冷国王、提尔的最高领主，1185年底被撒拉丁释放后，他立即要求提尔的主权，但被城主康拉德拒之城外。康拉德声称他是代表即将来临的第三次十字军而守城的，此城归属应由德、英、法君主裁定。古伊在万般无奈之下，只得南下，于1189年6月来到阿克城外，准备夺回阿克城作为自己的立足之处。阿克城所处的地理位置十分优越：南部和西部面临大海，东部与北部筑有又高又厚实的城墙。海上和陆上都有城门。撒拉丁夺取阿克城后，又对阿克城城墙进行了加固，并加强了守城兵力，增加了储备，尽管阿克城防守严密，不易破城，但古伊还是坚持围攻阿克城，因为西方基督教援军不断赶到，阿克城外集中起了几乎欧洲各国的十字军：英、法、德、丹麦、意大利北部的商业城市，佛兰德斯、匈牙利等国都有人参战，东西方的舰队也几乎都集中在这一海域。十字军骑士围绕阿克城墙扎营，在阿克城外建起了一个庞大的城市，建造的几乎像一个永久性的城市，有教堂，有陈列着东方商品的市场。阿克城内的伊斯兰军队顽强抵抗，他们与外界的联系已被切断，仅靠信鸽传递信息。撒拉丁所率的援军未能攻入城中,只能驻扎在十字军军营东面,双方在野外展开各种战斗,但都未能占据绝对优势。据汤普逊研究认为当时大约有 60 万大军屯聚在阿克城外。

在这次攻城战中,出现了一个奇特的现象:基督徒与伊斯兰教徒都不再把对方看作是妖魔鬼怪,双方都对对方的勇敢顽强倍加赞赏。偶尔休战时,他们还友好相处,互相开玩笑。就是在交战期间,商业关系也依然存在。

1190 年 10 月,德意志十字军残部在士瓦本公爵腓特烈率领下到达阿克城。几天后英国坎特伯雷大主教率领的军队也赶到了阿克城。十字军军营人数剧增,伴随而来的是饥荒和流行病,许多人病死在营中。到 1191 年 1 月,德国士瓦本公爵腓特烈也病死在营中,德意志十字军由他的堂弟奥地利公爵利奥波统率。1191 年 4 月到 6 月,英、法十字军到达阿克城。尽管那些早来的十字军骑士抱怨理查和腓力来得太晚,但还是把攻城的希望放在他俩身上。两个国王的到来,不仅增援了十字军的力量,还带来了大批船只和攻城器械。然而,在攻城战进行过程中,英、法两位君主的明争暗斗也更为突出。腓力企图以每月 3 个金币的价格收买理查的士兵,引诱他们放弃英国战旗为法军战斗,理查则以更高的价钱,每月 4 个金币给愿意参加英国之狮的法国骑士,这种无益的攀比竞争极大地破坏了十字军士兵的战斗力。攻城战中,理查甚至宣布,谁从阿克城墙上拆一块砖,就能得到同等重量的黄金。金钱比圣战更能刺激十字军骑士的疯狂。终于 7 月 12 日阿克城守军向十字军投降。十字军提出的条件是：双方停战 40 天，撒拉丁须交出 2 000 名人质作为停战保证；归还哈丁战役被撒拉丁夺去的“真十字架”；赔偿 20 万金币；释放阿克城中的所有基督教战俘；伊斯兰守军离开阿克城。

攻占阿克城是第三次十字军东征中最重要的事件。这是基督徒和伊斯兰教徒两大势力在巴勒斯坦地区的一次较量。在这场战争中，撒拉丁集中了大批阿拉伯、埃及、土耳其等地的军事力量，而十字军营垒中则集中了当时西欧主要的战斗力量。从阿克城战争中可以看到：十字军骑士的宗教狂热已经冷却下来，不再以多屠杀异教徒为荣耀。

攻占阿克城后，十字军内部的矛盾更为突出了。奥地利公爵利奥波看到阿克城头飘起理查和腓力的旗帜后，也把自己的旗帜插在阿克城头，以保证分到一份战利品。理查见状一把把它扯下来，扔进了护城河。腓力二世尽管不同情利奥波，但被理查的傲慢所激怒。与此同时，古伊和康拉德也在激烈地争夺耶路撒冷王位，尽管这已是一个空衔。这场争执把英、法君主也卷了进去。理查支持古伊，腓力则站在康拉德一边。在一片混乱中，法王腓力称病，宣布回国，但他把一部分法国十字军留在巴勒斯坦，由勃艮第公爵兼香槟伯爵亨利指挥，意在使理查“宽心”，他要趁理查远离西欧之际在背后给理查以重拳。在回国途中，腓力在意大利的米兰与德王亨利六世会谈，准备合力对付理查。据说，法王取得了德王亨利六世的承诺，英王自巴勒斯坦回国，如途经帝国领土，就加以俘虏。

理查以西方唯一的国王身份统领欧洲十字军，他加强了阿克城的防守，在阿克城内恢复了西欧天主教礼拜仪式，然后以 2 000 多名人质的生命向撒拉丁索取钱财，当撒拉丁未能满足他要求时，理查大开杀戒，下令屠杀战俘及他们的妻儿。这种野蛮的屠杀在当时已很少见了。1191 年 8 月 22 日，理查率军离开阿克城，沿海岸向耶路撒冷行进。这是一支人数众多、装备精良的队伍。9 月 7 日，十字军与伊斯兰军队在阿尔苏夫的一片开阔地相遇，两军迅即摆开阵势。十字军主力首次以新型的列阵出现：弓箭手（步兵）作为掩护屏障，列于阵前；其后是重骑兵，当重骑兵发起冲锋时，弓箭手就让开一条道路。圣殿骑士团列于阵右，欧洲十字军骑士列于阵中，医护骑士团列于阵左。理查亲自指挥战斗。撒拉丁很快看出了这种步兵与骑兵协同作战的优势，便将阿拉伯和埃及步兵与马穆鲁克（意为奴隶）弓箭骑兵联合起来，以猛烈攻势力图打破十字军的列阵，并加以各个击败。但是在激烈的战斗中，轻装的伊斯兰军队很难敌得过协同作战的欧洲铠甲骑士。撒拉丁的传记作家巴哈丁记载："十字军都穿着沉重的铠甲，我们的箭无法损伤他们。我看到一些十字军士兵的背上都有十来支箭。"伊斯兰军队被打败了。阿尔苏夫战役是自哈丁战役以来唯一的一场野外战役，成为十字军东征中西欧骑士最值得自豪的一战，理查的名声由此大振。

阿尔苏夫战役使基督教军队大受鼓舞，理查试图进一步扩大战果，他曾两次组织兵力进军耶路撒冷，但都因十字军内部彼此之间的敌意以及理查那种叫人无法忍受的傲慢而中途撤军。据说第二次远征耶路撒冷时,军队已到达了距耶路撒冷仅 20 千米处,因撒拉丁早已把沿途的水井和贮水池填塞,在缺粮断水的情况下,十字军部队无精打采,举步艰难。军队专门为进和退的问题在伯利恒开了会。会上,十字军将领们选择了后者,撤退马上开始了。撤离前,理查骑着马来到一个小山坡,遥望耶路撒冷城。据说他不断用盾牌掩面而泣。有人为这是理查无法进入圣城而内心痛苦的表露。而实际上,理查本人并不打算冒险征服耶路撒冷,因为他的给养完全依靠舰队,军队不可能远离海岸。理查自知无法征服圣城,便决定将军队撤回海边,把夺取沿海城市作为此后征战的主要目的。十字军转而攻占了雅法和阿什克伦。

据记载,理查在攻打雅法中表现出了西欧骑士的极大的勇气和战术。当理查听到撒拉丁攻打雅法,并在两天之中夺取该城时,他立刻召集士兵,舰队抵达港口时,理查一边高喊"落后者死",一边跃入海水中,尽管海水深达腰部,他仍挥舞那把有名的丹麦利斧,击倒所有抵抗他的人。"有的人被从头盔到牙齿劈成两半,有的被砍去了手臂,也有的被砍掉了身体的其他部分"。撒拉丁看到理查的马已战死而徒步战斗,便送上一匹战马,说道:"如此英勇的战士徒步而战乃是耻辱。"但第二天,撒拉丁的援军赶到,理查不得不再度求和。据说,理查病了,发着高烧,叫喊着要水果。撒拉丁听说后,为他送去了桃、梨等水果,还派遣了他自己的医生去照顾理查。

四、理查[狮心王]与撒拉丁签订合约

阿尔苏夫战役后，撒拉丁失去了以前那种气盛的势头，各地的埃米尔纷纷自立，长年的戎马生涯极大地损害了他的健康，厌战情绪油然而生。耶路撒冷的收复，已使伊斯兰世界感到荣光，“吉哈德”再也不能激起伊斯兰教徒的热忱了。理查[狮心王]与撒拉丁都有了求和之意，理查甚至愿意将自己的妹妹琼许与撒拉丁之弟阿尔丁为妻。此事虽未成，但双方书信往来频繁。理查致信撒拉丁说：“地方糜烂，生灵涂炭，东方人与西方人都受到了伤害。事实真相已经大白，战争症结无非是耶路撒冷、十字架和领土三件事。耶城是我们的圣地，即使我们只剩一兵一卒，也不愿放弃。至于‘领土’，我们愿以约旦河为界。十字架在你们看来不过是一块木头，没有什么意义，而对我们，却是伟大的圣迹，请归还我们。让我们从这长期的苦痛中得到休息。”撒拉丁的答复是：“耶路撒冷归我们比归你们更重要，因为它是我们先知升霄的地方，又是众天使集合之地，我们绝不能放弃。至于‘领土’，那本来就是属于我们的，你们趁伊斯兰衰退而夺之。说到十字架，毁灭它是我们至善的功德，我们断不愿忽视它。”

尽管双方的措辞还是那样强硬，但实际上都已感到他们都是以同样的社会秩序生活着，互相之间并不能消灭对方。因此双方都不愿再战了。1192 年 9 月 2 日，理查与撒拉丁签订了为期 3 年的合约。按照合约，耶路撒冷王国的法兰克人保有从提尔到雅法的一条约 10 英里宽的狭长地带，首都定为阿克城，历史上将这个十字军国家称为“第二

耶路撒冷王国”。合约还规定，耶路撒冷城由埃及统治，但基督教朝圣者和商人可以随意到耶路撒冷朝圣。真十字架归还圣地教会。合约签订后，许多十字军骑士不带武器进入耶路撒冷朝圣。人们还以酒宴、马上比武等方式庆祝和平，理查的编年史家道：“唯有神能知道双方人民无法言喻的快乐。”

理查在合约签订之后不久就启程回国了，时间是1192年10月9日。返程中，因遇风暴船只失事，不得不乔装成圣殿骑士团战士，带着4个随从在达尔马提亚登陆，试图取道德意志回国。不幸被人认出，落入奥地利公爵利奥波德手中。不久，利奥波德又把理查交给他的最高领主德王亨利六世。亨利六世马上要求英国交出15万马克的巨额赎金，方能释放理查。这笔赎金相当于英国王室两年的收入。

第三次十字军东征就这样结束了，此后再也没有这么多的国王和贵族去东方圣战了。第三次十字军东征使东方十字军国家由三个(耶路撒冷、安条克和的黎波里)增加了为四个，第四个就是塞浦路斯国。这4个基督教小国之间也是矛盾重重，但他们都不再要求西方基督教国家的援军了。在此后的一个世纪里，他们基本上是维持现状。

第三次十字军东征的结果，在巴勒斯坦的伊斯兰教徒当中并没有引起大的震动。1193年3月，撒拉丁病死在大马士革。撒拉丁死后，他的帝国迅即瓦解了。

第七章　第四次十字军东征

一、第四次十字军东征的兴起

1198年1月，年仅37岁的罗塔里奥·德·西格尼当选为教皇，称英诺森三世（1198—1216年在位）。英诺森三世出身意大利贵族，叔父是前教皇克雷门特三世。他相貌英俊、仪态庄严，只是身材瘦小些。他先后就学于巴黎大学和波伦亚大学，以口才杰出与法律、理性知识渊博著称。他应对时局与处理教廷事务的"刚健、敏锐和明智"，使他成了罗马教会中最有权术、成就最大的教皇之一。

英诺森三世一上台就筹划新的十字军远征，他发布了自己的第一份通谕《在悲痛之后》，他生动描述圣城耶路撒冷所遭的劫难，痛陈基督教世界的耻辱，号召所有基督徒都要为了"解救圣城"，远征耶路撒冷。他一改其前任作风，不再单纯地强调苦行赎罪，而是强调上帝授予所有亲自承担起这次征战与花费的人们完全的罪责赦免权。为此他命令各修道院、教会与神职人员都要献出其财产和收入的四分之一，作为捐税支援东征，"否则将受到教皇法庭的严厉审判"。他自己则表示：愿献出私产的十分之一，以拯救东方的"基督教兄弟"。英诺森三世还通谕拜占庭皇帝阿历克塞三世，要求他为十字军远征提供人力、物力，并把君士坦丁堡教会归并入罗马教廷。1199 年，英诺森三世特地给耶路撒冷大教长发出通谕，通告他：十字军会直接帮助他。可是这位大教长对此很冷淡，在信函中说，十分感谢教皇，“但十字军不是必需的”，他以为“倘若我们能保证伊斯兰领地的安全，萨拉森人是会愉快地从圣地撤出的”。居住在巴勒斯坦的法兰克贵族也希望与本地人和睦生活。这些并非英诺森三世所要听到的信息，他依然我行我素。

如同前几次东征一样，布道者滔滔不绝，以煽动性的说教鼓动贵族远征东方。这里，值得一提的是纽伊的富尔克主教。他是一位野心勃勃的教士。他在法国四处巡回宣传，发动新的十字军东征。他善于揣摩教皇英诺森三世的心思，教皇也赋予其全权。然而，西欧主要国家的君主对圣战的宣传十分反感。德意志国王腓特烈二世尚未成年，国内两个敌对派别（归尔夫派与吉贝林派）的斗争正酣。参加过第三次东征的法王腓力二世，对新的东征兴趣索然。英王理查一世[狮心王]对富尔克的规劝戏弄、嘲笑：“你劝我抛弃三个爱女：骄傲、贪婪和放纵。我要把它赠送给最有资格得到它的人：骄傲送给圣殿骑士，贪婪给基斯陶克斯的僧侣，而放纵则给高级教士们。”

1199 年 11 月底，艾克雷（Ecry，今德国阿斯菲尔德城）举行骑士比武大会。在飘扬的旗帜中，贵族们演绎军事竞赛，举行盛宴。许多人前来观看，富尔克也闻讯赶来。他抓住这一良机发表狂热演讲，号召大家参加新的远征。年仅 22 岁的香槟伯爵狄奥巴尔德热情、好激动，他受父、兄榜样的鼓励(其父参加过第二次东征,其兄香槟的亨利带着耶路撒冷国王的称号死在巴勒斯坦),第一个走上前去拿起了十字架。接着,他的挚友布卢瓦伯爵路易也拿起了十字架。随后,其他贵族如孟福尔的西门、香槟的维拉杜安、佛兰德斯伯爵鲍德温等人也纷纷拿起十字架。据说在场的 2 200 个骑士中只有 155 人拒绝参加十字军远征,骑士们以马上比武的方式表达了对首领们发出誓言的响应与支持。这样,一支骑士队伍组织起来了,他们把权力交给了 6 个代表,让他们全权指挥整个行动。经过反复商讨,骑士们决定远征的目的地为埃及。因为,圣地耶路撒冷已由埃及苏丹管辖,而埃及阿尤布帝国因饥饿、内战已被削弱。他们明了陆路远征的艰辛与危险,只有争取意大利城市的支持,租用他们的船只才能去目的地。于是,6 位代表立即前往威尼斯,请求这个海上强国的帮助。

二、威尼斯与十字军

威尼斯位于意大利东北部亚得里亚海北端的小岛及环礁湖的泥淖上,在波河与阿迪杰河河口稍北些,可防卫来自陆上与海上的攻击。在日耳曼人横扫北意大利之际,一些居民便逃往环礁湖的岛屿避难。之后,移居环礁湖岛屿的居民逐渐发展起航海业与渔业、盐业贸易,建立了自己的地方武装,形成了土地军事贵族阶层,从土地军事贵族阶层中逐渐衍生出一个重要的商业阶层。西哥特人狄奥多利克曾寻求威尼斯岛民的援助,拜占庭帝国皇帝查士丁尼的大将贝利撒留也曾使用威尼斯的船只进攻拉文那。

9世纪末,威尼斯成为一个拥有主权的国家,与拜占庭帝国的关系十分密切。威尼斯公爵访问过君士坦丁堡,接受皇帝对其官职的认可。此外,拜占庭还把官衔、称号赐给威尼斯人,或让威尼斯公爵把自己的子、侄送往君士坦丁堡接受教育,以使拜占庭承认他们是威尼斯的未来统治者。拜占庭帝国赐予威尼斯商人在君士坦丁堡等地的贸易特权,作为回报,威尼斯船只也时常帮助拜占庭运送货物或参与海战。1004年,威尼斯人帮助拜占庭帝国收复了为萨拉森人所占领的意大利东南部的重要港口巴里。这时,意大利的诺曼人已从萨拉森人手中夺取了西西里岛。西西里的诺曼人成了拜占庭在当时地中海上最大的威胁。1082年,威尼斯人向拜占庭政府提供船只与战士,合力击败了诺曼人,收复了亚得里亚海东部港口迪拉丘姆。1084年,威尼斯舰队相助拜占庭军队在科孚岛附近大败诺曼统治者罗伯特·圭斯卡德,把诺曼人逐出了科孚岛。之后,威尼斯商人在拜占庭帝国的港口免除了关税,拥有了“不少直接管辖的领地,它类似近代欧洲享有领事裁判权的殖民地,或在土耳其、埃及和中国的租界”。1147年,西西里国王罗哲尔二世攻占科孚岛、劫掠希腊海岸。为抵御诺曼人的进攻,拜占庭皇帝曼努埃尔一世授予威尼斯特权以换取他们的援助,双方联合击败了诺曼人,重新收复了科孚岛。

12世纪下半叶,拜占庭帝国国力急剧衰退,国内叛乱、篡位时起,内讧争斗不已,地方封建主纷纷称雄独立。1186年保加利亚建立了“第二保加利亚帝国”;1191年塞浦路斯为英王理查所占。经济上,拜占庭的商业贸易也因十字军占领利凡得的一些港口而日渐衰弱。受此影响,拜占庭的货币也因而贬值,为威尼斯、热那亚的金币所取代。在拜占庭帝国陷入内外困境之际,威尼斯越发垂涎地中海、爱琴海和黑海地区的商业特权,攻占君士坦丁堡的计划早已开始密谋。

1201 年 2 月,欧洲的 6 位十字军代表到达了威尼斯。威尼斯总督,一位双目失明(一说他瞎了一只眼睛)的高龄老人恩里科·丹多洛(1192—1205 年在位)在富丽堂皇的圣马克宫接待了十字军使节,他建议东征军在次年圣约翰节(6 月 24 日)在威尼斯集中,威尼斯将建造载运 4 500 匹马和 9 000 名骑士随从的平底大船,另派船只运送 4 500 名骑士和 20 000 名步兵,并且同意提供 9 个月的粮食给养。英国十字军史专家乔纳森·赖利-史密斯在其《十字军史》一书中认为派遣 20 000 名步兵这个数量过于庞大,因此很难相信派往威尼斯的代表会认为这是由自愿参加十字军者组成。他认为在租下这么多舱位容纳步兵时,这些代表应该都默认大部分的兵力是雇佣兵。其实,在 1191—1192 年,十字军已经开始大规模使用雇佣兵。不过,总督开出的价格是:每匹马付 5 个银马克,每个人 2 个银马克,总计 89 500 银马克,威尼斯人给他们打了个九五折优惠,这样十字军需付 85 025 银马克;此外,总督还建议,威尼斯共和国派遣 50 艘兵船组成盟军,参加这次十字军远征。将来,在征战中所得到的战利品,均在盟军间平分。总督提出的条件是苛刻的。单就十字军要支付的费用就十分昂贵。与 1190 年法王腓力二世那次租用威尼斯船只的费用比较,高出了15倍。对战利品的分配以往是1∶3,这次威尼斯人却提出要1∶2。由于时间紧迫,加上热那亚、比萨间的战争,不可能租借他们任一国的船只,否则会遭到对方的打击。6位十字军代表只得硬着头皮答应了威尼斯提出的条件。

就此,威尼斯特地召开了全民大会,圣马可教堂前的广场被上万名市民挤得水泄不通。十字军代表香槟的维拉杜安泪流满面地乞求威尼斯人同意签订“为基督所受委屈复仇”的盟约。在场的威尼斯人激动地双手伸向天空,呼喊“我们同意!”盟约被誊写在羊皮纸上,双方起誓,盖章为证。随后,十字军使节向威尼斯银行借了5 000银马克,作为向威尼斯交付的造船用款。

1201年,十字军首领香槟伯爵狄奥巴尔德去世。在英诺森三世的推荐下,意大利人蒙特费拉伯爵博尼法斯成为这次十字军的首领,被授予十字架与将军的权杖。此人早在29岁就开始过游侠生活,此时已50多岁,阅历丰富,老谋深算,其表弟是法国国王腓力二世。他的两位兄弟,一位是威廉,娶了耶路撒冷的西比叶;一位是康拉德三世,娶了西比叶同父异母的姐妹伊莎贝拉。

1202年6月初,博尼法斯率领意大利人与法兰西人组成的基督联军到达威尼斯。这时,威尼斯也完成了他们的战备任务:修好了马厩,造好了营房,饲料与给养堆满了仓库;运输船只与各类船只也都准备就绪。只要付清运输费用,十字军便可立即启程。但到达威尼斯的十字军总人数只有11 000人,威尼斯坚持十字军必须按原计划的33 500人计算。这样,每个十字军将士就要支付3倍的费用。十字军首领们积极筹措金钱，甚至把自己的金银器皿也拿出来了，但仍短缺 34 000 银马克。威尼斯公爵丹多洛威胁道，不付清欠费，就断绝对十字军的粮食供应。冬季即将来临，聚集在威尼斯的十字军境况相当窘迫。丹多洛乘机提议：十字军可以延期偿付债务，直到他们可以用战利品来偿还，但条件是十字军要帮助他从匈牙利人手中夺回扎拉港（今译为扎达尔，在达尔马提亚地区，今克罗地亚境内）。扎拉港是个大港口，10 世纪末威尼斯曾征服该城。后来，扎拉港投靠匈牙利国王，成为匈牙利重要的出海口，其财富与势力迅速增强。威尼斯担心扎拉与它在亚得里亚海上进行激烈的竞争。达尔马提亚地区拥有丰富的森林资源，是造船材料的重要供应地。威尼斯要控制达尔马提亚海岸，就必须掌握扎拉。据说扎拉地方海盗日益猖獗，严重威胁威尼斯的航运。这更增添威尼斯要攻占扎拉的决心。进攻扎拉港的提议立即引起十字军贵族的轩然大波。许多人认为，扎拉港是信奉基督教的地方，匈牙利国王也宣誓接受了十字架；骑士们反对攻击基督教城市，有些人就此离开了十字军。但十字军首领决定接受这一条件。

1202 年 11 月，庞大的十字军舰队启程。威尼斯的船只上还装载了数量众多的攻城器械。十字军不顾一切地向扎拉港发动攻击，他们砸开了港口的铁链与水闸，战马、部队和军用器械全都涌向扎拉港。经过 5 天的激战，扎拉港陷落，遭到洗劫，战利品被十字军与威尼斯人瓜分。由于该城属于罗马天主教势力范围，因此教皇故作姿态，假意表示一番谴责，而后便不了了之。

十字军攻打扎拉港

1203 年 5 月，威尼斯和十字军最后确定了进攻君士坦丁堡的计划。据说最初十字军拟订的攻击目标是埃及。可是威尼斯与埃及的商业贸易关系密切，不愿运送十字军去攻打埃及。威尼斯最大的商业劲敌是拜占庭，因此总督丹多洛极力将十字军进攻的矛头从埃及引向拜占庭。恰在这时，拜占庭发生宫廷内讧。拜占庭皇帝伊萨克二世被其弟阿历克塞剜去双目，皇权被篡夺，是为阿历克塞三世。年仅 12 岁的皇子侥幸逃到一艘意大利船上，得到了其姐夫德意志施瓦布公爵菲利普的帮助。他提出倘若十字军能帮助他和他的父亲重夺皇位，愿使整个帝国都归顺罗马教会；并许以大笔钱财供十字军使用。小皇子一厢情愿的认为十字军在帮助他们父子复位后会离开君士坦丁堡、继续进攻埃及，因此他表示在进攻埃及的战争中提供援军，并派骑兵守卫圣地。拜占庭皇室的内讧为十字军与丹多洛提供了机会。十字军统帅博尼法斯当即赞成攻打君士坦丁堡。对威尼斯公爵丹多洛来说，这是一个千载难逢的良机。佛兰德斯的鲍德温伯爵、布卢瓦伯爵路易以及圣波尔伯爵等十字军首领也都加入了攻占君士坦丁堡的行列。1203 年 4 月 1 日，十字军在扎拉上船，舰队开往科孚岛。5 月 24 日，十字军舰队由科孚岛开赴君士坦丁堡。

三、血洗君士坦丁堡

十字军启程时共有 480 艘船舰，其中有 120 艘装载马匹的平底大船、240 艘运载军士与兵器的运输船、70 艘满载给养的船只，还有 50 艘紧固的战舰。船舰尾部挂着的各式旗帜(代表国家、民族与家族)迎风飘扬。船上的教士高唱《恳祈造物圣神降临歌》等宗教歌曲。1203 年 6 月 24 日,十字军舰队在君士坦丁堡城市北部郊区加拉大登陆,这个区在黄金角湾北岸,与君士坦丁堡隔水相望。面对君士坦丁堡的宏伟、华丽,西欧骑士们倍感惊讶。有位法国骑士记下了当时的情景:那些从来没有见过君士坦丁堡的人,眼直勾勾地仰望着它,他们看着那高大的城墙、环绕着城市那些雄伟的塔楼、华丽的宫殿和巨大的教堂,简直不相信世界上竟有如此富有的城市。若不是亲眼所见,没人能够相信。城市建筑之高和占地之广超过所有其他君主的都城。

十字军把最后通牒送到拜占庭皇帝阿历克塞三世手中:阿历克塞三世必须把帝位交还给被剜去双目的兄长或者其侄子、即皇子阿历克塞。小阿历克塞现正与十字军乘舰同来。可是,阿历克塞三世拒绝了。十字军当即发动攻击,法兰克人和主要部队从陆上攻击,威尼斯人则从海上攻击。危急关头,阿历克塞三世携带国库金银匆匆出逃。次日,伊萨克二世重登帝位。当得知其子的承诺后,伊萨克二世谨慎地答复:这些条件太高了,难以接受。但他还是被迫批准其子与十字军签订的协议。

1203 年 8 月 1 日,小皇子在圣·索菲亚教堂加冕,为阿历克塞四世,与他的父亲伊萨克二世一起被称为共帝。两皇首先要完成他们对十字军的各种义务。伊萨克二世把国库中所有的钱财给了十字军,但还是不够债务的一半,两人不得不变卖教堂的装饰品,以充实十字军的钱袋。阿历克塞四世的所为使拜占庭民众更疏远他。同时,十字军在君士坦丁堡耀武扬威，醉酒喧嚷更是常见之事。这一切都增添了君士坦丁堡民众对十字军和威尼斯人的反感情绪。1204 年 2 月，拜占庭发生宫廷政变，推翻了阿历克塞四世和他的父亲。阿历克塞一世的玄孙登上了皇位，是为阿历克塞五世。

阿历克塞五世决心依靠人民的力量守住君士坦丁堡，因此，上台后立刻着手巩固城市防务，同时，拒绝履行阿历克塞四世对十字军许下的诺言。丹多洛清楚地意识到，夺取君士坦丁堡的时机到了。为了防止胜利后十字军内部因分赃不均发生内讧，他提议提前举行分赃会议，以“商人精神”解决了瓜分拜占庭帝国遗产的问题。同年 3 月，分赃会议达成以下基本要点：占领君士坦丁堡后，十字军将在城中建立拉丁人的政府；威尼斯人占有全部战利品的四分之三，剩余的均分；组成威尼斯人和十字军各 6 名参加的委员会，选举出一名拉丁皇帝，他将拥有四分之一的帝国领土，剩余的四分之三将由双方均分；所有十字军战士都将获得或大或小的封地，并按西欧封授土地方式向皇帝宣誓效忠；只有威尼斯总督丹多洛可以免除效忠。协议达成后，十字军上下全力投入攻城的战斗，为了即将到手的财富，他们人人争先，个个奋勇作战。

4 月 9 日，十字军对拜占庭发起攻击，双方均用作战机械向对方发射箭头、石块与火箭。由于海水很深，双方就在摇晃的跳板上展开殊死搏斗。十字军虽然勇猛，但抵挡不住占据有利地形、又有优势兵力的拜占庭军队的反击。

4 月 12 日，十字军再次发起攻击。十字军船只都成双地联结起来，以增加稳定性。突击的主力集中在金角附近靠海一面的比较狭窄的一段城墙上。十字军舰队的火炮击退了濒海一座塔楼上的拜占庭军队。于是，从十字军舰船上顺利架起一座通向塔楼的云梯。经过一阵搏杀，拜占庭皇帝阿历克塞五世率兵退入内城。十字军又放起火来，以便迅速前进。晚间，十字军占领了君士坦丁堡的西北角。大火一直烧到次日晚间，君士坦丁堡的皇宫、教堂被烧成瓦砾之堆。阿历克塞五世力图集中起军队，以便继续巷战，但已是徒劳。雇佣近卫军拒绝作战，皇家警卫队员逃散了。阿历克塞五世在绝望之中，携家人逃离了君士坦丁堡，逃到小亚细亚，被抓后处以抛掷刑，摔死在塞奥多西石柱下。十字军骑士占领了全城，时间是 1204 年 4 月 13 日。

第二天黎明，威尼斯总督和十字军首领占领了大皇宫，并发布号令，准许十字军屠城 3 天。这是自罗马帝国灭亡以来发生的最大的一次城市破坏事件，也是历史上罕见的野蛮事件。那几天，每一名十字军将士都选中一所住房，肆意抢劫屋中财物，屠杀手无寸铁的居民，强奸妇女，把儿童卖为奴隶。他们闯入基督教堂抢劫，把教堂装饰品上的珠宝剥下来，用于基督教礼仪的神圣物件被他们踩在脚下。著名的圣·索菲亚大教堂也遭到了十字军肆意的毁坏，教堂内的金银饰物和圣器都被抢走。藏书极为丰富的君士坦丁堡图书馆被大火化为灰烬。许多珍贵的古代学者的手稿或被毁，或遭遗失，大量艺术品被劫掠，价值连城的雕像被砸碎或熔化掉，残留下来的金属被铸成钱币以支付军队费用。被毁的雕像包括凯旋的御者铜雕像、撕扯蛇的鹰像、铜制的高大方尖碑、向维纳斯敬献比美获胜的金苹果、秀丽的海伦雕像、智慧女神密涅瓦巨像。

据香槟的维拉杜安描述：没有人能计算出十字军从君士坦丁堡抢掠的财物——黄金、白银、宝石、缎子、丝绸与上好毛皮、精美珍贵的全套食器，凡是世界上最贵重的东西都有。据说，十字军与威尼斯人平分战利品后，不仅偿还了所欠的5万银马克债务，还从这场抢劫中捞到了40万银马克，相当于英格兰王国一年收的7倍。更有甚者，这些手持十字架的基督徒竟让娼妓坐在教堂中主教的座位上，唱着淫秽曲调。丧心病狂的十字军连拜占庭皇帝的陵墓也不放过。在使徒大教堂，所有皇帝的坟墓都被挖开。装饰赛马场的里吉波的马匹铜像被威尼斯总督丹多洛留了下来，运往威尼斯，迄今仍伫立在威尼斯圣马可教堂大门外。著名的圣马可宝库，其珍藏的艺术品和珠宝，十之八九来自君士坦丁堡。

十字军攻陷拜占庭帝国，对罗马教皇来说确实是意外的收获。因此，教皇英诺森三世只是在表面上谴责了十字军对君士坦丁堡的洗劫，但对拉丁帝国的建立表示欢迎，视其为上帝的显灵。

第四次十字军东征抢掠并毁灭了同是基督徒的拜占庭帝国。

四、拉丁帝国与尼西亚帝国

经过三天的烧杀抢掠，十字军和威尼斯人在心满意足之后终于停了下来。胜利者要对拜占庭帝国财富、领土和政治权利进行分赃。威尼斯总督丹多洛志在发展母邦威尼斯,无意争夺拉丁帝国皇位,但是,他在选举皇帝的问题上再度起了主导作用。经过反复争论,皇位落到了佛兰德斯伯爵鲍德温手中。在丹多洛的干预下,最初的候选人蒙特菲拉特公爵博尼法斯未能当选。这是因为丹多洛认为博尼法斯的领地十分接近威尼斯,有可能成为威尼斯的竞争对手;博尼法斯身为第四次十字军的领袖,影响太大,将来有可能把新国家重新建设成为威尼斯在东地中海的商业竞争对手。1204 年 5 月,鲍德温在圣・索菲亚大教堂加冕为帝,称鲍德温一世。十字军在拜占庭帝国的废墟上建立了"拉丁帝国"。

同年 10 月,鲍德温一世召开宫廷会议,按照分赃协议,并按照西欧分封制的形式瓜分了拜占庭帝国。君士坦丁堡由鲍德温一世和威尼斯人占有,前者分得城区的八分之五,后者分得八分之三。鲍德温一世还分得色雷斯地区南部,以及连接博斯普鲁斯海峡和达达尼尔海峡的小亚细亚北部地区,爱琴海上的某些大岛,如莱斯伯岛、萨莫斯岛和休斯岛。威尼斯人获利最丰厚,除君士坦丁堡商业区和圣・索菲亚大教堂之外,还分得了亚得里亚海沿岸重要的商业区、爱琴海大部分岛屿和沿海地区,如伯罗奔尼撒半岛沿海地区、克里特岛、色雷斯沿海重要港口和达达尼尔海峡的港口城市,威尼斯人控制了东地中海最重要的岛屿和口岸城市,控制了君士坦丁堡和意大利之间航线,因而掌握了东地中海贸易的垄断权。十字军统帅博尼法斯分得了小亚细亚部分地区和塞萨利地区、马其顿地区,他以萨撒罗尼亚为中心建立了萨撒罗尼亚王国，并承认鲍德温一世的宗主权。但他并不满足已有的战利品。又出兵攻占了希腊本土，并于同年建立了雅典和提斯比公国，由他的封臣勃艮第骑士奥松·迪·拉·利赫作为雅典和提斯比公爵。尔后他又向南进军伯罗奔尼撒半岛，将占领地分封给他的另一封臣——法国骑士威廉，该领地成为阿塞亚侯国。此外，巴勒斯坦的十字军国家安条克和耶路撒冷也打出了拉丁帝国的旗号。拉丁帝国按照西欧分封制的原则改造了拜占庭社会结构，这是继十字军无耻瓜分拜占庭帝国后对拜占庭社会更为严重的瓦解。

虽然鲍德温一世宣布东部教会归罗马教廷管辖，但君士坦丁堡的宗主教职位却落到了威尼斯人托玛斯·摩洛西尼手中，他并不是罗马教廷指派的。君士坦丁堡的宗主教辖有 22 个省的首席主教区与 58 个主教区。教皇对威尼斯利用十字军抢夺东部教会的管辖权十分不满，但事已如此，只能予以认可。他在致拉丁皇帝鲍德温一世的信中写道："我们多么希望通过你的统治，使希腊帝国臣属教廷。"1205 年，英诺森三世派遣枢机主教本笃出使拉丁帝国，责成他尽力使希腊人相信天主教的优越性。枢机主教本笃到达拉丁帝国后，秉承教皇旨意，迫使东正教徒皈依天主教，并封闭东正教堂，派拉丁神父主持希腊教会，对此，希腊教士拒绝合作，英诺森三世所希望的东部教会与罗马教会的联合仍然未能实行。

拉丁帝国实际上是个内部极为松散的西欧封建主的联合体，在其七任皇帝 57 年的统治期间，它不仅没能统一内部，也不能完全征服外部。

在拉丁骑士们的领地周围还存在着大量希腊人和斯拉夫人反抗西方入侵者的游击队，帝国各地有许多相互独立的希腊人政权，其中存在时间最长、影响最大的是尼西亚国（1204—1261 年）。此外，在伊庇鲁斯山区有伊庇鲁斯国（由科穆宁王朝远亲后裔米哈伊尔建立的）；在黑海南岸有特拉比松德帝国（由科穆宁王朝的王公建立）。

尼西亚流亡政府是由阿历克塞三世的女婿拉斯卡利斯家族的塞奥多利（1204—1221 年在位）所建。君士坦丁堡城破之际，塞奥多利在圣・索菲亚大教堂被人们推举为皇帝。而后，新王朝便仓皇向东撤出君士坦丁堡，先在布鲁萨城暂避风头，后得到担心拉丁人势力东扩的突厥苏丹的支持，在尼西亚城定居下来。由于拉斯卡利斯王朝的势力发展迅速，并公开宣布继承拜占庭帝国传统，该政权被称为“尼西亚国”。

尼西亚国建立之初面临拉丁帝国的追剿攻击。当时，在小亚细亚地区已经存在几个拜占庭人残余势力建立的独立政权。1204 年，拉丁帝国皇帝鲍德温的兄弟亨利和根据第四次十字军东征时的分赃协议分得尼西亚地区的路易斯伯爵率领拉丁骑士出兵小亚细亚，在今巴勒克埃西尔附近打败塞奥多利的尼西亚军队。此后，拉丁帝国军队横扫马尔马拉海沿海地区，将比塞尼亚地区的城镇全部攻占。在尼西亚国生死存亡之际，色雷斯的希腊人和保加利亚人起义迫使拉丁帝国军队回师西向，从而使尼西亚国获得喘息的机会。1205 年 4 月，希腊保加利亚联军在亚得里亚纳堡战役中全歼拉丁帝国军队，皇帝鲍德温被俘，路易斯伯爵阵亡，拉丁帝国受到致命打击。尼西亚国从此摆脱了拉丁骑士的威胁。此后尼西亚逐渐统一了小亚细亚地区各个希腊人的小政权，又致力于恢复拜占庭政治制度，建立中央和地方的统治机构，按照拜占庭帝国旧制全面整顿政府各部、教会、军队和法庭。尼西亚国势日益强大起来。

尼西亚的经济昌盛为其文化繁荣提供了雄厚的物质基础，几任皇帝都致力于文化发展。塞奥多利的继承人约翰三世在主持大量紧迫的军事和外交工作之余、仍然亲自过问建立国立学校的计划，他还下令各大小城市建立公共图书馆，特别是艺术博物馆和科学技术图书馆。他和其子塞奥多利二世派遣学者到各地收集古代书籍，能够购买的不惜重金加以收购，不能买到的则指派博闻强记的人前往阅读，记录笔记或写摘要。皇帝们将广泛收集到的书籍分发给各个国家图书馆，一方面作为图书馆的馆藏图书，另一方面为学者们提供学习和研究的条件。拉斯卡利斯王朝发展文化事业的活动使尼西亚成为 13 世纪东地中海新的文化中心。

尼西亚国的文化繁荣增强了民族复兴的凝聚力，提高了它作为拜占庭人驱逐和抵抗拉丁人统治、复兴拜占庭国家的中心地位，极大地加强了拜占庭希腊民族的自信心，并有力促进了以尼西亚国为主力的推翻拉丁帝国的政治斗争。

推翻拉丁帝国统治的斗争主要是由尼西亚的拉斯卡利斯王朝和伊庇鲁斯的安直鲁斯家族领导的。这两股力量虽然没有统一指挥，但是，却从东、西两个方向打击了拉丁帝国。尼西亚军队主要肃清了小亚细亚的拉丁骑士的势力，利用各种机会争取首先占领君士坦丁堡。与此同时，伊庇鲁斯国的军队从西向东进攻，夺取萨撒罗尼亚城，灭亡了萨撒罗尼亚王国。

1259 年，将军米凯尔·巴列奥略发动军事政变，夺取了尼西亚的皇位，是为米凯尔八世(1259—1282 年)。米凯尔八世的目标是要在君士坦丁堡重建希腊政权。1261 年春天，米凯尔八世决心消灭拉丁帝国，他派出两支军队，一支军队由他的弟弟约翰率领，攻打伊庇鲁斯王国；一支由他的爱将阿历克塞·斯特拉戈帕勒斯率军进攻保加利亚。当阿历克塞·斯特拉戈帕勒斯到达君士坦丁堡附近时，得知威尼斯人的 30 艘军舰已将大多数守城的十字军骑士运往黑海边上的一城镇，帮助威尼斯人在那里进行掠夺战争，君士坦丁堡的守备正处于空虚状态，这正是夺取君士坦丁堡的天赐良机。1261 年 7 月 25 日，阿历克塞·斯特拉戈帕勒斯率军夺取了君士坦丁堡。拉丁帝国寿终正寝。8 月 15 日米凯尔八世隆重进入君士坦丁堡，建立了巴列奥略王朝(1261—1453 年)，拜占庭帝国恢复了，但它已经变得小而软弱。

第八章　第五、六次十字军东征

一、惨绝人寰的悲剧——儿童十字军

近200年的十字军远征史上，最哀婉凄切又骇人听闻的事件莫过于1212年的儿童十字军了。前三次十字军东征的失败，圣城耶路撒冷的得而复失；第四次十字军攻打的是同为基督徒的拜占庭，并烧毁、洗劫了历史名城君士坦丁堡。十字军的暴行使越来越多的人对其“神圣性”产生怀疑。与此同时，西欧社会逐渐流行起一种说法，认为成年人是有罪的，不能夺回圣地，只有纯洁的儿童才能出现奇迹。

1212年，德意志与法兰西各有两三万儿童不携带任何武器，希望仰仗上帝的帮助远征东方。据记载，大约在1212年5月间，来自法国奥尔良的12岁牧童斯提芬求见法国国王腓力二世，宣称他在牧羊时，耶稣基督显现，嘱咐他率领一支儿童十字军前往巴勒斯坦，还说耶稣要他向法王转交一封信件。法王命令斯提芬回家乡去牧羊，但斯提芬没有听从，因他已从基督处得到“神命”，成了“先知”。许多儿童听了他的宣传后，都如痴如醉地跟随他，有两三万法国儿童簇拥、跟随他。斯提芬得意地坐在战车上，许多小贵族服从他，并向他致敬。到了马赛港，斯提芬宣称，在此地神力会让海水为儿童十字军分开，当中露出一条陆路来，让他们不湿脚地通过大海，到达巴勒斯坦。可是地中海并没有显露神迹——分开海水露出陆路，大部分儿童失望了，只得返回家乡。但仍有数千儿童滞留马赛。投机商费列和波尔克表示愿意“为拯救自己灵魂”，免费运送他们去巴勒斯坦的海港。于是留下的儿童兴高采烈地分乘 7 艘船，唱着激昂的赞美诗出发了。不料地中海的风暴把两艘船击沉在撒丁岛附近的海域，船上人员全部罹难。其他 5 艘船的小十字军战士被两位“虔诚”的投机商卸在埃及的亚历山大港贩卖为奴隶。

就在法国儿童十字军出发不久，另一支德国儿童十字军也踏上了去东方的道路。德意志科隆地区有一位叫尼可拉斯的男孩，也宣称神指引他带领儿童去圣地，他们会在长辈失败的地方获得成功。尽管人们都责备他胡闹，但这种奇怪的想法却在当时却很快散布开了。许多十二三岁的孩子跟随尼可拉斯而去，约有 3 万名孩子，大多来自科隆地区，他们举着巨大的木制十字架，沿莱茵河而下，徒步穿过乡村、市镇与村庄。他们把原先的漫游、闲逛变成了一次神圣的旅行与远征。许多小十字军不知道圣城究竟有多远，每到一城就问这里是不是耶路撒冷。他们既无组织，又无给养，艰难地越过白雪皑皑的阿尔卑斯山，向意大利海岸进发，打算从那里找到一条到东方的途径。途中，许多孩子死于疾病及饥饿；一些迷途者甚至成了野兽的食物。幸存者到达热那亚海港，因无人照管，生活极为窘迫。意大利人嘲笑他们，更不愿提供船只载他们去巴勒斯坦。儿童十字军便向教皇求助，英诺森三世劝他们返家，待成年后再履行十字军远征的誓愿。在这种情况下，德意志儿童十字军也只能散伙。一部分人颓丧地重新翻越阿尔卑斯山返回家乡，他们中大多数人死于归家途中。

儿童十字军的惨剧只是第五次十字军的前奏，教皇英诺森三世利用数万儿童的死亡，煽动起新的十字军狂潮。他呼吁："这些孩子醒了，而我们仍然昏睡！"他随即写公开信给欧洲基督教国家的教士，敦促他们发动新的东征。

二、为尼罗河水吞噬的第五次十字军

第四次十字军东征之后，欧洲人对十字军的兴趣减弱了。13世纪西欧各国生产力有了显著进步，商品、货币经济也随之发展，一部分受封建主压迫的农民开始进入城市。农民的痛苦和贫困虽没有减轻，但他们已不愿远离家乡。骑士们对远征也不那么热心了。西欧封建主的征战矛头不再是主墓圣地耶路撒冷，而是邻近地区各国富有的商人，尤其是意大利城市商人已与东方国家建立了贸易通商关系，不需要依靠十字军的帮助了。圣地的法兰克人也已东方化了，他们还担心欧洲新来的十字军会损害他们的经济利益。因此，罗马教皇发动新的十字军远征变得困难了。

可是十字军政策已成了教皇争夺霸权的工具，儿童十字军的悲剧恰好给予教皇一个机会。1215年，英诺森三世召开第四次拉特兰会议。这是一次盛况空前的"普世性"聚会，出席的人员中有400名主教、800名修道院院长和其他神职人员的代表；还有神圣罗马皇帝腓特烈二世及君士坦丁堡拉丁皇帝的代表和法国、英国、亚拉冈、西西里、匈牙利、塞浦路斯与耶路撒冷的国王、王子与长官。会议制定了一系列宗教法规，重申罗马教会是举世唯一的，罗马教廷有最高的司法裁判权。

第四次拉特兰会议制定、颁布 70 条教规，它对基督教的宗教生活具有决定性影响。教规除了处理宗教生活中教士的纪律外，不少涉及天主教的信仰：它公开证明了圣餐中加面包与酒是由耶稣的肉与血转变的命题，领圣体有如耶稣把教徒接纳到他怀中一样；谴责阿尔比派、卡塔尔派异端，后来成立了异端裁判所；规定教徒每年必须告解（忏悔），向神父承认自己所犯的罪过、并领一次圣体，临终要施行终傅礼（即涂圣油）；为加强对修道院的管理、监督，规定各教区修道院长每 3 年召开一次会议；在复活节前一星期禁止犹太人出现在公共场所，以回避冒犯基督徒。犹太人与萨拉森人两者必须穿着独特的服装，以标志不同于基督徒。这是一种孤立和侮辱敌人的方法，以致 20 世纪的犹太人在纳粹统治时期被迫穿戴带黄星的衣服。

会议宣布组织第五次十字军，进攻目标为埃及。会议颁布了给予参加十字军者特权的命令：参加十字军渡海作战的人们应在 1217 年 6 月 1 日会集于西西里王国的布林迪西或墨加拿，或两地附近。届时教皇将亲临出发地送行。为预防十字军将士临阵逃脱或作战懈怠，教皇派了许多随军教士，为将士们祈祷祝福与训示。免除十字军参加者的罪愆、捐税、人头税以及所欠的债务，对十字军参加者的家属与财产给予保护。为了充实十字军军费，教皇主动捐献银两3万，并命令枢机主教须拿出收入的1/10，其他教士拿出自己收入的1/12，资助十字军，为期3年。对于各地封建贵族，教皇命令“都要按自己的财富为标准，奉献适当数目的战士，并负责3年的必要开支，借以赎除自己的罪愆。对不热心东征或动摇犹豫者要采取相应措施，并予以宗教处罚”。

第四次拉特兰公会议后，英诺森三世即派遣巡视员到欧洲各地鼓吹、推动十字军出征。他还写信给埃及苏丹阿迪勒，胁迫他“和平地”献出圣城耶路撒冷。正当第五次十字军东征的准备工作紧锣密鼓地进行时，英诺森三世突然去世了(1216年5月)。洪诺留三世继任教皇不久，收到了巴勒斯坦阿克城君主的报告：伊斯兰军队在阿克城外塔博尔山修造要塞，严重威胁阿克城。

新教皇虽然拒绝亲自前往，但也鼓励、支持东征。法、德、英三国继续进行东征的准备工作，可是上述国家没有一个重要人物参加。匈牙利国王安德鲁二世是唯一参战的君主，此外还有奥地利、德意志巴伐利亚的公爵，荷兰的伯爵率军前往东方。他们先坐船至塞浦路斯岛，再从那里启程去阿克。

1217年秋，匈牙利国王安德鲁二世到达阿克城时，已成了拥有相当数量军队的首领。他们在打败前来阻截的第一批阿拉伯军队后，便向建有伊斯兰要塞的塔博尔山进军。本来十字军是可以夺得塔博尔山要塞的。可是，匈牙利国王心中却笼罩着一种莫名的胆怯，一箭不发退回阿克城，不久干脆率军折返欧洲。此时的阿克城外已经聚集起几批十字军，有弗里斯兰人、意大利人、德意志人，还有教廷派使带来大批部队。此刻，撒拉丁的兄弟阿迪勒病危，阿尤布王朝的统治岌岌可危。十字军首领们于是决定是时候进军埃及了。

1218年5月，耶路撒冷国王布里恩的约翰（他只是名义上的国王，因为耶路撒冷王国的领土除托勒密伊斯城外，均处在马穆鲁克控制下。国王本人流亡在塞浦路斯岛）率领的军队、奥地利公爵的军队、三大骑士团的军队组成的庞大十字军乘船前往埃及，先后到达尼罗河口，攻占了达米埃塔城（今杜姆亚特）附近的城堡，并包围达米埃塔城。达米埃塔城是尼罗河三角洲的一座滨海城市，城市靠近抵挡尼罗河水泛滥的大堤，因此这里战略地位重要。十字军的抵达完全出乎伊斯兰之意外，埃及苏丹阿迪勒震惊而死。

围城期间，围城部队不断得到意大利、法国、塞浦路斯和英格兰十字军的增援。耶路撒冷国王布里恩的约翰被授予了总指挥权。1218年9月，罗马教廷枢机主教、西班牙人比拉吉斯作为教皇特使，到达达米埃塔城，立即与约翰争夺十字军的指挥权。

在当时，和平十字军的思想已在欧洲有相当影响。一些基督徒力图以上帝的福音向伊斯兰传道，力促后者皈依基督教。有些教士手持《圣经》前往圣战的前线传道，向伊斯兰阐述并宣传基督教。1219年十字军部队围困达米埃塔城时，阿西西的圣徒法兰西斯到达营地，来到埃及苏丹卡米勒（1218—1238年在位）的帐篷里，用意大利语向卡米勒阐释圣经，并向苏丹提议烧起一堆火，卡米勒的伊玛目为一方,法兰西斯为另一方,都纵身跳入火中,看哪一方是真正的宗教。苏丹卡米勒笑着说,他的教徒不会为了信仰而投入火中。法兰西斯又建议由其独自一人投身火中。苏丹卡米勒斩钉截铁地回答,如果接受这样的建议,那就显得对自己的宗教有怀疑了。法兰西斯在埃及作了三天热情的宣讲,尽管苏丹卡米勒谦恭地倾听着他的宣讲,但并未能打动苏丹半根神经。可以说这种和平主义的活动是十字军的一种新形式。双方会晤虽未取得实质性成果,但它却是历时200年的十字军战争史上不可多得的和平绿洲。

由于伊斯兰援军尚未到达,十字军仍围困着达米埃塔城,城内严重断炊并疾病肆虐。城池再也抵挡不住十字军的长期围困。苏丹卡米勒被迫议和,条件是:只要十字军撤离埃及,埃及愿把耶路撒冷及巴勒斯坦中部及加利利地区让给十字军,恢复耶路撒冷王国;奉还"真十字架"。耶路撒冷国王布里恩的约翰自然鼓动、敦促比拉吉斯接受苏丹的条件。他的目的是恢复耶路撒冷王国。可是比拉吉斯与骑士团首领坚持消灭埃及的政策,拒绝了埃及苏丹的和谈提议。双方只好继续交战。1219 年 11 月,饥荒与疾病迫使人们再也无法守城,十字军终于冲入城内。

攻占达米埃塔城后,迎面而来的是瘟疫和饥饿的双重打击。十字军内部纠纷、内讧不断。耶路撒冷国王布里恩的约翰干脆返回阿克城。在此后的一年半时间中,十字军一直驻守在达米埃塔城,等候欧洲援军的到来。教皇多次捎来信息,说德意志国王腓特烈二世正准备出征。腓特烈二世在 1215 年就宣誓参加十字军,只因国内动乱,一直未能成行。1221 年 7 月 7 日，约翰在教皇的严令下重新加入十字军队伍。

1221 年 7 月 12 日，比拉吉斯不愿再等待德军，率十字军向埃及内地伸入。这次出征的兵力是：630 艘大小战船、5 000 名骑士、4 000 名弓箭手及 40 000 名步兵。在选择进军路线上，比拉吉斯采取从达米埃塔进军的路线，违反了以往的习惯。过去波斯人、马其顿人以及阿拉伯人进袭埃及内地，都是沿尼罗河主流进军的。而十字军从达米埃塔直接南进，途中必须横穿蜘蛛网般的尼罗河支流和沟渠，因而很容易陷于沼泽之中。此时又逢尼罗河泛滥期，道路湿滑泥泞，难于行进。加上十字军在达米埃塔城遭遇饥馑、疠疫的打击，人心沮丧，士气低落。而埃及军队在沿途筑有碉堡，并从叙利亚调来援军。当十字军向开罗进军时，埃及苏丹命令打开闸门、毁坏堤坝，滔滔洪水淹没了基督军队的营地，十字军被围困在曼苏拉地区，进退维谷。为使全军安全返回，比拉吉斯、约翰、三大骑士团的首领和另外 18 名伯爵与主教只得到埃及军营充当人质，乞求议和。最后双方提出交换俘虏，十字军交还达米埃塔城，并签署了为期 8 年的和平条约。9 月 8 日，十字军撤出达米埃塔城，返回欧洲或阿克城。

第五次十字军东征失败了，教廷认为是因为腓特烈二世迟迟不出兵，延误了战机，因此对腓特烈二世处以绝罚。可是历史有时就像一出话剧，7 年后(1228 年)第六次十字军东征的主角，却是这位曾遭到教廷绝罚的德意志国王腓特烈二世。

三、腓特烈二世

腓特烈二世是德意志霍亨斯陶芬家族的亨利六世与西西里国王诺曼人罗哲尔二世的女儿康斯坦丝之子。1197年亨利六世驾崩，次年，年仅4岁的腓特烈继承了西西里王国，他母亲只当了他6个月的监护人，也去世了。母亲临死前，将其子托付给了教皇英诺森三世，这样教皇成了腓特烈的摄政者和监护人。1212年12月，腓特烈在美因茨加冕为德意志国王，称腓特烈二世。1221年腓特烈二世在罗马被加冕为神圣罗马帝国皇帝。

腓特烈二世与当时欧洲基督教国家的君主有别，他具有自由思想，而不是一个偏执狂。他既能以阿拉伯人的眼光来观察基督教，又能以基督教徒的眼光看待伊斯兰教。他认为一切宗教均具有欺诈成分，以致被许多基督徒视为异端派，受到罗马教皇的诟骂，先后数次被教廷处以绝罚。可是腓特烈二世的所作所为博得了世人的赞赏和称羡，在民众中留下深刻的印象，迄今南部意大利人仍称他为“伟大的腓特烈”。他的思想与观念，与他的生活环境、所受教育有关。腓特烈的少年时代是在西西里岛巴勒莫度过的。这里是西西里的首府，聚集、汇合着不同的异质文化，基督教堂、清真寺与犹太会堂并肩而立；德意志人、诺曼人、希腊人、阿拉伯人以及犹太人生活在理智的和谐中。腓特烈的外祖父罗哲尔二世是诺曼人，他们从阿拉伯人手中夺得了政权，却吸纳了阿拉伯人的生活方式。王公贵族生活在东方式的乡村别墅里，具有东方情调的王宫富丽堂皇，装饰着珍贵的马赛克，点缀着散发怡神气息的喷泉；还有大批人才从事翻译活动，有些阿拉伯人在诺曼人的宫廷中占有重要职位。

腓特烈二世在东西文化交相辉映的氛围中成长，接受了良好的教育。王宫里有操多种语言的老师，给他以教育。他能讲 9 种语言，会 7 种文字的书写，阿拉伯语说得颇为流畅。他具有丰富的数学、法学、哲学、生物学与历史知识，还是第一批用意大利文写诗文的作家之一。他对生物学情有独钟，他写的《利用鸟类行猎的艺术》一书，很长时间内在鸟类学著作中独占风骚。腓特烈还从阿拉伯学者那里学到不少科学知识，如“地球是圆球形”的论断等。他的王宫里有一位阿拉伯学者据此学说曾绘制了一幅世界地图。他从埃及苏丹处得到贵重的铜制天文仪器——等高仪，可用来获得大量天文学和地形测量学的数据。

第五次十字军远征期间，曾立过十字军誓言的腓特烈二世一直未动身，其原因是国内不宁，唯恐地方贵族叛乱。1222 年 4 月到 1223 年 3 月，教皇两次亲自与腓特烈二世面议十字军之事，催促他尽快启程。但那时他的妻子刚去世(1222 年)。1223 年 3 月他与教皇会面时，耶路撒冷国王布里恩的约翰也在场，为了敦促腓特烈二世出征，约翰把自己的女儿 16 岁的伊萨贝拉嫁给了腓特烈二世。约翰虽无耶路撒冷王国的国土，但他拥有国王的名义。伊萨贝拉是耶路撒冷王国王位的继承人。这一联姻自然也加强了约翰在东方的地位。1225 年 7 月，腓特烈二世接见教皇特使，答应两年后率十字军远征东方。

为实现自己的十字军远征计划，腓特烈二世做了充分准备。他修改了条顿骑士团的章程，在条顿骑士团推行基督教与日耳曼主义。条顿骑士团由德意志骑士组成，其总团长由腓特烈二世的密友冯·萨尔扎担任。他使条顿骑士团成了皇帝的十字军，而不是教皇的十字军。腓特烈积极准备远征。半年内他集结了一支纪律良好的军队，人数达6万。

四、第六次十字军东征

1227年8月，腓特烈二世率军准备东征，但军中突发疫情，据说腓特烈二世本人亦染病在身，十字军被迫回师布林迪西，启程时间不得不延迟。不幸的是，伊萨贝拉难产而死，约翰又遭到腓特烈二世的冷落，他们之间的唯一纽带断裂了。约翰欲重新获得放弃的王位，一面投靠教皇，一面又怀疑腓特烈二世派人毒杀了妻子。后世曾对伊萨贝拉的尸骨进行检验，没有发现尸骨中含有毒药残留。腓特力二世与罗马教会为了争夺意大利的统治权发生了长期的斗争，其权势早已引起教廷的反感。教皇格列高利九世原已怀疑腓特烈有二心，便深信这次疫病不过是一个诡计，于是教皇与腓特烈的矛盾表面化了。教皇与约翰终于走到一起共同对付这位德意志国王了。后来，教皇格列高利九世发动对西西里王国的十字军，正是由约翰率领的。

教皇急于要打发腓特烈二世去圣地，意在阻止其巩固在意大利南部的领地，于是便以推诿远征，在1227年9月对他判处绝罚，并以公开信形式宣布这个德意志皇帝的恶德、叛教与窃取耶路撒冷王国等罪行。腓特烈也针锋相对，宣布了他致欧洲所有王侯的文件，一面为他的延误远征致歉，一面声称绝罚无理，并表明他不会阻止上帝的使命："我要离开布林迪西前去叙利亚，我会一路顺风，与基督一起快行，以支持我们的领袖（指教皇）。"腓特烈这一致欧洲君主的文书，具有重要的意义。它是自称为全世界基督徒的绝对统治者与世俗统治者之间争端的第一次明白表述。

腓特烈是一个睿智的君主，他深知十字军要以武力征服圣城耶路撒冷的可能性并不大，他考虑了另一种方法，即和平十字军。恰巧，伊斯兰世界也有位愿意与基督徒和平交往的君主，他就是埃及苏丹卡米勒。卡米勒与其父阿迪勒一样，愿意和基督教国家平和相处，他已与欧洲基督教国家签订了好几个贸易协定。埃及领土上有不少欧洲商人特别是意大利商人在那里经商、定居。卡米勒曾接待过基督教的圣徒阿西西的法兰西斯，同他讨论过宗教问题。卡米勒听人说起过腓特烈二世，早在第五次十字军东征时，他已听说在西西里岛，腓特烈允许祷告时间报告人召唤伊斯兰教徒做祈祷；其宫廷的官员有不少是伊斯兰教徒。皇帝本人能说流畅的阿拉伯语，他的卫队也有阿拉伯人；卡米勒派遣了一位博学的使者法赫鲁定前去西西里，了解到这些传闻是真实的。据说，卡米勒和腓特烈还互相通过信，他们讨论过亚里士多德、法学、天文学以及灵魂不朽等问题。

1228 年春天，腓特烈的身体康复了。正巧，一个来自卡米勒的密使前来寻求腓特烈的帮助，并告卡米勒与其兄弟穆阿扎姆（大马士革与巴勒斯坦的统治者）不和并发生争执，请腓特烈助一臂之力对付穆阿扎姆；他也将帮助皇帝夺回耶路撒冷。腓特烈看到这是外交成功的机会，既可向世人证实其远征圣城的初衷，又可借此取得教皇的宽恕。1228 年 6 月，腓特烈率军前往东方。由于腓特烈已被罗马教廷革除教籍，教皇格列高利九世是禁止这次十字军东征的。

当腓特烈二世抵达阿克城时，他原本以为耶路撒冷城的回归，只不过是一个例行手续。可是，这里的情况发生了突变。穆阿扎姆已死，卡米勒有能力征服整个巴勒斯坦和叙利亚，不必再与基督徒缔结合约。腓特烈对此十分焦虑，他明了西西里及意大利的领土会遭教皇十字军的攻袭，他需要耶路撒冷城的成功回归，在与教皇的斗争中获取欧洲民众的支持。腓特烈不得不恳求卡米勒："教皇和西方的所有国家都知道我的使命，倘若我空手返归，我将威信扫地，发发慈悲吧！把耶路撒冷给予我，这样我可以扬眉吐气。"苏丹卡米勒接到信函十分感动，可他同样也身处尴尬的境地，他在给皇帝的回信中说："倘若我把耶路撒冷移交给你，它不仅会使哈里发谴责我的行动，而且还有宗教起义会威胁我的王位。"苏丹的信使法赫鲁定暗示，唯一的出路是要显示十字军的威力，这样卡米勒就可因回避流血杀戮而缔结合约，从而被迫放弃耶路撒冷。腓特烈接受了这一暗示。1228 年 11 月，腓特烈率领阿克城的 3 000 名十字军士兵进攻雅法。卡米勒声称已做好与基督徒长期残酷战争的准备。可是当腓特烈建议与卡米勒和平解决时，苏丹就根据《古兰经》的原则接受了和平谈判。

1229 年 2 月，双方签订了为期 10 年休战合约，根据合约，耶路撒冷归还十字军，包括从耶路撒冷到雅法之间的狭长地带。合约规定，耶路撒冷城内的圣岩寺及阿克城萨清真寺保留在伊斯兰教徒手中，圣墓再次回到基督徒手中。合约一公布，伊斯兰世界即引起强烈的批评与抨击。尽管卡米勒辩解：这是暂时的，且留给十字军的只是“几座教堂和一些毁坏的房屋，清真寺仍在伊斯兰手中”。可是，巴格达、摩苏尔、阿勒颇的伊斯兰教徒涌上街头，以示抗议。在清真寺的聚会上，伊斯兰教徒在哭泣、呻吟，讲述他们的悲伤与羞愧，有的伊斯兰教徒还谴责苏丹卡米勒是伊斯兰教叛徒。出乎意料的是，罗马教廷非但不承认圣城的收复、拒绝批准合约，并认为合约是对基督教世界的一种侮辱。

由于罗马教皇下令耶路撒冷大主教不得接待腓特烈，并威胁说，只要腓特烈停留耶路撒冷，就把整个城市革除教籍。因此与腓特烈一起进入耶路撒冷城的只有德意志和意大利的十字军，还有他的支持者条顿骑士团。国王的加冕典礼，不得不由条顿骑士团与阿拉伯卫队伴随。1229 年 3 月 18 日腓特烈率扈从进入圣墓教堂。教堂中既无主教，也无教士。为了使自己的王位带有神圣色彩，腓特烈二世下令把耶路撒冷的王冠放在圣坛上，然后他直接抓起圣坛上的王冠，戴在自己头上。他不需要教皇来证实自己行动的合法性，他创造了一个先例，没有主教或神父，一个处在教会禁罚令下的人可以为自己举行礼仪。

加冕礼后，腓特烈在伊斯兰喀底（意为法官）陪同下参观耶路撒冷的伊斯兰圣地，这是一桩十分敏感的事件。腓特烈二世在伊斯兰圣地用阿拉伯语同阿拉伯人开玩笑；他十分赞赏清真寺，特别喜欢圣岩寺的布道讲坛，他还参观了阿克萨清真寺。当他看到有一个基督教士携带《新约全书》进入清真寺时，腓特烈就狠狠地把这个基督教士逐出，他说："对着上帝起誓，倘若你们中有人胆敢未经允许就停留在这里，我将挖去他的眼睛。"第二天清晨，这个伊斯兰教的喀底去见腓特烈。腓特烈说："呵，喀底，为什么不用平常的方法在昨天晚上报告祷告时间以召唤祈祷者呢？"喀底答道："阻止他们是表示对陛下的尊敬。"腓特烈回答："这样做你们错了，我在耶路撒冷过夜的主要目的，就是要听召唤祈祷人的报告祷告时间。"

与此同时，教皇格列高利九世乘机解除神圣罗马帝国和西西里臣民效忠皇帝腓特烈二世的誓约，组织军队去夺取腓特烈二世在意大利和西西里的领地，圣殿骑士团派骑士拜见苏丹卡米勒，建议苏丹派人刺杀腓特烈。卡米勒对此十分厌恶，便告诫皇帝要小心，力劝他尽早返回西西里。

1229 年 5 月 1 日，腓特烈选择在清晨悄悄离开阿克城返国，当地民众却早早守候着，用动物内脏与污物投击他。腓特烈皇帝赶回意大利，教皇军队闻讯而撤。

第六次十字军东征结束了，没有刀光剑影、格斗搏杀。腓特烈二世依靠和平外交手段收复圣城耶路撒冷。腓特烈二世在东方活动时，曾和东方签订了很多有利于商业的条约。在他的财政政策中，曾效拜占庭和阿拉伯人推行的专利政策，从中得到了利益。

10 年后，腓特烈力图在北意大利扩展势力，教皇格列高利九世再一次对他革除教籍，并宣布组织十字军反对他。

这时的所谓圣战已是教皇对付政敌的工具了。教皇十字军与腓特烈的军队长期在西西里地区恶战，它的结果是毁坏了西西里的文明。1250 年 12 月，腓特烈二世在打猎时猝死，教皇英诺森四世（1243—1254 年在位）闻讯后拍手称快，认为“上天应该欢呼雀跃，大地应该心花怒放。在那个把上帝的教会推向混乱中的人被从人间带走后，可怕的风暴已变为柔润的春风”。

第九章　最后两次十字军东征

一、耶路撒冷的再次陷落与法王路易九世

1239 年，埃及苏丹卡米勒与德意志国王腓特烈二世签订的 10 年合约结束的当天，卡米勒就采取行动，进军耶路撒冷城，击溃了为数不多的基督徒军队，占领了这座城市。圣城失陷的消息尚未传到欧洲，欧洲的一支人数不多的十字军在那瓦尔国王提普、勃艮第公爵休格率领下远征东方。抵达东方后发现圣城已经失陷、卡米勒之子撒列哈已继任为埃及苏丹。提普等人听从圣殿骑士团的建议，与大马士革的伊斯兰联合。结果在阿什卡伦战役中，十字军与大马士革的联军被埃及军打败。那瓦尔国王与勃艮第公爵只得率领残兵剩卒返回欧洲。恰在此时，英国康沃尔伯爵理查统率的一支十字军来到了巴勒斯坦。埃及苏丹撒利哈面临大马士革伊斯兰军队与十字军的两面夹击，决定全力对付伊斯兰对手。他派遣使者拜会理查伯爵，主动提出交换俘虏，让出圣地。于是，理查如当年腓特烈二世那样，兵不血刃就占领了耶路撒冷，他以夺回圣地的赫赫战功班师回国了。

如果在东方的法兰克人能够团结协力的话，他们是能

够待在圣城及巴勒斯坦的。可是暂时的胜利蒙住了法兰克人的眼睛，他们无法共享胜利果实，其内部争斗战事不息，圣殿骑士团与医院骑士团公开交战，提尔城与阿克城也处在战争状态。1243 年，大马士革的统治者与开罗的苏丹都想争取法兰克人的支持，十字军决定支持大马士革政权。可是，他们没有采取任何有效措施来加强耶路撒冷城的防卫，结果中亚游牧民族花剌子模人不断袭击圣城，危及其安全。花剌子模人原居于中亚地区，后来他们突入波斯中部，靠抢劫、掠夺为生。对当地人的伤害很大。当蒙古大军向西挺进时，花剌子模政权迅速瓦解。处于困境中的花剌子模人便向西，进入叙利亚，沿途袭烧杀抢劫。

1244 年 6 月，花剌子模 10 000 名骑兵在埃及苏丹的授意下，进击大马士革。他们发现自己不可能攻占大马士革，便转而扑向耶路撒冷。耶路撒冷城内只有 6 千守军，没有良好的防卫设施。花剌子模人迅即攻陷了耶路撒冷。他们在洗劫耶路撒冷城后，又欲对付大马士革的伊斯兰与阿克城的基督徒。可是花剌子模人的屠杀、抢劫使埃及苏丹开始懊悔，发现捅了马蜂窝，于是，埃及苏丹联合大马士革统治者共同打击花剌子模人。经过几年的反复较量，耶路撒冷与巴勒斯坦地区重又回到伊斯兰手中。

1245 年 6 月，罗马教皇英诺森四世在法国里昂召开宗教会议。会议讨论了好几个紧迫的问题，其中主要的是教皇与德意志国王腓特烈的关系。腓特烈二世仍然是教皇的危险敌人，他在西西里、意大利南部，特别是北意大利的伦巴第地区势力甚大。英诺森为避开其威胁，特地选择自由城市里昂作为会议地点。里昂会议中，英诺森四世宣布革除腓特烈二世的教籍。之后，法王路易九世应腓特烈二世的请求，竭力说服教皇恢复腓特烈的教籍。在里昂会议前后，欧洲散布着一种狂热的反伊斯兰教传言，传说：萨拉森人在运往西方的胡椒中放置了毒药，因而很多法国人被毒死。因此里昂会议发出诅咒，诅咒一切同萨拉森人经营铁、造船木材、战争机械等禁品生意的商人，诅咒为伊斯兰政府、舰队和陆军服务的人，提出：教会的怀抱，不会为这样的人敞开，除非他们已用这种该死的贸易所得的全部利润，再加上他们自己的财产的相等数量来援助圣地。

罗马教廷的东征号召虽然已很难激起欧洲基督徒的宗教热情，但还是得到了法王路易九世（1226—1270 年在位）的积极响应。路易九世是一个虔诚的基督徒，他每天做两次弥撒，按时背诵祷告文。他爱听人布道，也乐于对左右讲道，他热衷于建造教堂、收集圣物。他在王宫内建造了圣徒教堂，为了装饰该教堂，他到处搜集重要的圣物，其中有荆棘冠、真十字架的部分碎块、圣矛的断裂碎片、耶稣所穿的长袍、圣裹尸布等。那顶耶稣受难时所戴的荆棘冠是路易九世用高价从拉丁皇帝鲍德温二世手里买来的。路易九世放置这些神圣的遗物，力图使圣徒教堂具有耶路撒冷所罗门圣殿那样的神圣，成为西方基督徒的新圣地。他常与顾问们一起盘腿而坐，讨论有关基督徒应穿什么服装、给穷人洗脚有什么优点以及赈济、施舍的重要性等问题，有时还同顾问们一道审理案件。路易九世对宗教的虔诚，对教士、穷人、老弱之人又如此体贴关怀，被视为虔诚、高尚的基督教徒。1297 年，在他死后 27 年，被罗马教廷尊为“圣徒”。今天西方天主教徒仍然尊称他为圣路易，在每年的 8 月 25 日有他的一个节日。

路易积极响应教皇号召，烧毁包括犹太教经典塔木德各种抄本在内的犹太书籍。他主张对异端分子和渎神者施行严行酷刑或处决。13 世纪 30 年代，异端裁判所已遍布法兰西各地。法国王室为它提供经费，还提供武装警卫。异端裁判所的判决，由法国官吏为之执行。法国北部的香槟地区曾一次烧死异端 183 人。1249 年，法国南部图卢兹地区异端裁判所一次烧死已表示悔改的阿尔比派 80 人。法国各地笼罩着宗教恐怖的氛围。

路易九世是法国历史上第一位制定全国法律的君主，他颁布法令禁止私战，禁止把决斗作为司法程序的组成部分；他还把王室铸币扩大到法兰西全境。这些改革使得法国社会经济有发展、王权巩固、政治基本安定。路易在位的 44 年中，包括率领十字军远征在外，法国基本上保持了和平局面，这也使法王路易九世有条件两次率领十字军东征。

二、劳民伤财的第七次十字军东征

耶路撒冷城的失陷对欧洲并未造成重大影响，朝拜圣墓并未因圣城沦陷而停止。每年春、秋两季，从马赛和意大利城市出发的西欧朝圣者，被允许在两个星期内往返阿克城至耶路撒冷。对一般朝圣者来说，伊斯兰教徒显得更尽责，甚至耶路撒冷大教长也说，萨拉森人“尽管经常占领基督徒的土地，可他们总是尽力去维持好圣地的”。

因此，当路易九世为实施东征计划全力作各种准备时，德意志国王腓特烈二世曾告诫他不要率军东征，认为这个计划是没有希望的。但路易九世坚持己见，并把进攻目标指向了埃及。路易要攻打埃及的原因有二：1.当时埃及控制着巴勒斯坦，要夺取圣墓，必先攻打埃及；2.法国特别是包括马赛在内的南部城市，与非洲的贸易甚为活跃。

路易九世的东征准备，整整花了 4 年时间。他在法国的港口，建造了 1 800 艘运兵的大圆底船。为了造船修桥；他招募不少工匠加入军队，还在塞浦路斯储备大量粮食及其他军需物资。据说，那里的小麦堆积如山，以至麦堆上长出了青草。据说，路易为他的十字军一共花费了超过 150 万镑图尔币（路易九世时期使用的一种银币），其中法国教会贡献了他总支出的三分之一，而当时王室的年收入约为 25 万镑图尔币。

在教会税收与王室收入之外，还有没收异端财产变现的收入，从犹太人那里压榨来的收入（尤其是通过一场反高利贷运动的所得）等。

1248 年 8 月 28 日，路易九世在王后与弟弟、弟媳的陪同下，带着大批法国贵族、骑士分两批离开法国开赴埃及，总人数约 5 万人（不包括参战的英国十字军骑士）。9 月 17 日法军进入塞浦路斯。阿克城统治者建议路易在塞浦路斯过冬，以躲避埃及的暴风雨与变化莫测的冬天气候。路易九世曾派教士前往蒙古，建议与蒙古人联合攻打阿拉伯人，未果。巴勒斯坦的法兰克人建议路易利用阿拉伯人内部的不和，通过谈判迫使埃及苏丹归还耶路撒冷，可是路易对此不予理睬。

1249 年 6 月，路易的十字军在达米埃塔港强行登陆，随即向伊斯兰军队发起攻势。此时的埃及苏丹撒利哈重病在身，一时埃及军军心大乱。十字军几乎未动刀枪就占领了达米埃塔城。达米埃塔城失陷的消息在伊斯兰世界造成了惊恐与担忧。苏丹撒利哈决定重提其父卡米勒 20 年前的提议：倘若十字军撤离埃及，他就把耶路撒冷归还基督徒。但是路易九世断然拒绝了，他自信定能占领埃及。此时尼罗河已开始一年一度的泛滥，十字军只能在达米埃塔城滞留半年。这一期间，“封建诸侯沉湎于宴乐中……一般民众则开始结交荡妇”。军队到开拔时，已因饥饿、疾病和逃亡而力竭，又因训练不足而削弱。

1249 年 11 月 20 日，十字军进击达米埃塔城南面的曼苏拉城，为萨尼辛运河所阻。3 天后，苏丹撒利哈去世，苏丹王妃一面封锁苏丹死亡的消息，一面通知其子普兰沙速从叙利亚返回埃及。1250 年 2 月 8 日，一个当地居民告诉十字军有一个地方可以过河，于是路易九世的兄弟阿图瓦伯爵罗伯特率领一支队伍渡河，他们没有等待主力部队到来，便直接杀入阿拉伯军队营地、突袭曼苏拉城。曼苏拉城虽距开罗还很远，但它是两城之间的唯一大城，攻陷该城，就可直取开罗。阿拉伯军队在马木鲁克军官拜伯尔斯的率领下把十字军团团包围并歼灭。“马木鲁克”一词意为“奴隶”。他们属于突厥人，自 5 世纪从中亚西迁，过着游牧生活。阿拉伯帝国阿拔斯王朝时，突厥人沦为奴隶，因勇敢善战逐渐被编入军队，形成“马木鲁克”军团。拜伯尔斯是一名突厥奴隶，后赢得主人信任后获得自由。成为苏丹后，他的标志是一头潜行的黑豹，他用这个标志彰显自己的胜利。现在已经发现有80多处这样的标志，散落在埃及与土耳其之间的地区，以及耶路撒冷的一些碑刻、铭文上。与主力部队一道渡河的路易率领十字军奋力搏杀，但未能击溃埃及军队。战斗中十字军尝到了希腊火硝的厉害。儒安维尔记录了路易的十字军在希腊火硝面前一筹莫展的窘态："他们把一种叫作投石器的东西推过来，尚未推到我们面前时，就把希腊火硝放进投石器里，与我在一起的优秀骑士戈蒂埃·戴居莱老爷看到后对我们说，兄弟们，现在我们比以前任何时候都危险，我们就要完蛋，活活烧死。所以说，除了上帝，谁也救不了我们。我向大家建议，每当他们发射火球时，我们立即双膝跪地，双肘抵地，祈求上帝保护我们消祸免灾。"路易不曾料到自己会重蹈第五次比拉吉斯十字军的覆辙。2月28日新苏丹普兰沙率军赶来，攻击十字军兵营。与此同时，埃及舰队控制了尼罗河，切断十字军的粮食供应。到了这个时候，路易九世才被迫向埃及苏丹提出停战求和，但为时已晚。4月初，路易被迫率军从水陆两方面撤退，遭到伊斯兰军队四面追击，在他们的围追堵截中，大批十字军将士惨死在撤退途中。侥幸逃出虎口的十字军大多又死于饥饿与疾病。路易九世本人也染上疫病，病倒在一个破茅棚中。4月6日，路易九世与幸存的十字军成了埃及军队的阶下囚。

5月6日路易获释，他的赎金是40万拜占庭金币；达米埃塔城归还埃及苏丹。被释放的法王路易九世和残余军队

劳民伤财的第七次十字军东征

（被俘的十字军大多数被杀，仅少数人随路易离开）退回到巴勒斯坦的阿克城。路易在那里住了 4 年，他在阿克城等地建造并修缮了许多防御工事，并在 1252 年与埃及谈妥了一项条约，其中包括结成针对大马士革的同盟；1254 年他又与大马士革和阿颇勒订了为期两年的停火协议。

第七次十字军结束了。这一结局使不少人清醒起来，他们认为欧洲人不可能从阿拉伯人手里夺取耶路撒冷。儒安维尔就是其中的代表，他认为十字军远征损害了法兰西王国。1252 年 11 月，布兰奇病亡。路易九世是法王路易八世与卡斯提尔的布兰奇之子，继位时才 12 岁，由母后摄政。布兰奇善于治理国家，路易执政后，她继续辅政；在路易九世率十字军东征时，她再次摄政。布兰奇的精明、能干对路易九世影响很大。噩耗在次年春天传来，路易九世不得不在巴勒斯坦留下一支人数不多的队伍后，于 1254 年春离开阿克城返回法兰西。

三、穷途末路的第八次十字军东征

十字军失败与国王被俘的消息在法国下层民众中引起了一阵骚动。一个狂热的僧侣向人们宣告，圣女率领一支由勇士、圣人组成的队伍出现在他面前，命令他带领一支由牧民、农民组成的队伍去保卫上帝，他本人就是为此来布道的。1251 年，法兰西北部出现了一支由农民组成的穷人十字军，他们自称“牧人”，以解救国王为名。这支队伍涌向巴黎，并向奥尔良、图尔等地进发，沿途陆续有农民加入，成了一支规模庞大的农民起义军，人数达 10 万左右。他们所到之处，教堂与修道院无一不被捣毁。开始时，路易九世的母后布兰奇对这支牧人十字军予以鼓励。当“牧人十字军”骚扰并洗劫封建主与教会时，法国宫廷、封建主与教会赶忙进行镇压。

1254 年，路易九世从巴勒斯坦返国后，过起苦行赎罪的虔诚生活，他发誓不再穿戴漂亮服饰，并节制饮食。他深信十字军的失败是上帝的意愿，他将谦卑地生活。他对这次远征兵败被俘总是耿耿于怀，决意再次率军去东方复仇雪耻。

在此期间，埃及政局发生了重大变化，马木鲁克王朝取代了阿尤布王朝。阿尤布王朝的创立者撒拉丁是埃及马木鲁克军团的创建人。马木鲁克军团在生活上、服饰上均受到特殊的待遇。他们中不少人精明强悍，深得主人赏识，被提拔为军队头目，有的还被擢升为高级军官。当阿尤布王朝统治出现衰败，君王更是把他们当成心腹，委以重任。第七次十字军东征中，马木鲁克军团在击溃法王路易九世的十字军、保卫曼苏拉的战役中立下殊功，乘机扩大势力，达到了控制全军的程度。新苏丹普兰沙察觉母后(其继母)舍查尔·杜尔与马木鲁克军团首领伊兹丁有私，并同谋篡夺王位，便一面疏远母后，一面削弱马木鲁克军团的权势，但收效甚微，最终被暗杀。王太后舍查尔·杜尔执政，自称为伊斯兰女王，可阿拔斯的哈里发拒不承认妇女当政。1250 年，舍查尔·杜尔把王位让于马木鲁克军团首领伊兹丁，并与之联合，共掌政权，开创了马木鲁克王朝。伊兹丁即位后，改称艾伊贝克，意为“月亮王子”。随后，艾伊贝克全力敉平埃及各地的骚乱，又出兵叙利亚，肃清阿尤布王朝的残余势力，把埃及与叙利亚牢牢控制在自己手中。艾伊贝克虽有勇有谋，但野心勃勃、锋芒毕露，结怨甚多。他决意抛弃舍查尔，另娶一位贵族女子。舍查尔得知后，派人将他杀死，自立为王，时为1257年。同年，舍查尔又被马木鲁克的另一首领古突兹杀害。艾伊贝克与舍查尔两人相继丧生后，艾伊贝克之子阿里继任苏丹，但实权操纵在摄政大臣古突兹手里。不久，古突兹废黜了年幼的阿里苏丹，自己窃夺了王位，成为马木鲁克王朝的第三任苏丹。

此刻，中东地区也处于蒙古军的威胁中。1252年，蒙古军队在旭烈兀的统率下从喀拉和林（今蒙古国中部鄂尔浑河上游的哈拉和林）向西亚进发。次年蒙古军的先头部队进入波斯，夺取了伊斯兰教阿萨辛派的一个堡垒要塞，成吉思汗的一个孙子被阿萨辛派杀死，蒙古人决意摧毁阿萨辛派的巢穴。1256年，蒙古旭烈兀率军攻陷波斯阿拉木特城堡与其他要塞，该派谢赫鲁克尼丁·本·穆罕默德等投降后被杀，大批信徒惨遭杀戮。他们修复了中亚通向波斯的道路、桥梁，运来了攻城机械和中国的黑色火药，还有1 000名擅长发射“火箭”的中国弓箭手。1258年元旦，蒙古军包围了巴格达，10日，城墙被打开一个缺口，蒙古军队从缺口蜂拥冲入巴格达城中。蒙古军对巴格达洗劫、杀戮达40天之久。阿拔斯帝国随之寿终正寝。

1260年1月，蒙古军攻陷阿勒颇，转向安条克。3月，蒙古人横扫巴勒斯坦，占领加沙等城，并把视线转向埃及。此刻，埃及是幸存的最后一个伊斯兰大国。在这关系到伊斯兰国家的生死存亡的重大历史时刻，叙利亚马木鲁克军团首领拜伯尔斯抛弃前嫌，服从埃及马木鲁克军团首领、苏丹古突兹的统帅，共同对敌，这一举措增强了马木鲁克军团的士气。古突兹委派拜伯尔斯为前敌指挥，将马木鲁克军团与阿拉伯部落军团组织成一支抗敌大军，一鼓作气，夺回了被蒙古军占领的军事重镇加沙。为了打击蒙古军队、收复被蒙古军队占领的叙利亚失地，埃及苏丹成功说服十字军国家严守中立，以解除埃及军队的后顾之忧。1260 年 8 月底，蒙古军控制的大马士革突然爆发叛乱。埃及苏丹古突兹立即把马木鲁克军团调入约旦河左岸的阿因·扎卢特。1260 年 9 月 3 日，埃及马木鲁克军团与蒙古军队大战于阿因·扎卢特。这次战役打得极为艰苦，最终蒙古军大部战死或被俘，古突兹目睹胜利场面，激动得五体投地，面向麦加克尔伯天房，虔诚地礼了两拜(伊斯兰教徒遇到喜事，多就地向克尔伯礼两拜)。阿因·扎卢特战役结束了蒙古军队对伊斯兰世界的威胁，也标志着蒙古西进的终止。

阿因·扎卢特战役取得胜利，拜伯尔斯被誉为“埃及雄狮”。他要求得到嘉奖，成为阿颇勒的统治者(埃米尔)。但苏丹古突兹却一口拒绝。拜伯尔斯不服，在班师返回开罗的途中刺死了古突兹，自任苏丹。拜伯尔斯是位杰出的军事统帅，还以干练的政治家著称。他建立海军，重修亚历山大港、修筑公路、开凿运河、开办与大马士革之间的邮政事业(用信鸽传邮)、建立清真寺与其他宗教设施；他重视文化教育，开办了“扎希尔”学院，延聘学者讲学，设立图书馆。在对外事务上，拜伯尔斯也勋绩卓著。为对抗波斯的蒙古人与防御十字军进犯，他与金帐汗国结盟，并与拜占庭皇帝保持良好关系；他还与安茹的查理、亚拉冈与塞维利亚的君主签订贸易协定。

为了打击伊斯兰教徒，基督徒正苦苦地寻求蒙古人的合作。1248 年法王路易九世在塞浦路斯等待进攻埃及的机时，有两个聂斯脱利派教徒曾拜访法王，带来蒙古大汗的消息：准备帮助法王征服圣地，从萨拉森人（历史上欧洲人称阿拉伯人为“萨拉森人”，英译“Saracen”——编者注）手里夺取耶路撒冷城。路易听之甚为欣喜，遂派两个多米尼克派教士为使节，携带礼物前去参见蒙古大汗。法国使节所带的礼物是包括一顶由贵重织物制成的、做祈祷的帐篷，里面挂着图画，以解释福音的情景。有趣的是，大汗把法王的礼物当作贡品接受了，并宣布法王为大汗新的封臣，要求法王每年进贡同样的礼物。这批使节是在 1251 年回到欧洲的。当然，法王想让蒙古人改宗、并与之结盟的初衷未能实现。

十字军国家缺乏人力优势，只能把防卫寄托在厚实的城墙上。可是 13 世纪的攻城机械已是沉重的“火炮”，能猛掷 1/4 吨的发射物。1263 年到 1271 年期间，拜伯尔斯连年进攻叙利亚和巴勒斯坦的十字军城市。那些拉丁人的城市或稍作抵抗或毫无抵抗就先后投降了。圣殿骑士团与医院骑士团占领的要塞、城堡，都遭到埃及马木鲁克军团的毁灭性打击。1263 年，拜伯尔斯占领了卡拉克，毁坏了拿撒勒的古老、神圣的基督教堂。1265 年，拜伯尔斯攻占恺撒利亚，把它夷为平地。1266 年 7 月 23 日，萨法德的圣殿骑士团守军向拜伯尔斯投降，附加条件是保住 2 000 名骑士的生命，让他们安全地返回阿克城。但拜伯尔斯还是把他们全杀死了。埃及马木鲁克军团的胜利事迹刻上了萨法德的城墙上，迄今仍留有遗迹。

1268 年，拜伯尔斯再次出兵攻打巴勒斯坦、叙利亚地区的十字军城堡与要塞。雅法城毫无抵抗地被马木鲁克军团占领，城市被毁为平地，城市中的一些较好的建材被运到开罗修建清真寺。随后，拜伯尔斯兵分三路，一支攻占港口；一支进攻塞琉西亚；一支直扑安条克。5 月 14 日安条克城被攻占。据伊斯兰教的史学家记载，苏丹命令关闭城门，一个基督徒也不放出。所有基督教居民或被杀，或是被卖为奴隶。富庶的城市成为掠夺的对象，这个被基督徒统治了 171 年的城市连同它的城堡与著名教堂全被毁灭了。

上一次东征的失败一直萦绕在路易九世的心头，特别是作他人阶下囚的噩梦更是难以排遣。这些压抑不断刺激着路易九世去发动新的东征。1267 年，路易终于再次宣布率领第二次十字军行动的意向。安条克的失陷促使他加紧招兵买马、筹措粮秣。他与热那亚人联系，让他们提供船只，护送“基督战士”出海。路易又一次举起十字架，其子也效法追随他。可是法兰西的贵族们却以国王计划不切合实际而拒绝参加，甚至他的侍从儒安维尔也不愿参加十字军远征。但路易九世固执顽梗，坚持率兵出征，他已做好成为一名殉难者的准备，以抵挡伊斯兰军队的侵犯。尽管欧洲人对东征已经淡漠，但罗马教廷为夺回“圣地”依然鼓动新的十字军东征。因此教皇对路易九世的东征意向深为赞赏，怂恿他尽早成行。教皇克雷门特四世要求西欧各国的主教、教士以演讲与税收给予协助，并同意路易九世向法国教会征收三年什一税。由于志愿参加十字军的人数不多，路易九世不得不在全国募集“十字军捐”，用金钱雇佣骑士东征。

1270 年 5 月，路易九世率领 6 万人，在法国南部港湾亚格摩特扬帆启航。可是恶劣的气候迫使船队驶向撒丁岛。在那里法王调整了远征计划，不按原计划去阿克城，而是转向离撒丁岛最近的非洲突尼斯。选择突尼斯作为进攻的目标，大致有几种说法：1.认为突尼斯国王曾对十字军有过友好表示，当时还“盛传突尼斯王欲皈依基督教，恐人民反对故欢迎外力的压迫”。因此路易设想以十字军进入突尼斯，以坚定这位国王“改宗”的意愿；2.出自法王路易九世弟弟安茹伯爵查理的谋划；3.路易九世深知渡海进攻埃及毫无成功的希望，因此想以迂回方法来达到东征目的。进攻突尼斯，从西边攻打埃及；4.占领突尼斯，也可扩大法国在地中海区域的势力范围。

1270 年 7 月 17 日，法国十字军在突尼斯海岸登陆。据埃及史学家马格里齐记载，双方“战斗到 8 月底，战斗残酷，双方死去很多人”。法军打败了增援的伊斯兰军队。然而，七八月的非洲，天气酷热，法军适应不了这里的气候，加上当地正流行痢疾与伤寒。疫病在法军军中蔓延，路易九世本人也罹疫而死，临死前口中还发出“耶路撒冷”的词语。路易九世的遗体自然没有埋葬在阿拉伯人的土地上，被当作一种遗物从伊斯兰世界返归家园。由于气候炎热，十字军生怕尸体腐烂，他们就煮熟尸体，并除下骨头，把它置放在精美的盒内，由其子菲力普三世带回法国。

路易九世的弟弟安茹伯爵查理在得到路易九世去世的消息之前，已率领援军乘船从西西里赶来，军队在迦太基登陆。十字军与突尼斯军队、马木鲁克军队数次交锋，终获大胜。突尼斯国王穆斯塔绥尔伊莱黑被迫求和，表示对西西里王国称臣。1270 年 10 月底，穆斯塔绥尔伊莱黑与安茹伯爵查理签订合约。合约规定：突尼斯重新向西西里王国纳贡，数额为过去的两倍；把隐藏在突尼斯的查理政敌驱逐出去；赔偿法国十字军军事费用 7 万金盎司，其中 1/3 归查理所有；双方均有义务保护在本方国土内进行商业贸易的对方商人。路易九世发动和组织的第八次十字军东征就这样结束了。

在路易九世组织十字军东征时，英国的爱德华王子也组织起一支十字军，准备随路易一起东征。为这次十字军，英国王室采取了一切可以找到的方法来筹措现金，包括 1269—1270 年向大众征收为期两年的二十分之一税，1272 年教会也贡献了为期两年的十分之一税。当爱德华王子率军到达法国时，路易已率兵启航撒丁岛了，爱德华王子想追上法王，但还未到达非洲，就听说路易九世已驾崩，法国与突尼斯已缔结合约。爱德华王子不想就此放弃东征。他回到西西里岛过完冬天后，扩充了队伍，于 1271 年春天启程前往巴勒斯坦，到了阿克城。当时巴勒斯坦的两支十字军仍处于对立、冲突之中，爱德华王子的来到，有助于他们间的弥合，很快有 6 000 名战士加入英国王子的十字军队伍。此时埃及苏丹正与周边国家开战，无暇对付巴勒斯坦的十字军。利用这一良机，爱德华率军进攻并占领了拿撒勒。但炎热的气候使许多十字军将士病倒了，爱德华王子又为刺客所刺伤。他怀疑刺客为埃及苏丹所差遣，但刺客当场毙命，故事实真相难以断定。待他康复后，就准备对埃及马木鲁克军队采取报复行为。埃及苏丹因自顾不暇，暂时无力抗击十字军，不得不求和。就在这时爱德华王子因父王亨利三世去世，需要他立即回国处理后事。这样，双方很快就签订了合约：宣布停战 10 年，基督徒保留在圣地占有的地方。爱德华返回英国登基为王，即爱德华一世(1272—1307 年在位)。

1274 年，格列高利十世在法国里昂召开宗教会议，即罗马教会第 14 次普世会议，在这次会议上，他热切地呼吁基督徒发动新的十字军东征，以夺回圣地，解放圣陵。与会的各国君王深为感动，纷纷跪倒在教皇格列高利十世面前，亲吻教皇递给他们的十字架，宣誓参加十字军。但是，未等十字军组织起来，格列高利十世便去世了。

四、“十字军战魂”在东方的消失——阿克城的陷落

13 世纪下半叶，巴勒斯坦法兰克人的势力已日薄西山，耶路撒冷王国仅剩下：阿克城及 73 个村庄、西顿城及 15 个村庄、凯法斯与卡麦尔及 7 个村庄和贝鲁特的领地、马加特的城堡以及的黎波里等地。

1277 年 6 月 1 日，拜伯尔斯为宾客准备了有毒的发酵马奶，一时疏忽自己竟喝了下去。他死后，他的两个儿子先

后继任苏丹。大儿子在位不到一年就死了，由年仅 7 岁的次子继位，1279 年，盖拉温废黜了拜伯尔斯的次子，自任苏丹(1279—1290 年在位)。盖拉温本人曾是突厥奴隶，年轻时被带到埃及，卖给阿尤布苏丹撒利哈，身价 1 000 第纳尔，因此外号为“艾勒菲”(意为千金奴)。盖拉温打算维持阿克城、西顿等地的和平，1283 年，他恢复了拜伯尔斯与法兰克人签订的 10 年休战协定。

1285 年，埃及马木鲁克军队围攻海岸边的马加特城，经过 38 天的围攻，该城基督徒终于投降了。射嵌在马加特城堡外墙上围攻者的箭头，迄今仍可看见。1287 年，蒙古人向的黎波里的法兰克人统治者提议，联合进攻埃及马木鲁克军团。盖拉温获悉了这一信息，认为法兰克人的存在对伊斯兰国家的安全是一种威胁，决意除掉这一隐患。1289 年 3 月，趁的黎波里内部纷争之际，盖拉温率大军北上叙利亚，包围的黎波里。交战中，绝望的威尼斯人首先从海上撤离，热那亚人随后也撤离了战场，这使城中大乱。4 月 27 日，的黎波里终被攻陷。这座城市及其城堡几乎完全被毁，城中的基督徒大多被杀死，少数人逃到港口外的小岛上避难，又被追赶而来的埃及马木鲁克军团杀死。之后，盖拉温又攻占了贝特伦要塞，他在攻占的十字军城堡墙上刻上了铭文，其遗迹至今仍清晰可辨。

埃及马木鲁克王朝的许多官员都怂恿盖拉温乘胜进攻阿克城，但盖拉温拒绝了，他力劝伊斯兰把阿克城当作贸易港口。其实，在耶路撒冷失陷后，阿克城是巴勒斯坦拉丁基督教徒的中心城市，被看作是第二圣城。阿克城修筑了坚固、雄伟的双层城墙。阿克城的人口因朝圣者与避难者的不断涌入而增加，阿克城有利的地理位置吸引了大批西方与东方的商贾。但阿克城内法兰克人成员甚为复杂，这里居住着耶路撒冷王国的君主和官员、安条克王国与的黎波里、西顿的统治者，圣殿骑士团、医护骑士团与条顿骑士团的骑士，还有意大利热那亚、威尼斯与比萨的商人，教皇使节与法、英等国君主的代表……他们都各自为政、自行其是，致使阿克城没有统一的管辖机构。当时，阿克城有一个狂热的宗教组织，1289 年该组织力劝塞浦路斯国王要求罗马教皇进行一次新的十字军远征。1290 年夏天，一支十字军舰队从意大利驶抵阿克城。在欢迎宴会上，被烈性酒灌得酩酊大醉的十字军冲到街头，抢劫并勒死了 19 名来自大马士革的商人与蓄留络腮胡子者（因为十字军认为蓄留络腮胡子者必定是阿拉伯人）。

盖拉温为这桩屠杀伊斯兰教徒的事件感到吃惊，但他并不想攻占阿克城，而是准备与基督徒再签合约。但阿克城的基督徒因十字军的到来而变得十分狂妄，他们拒绝签订合约。这使原本想保留阿克城作为联系东西方贸易据点的盖拉温十分恼火，他对着《古兰经》发誓：不把法兰克人赶入大海，决不放下手中的武器。埃及马木鲁克军团迅速在开罗集中，阿克城的基督徒得知此消息后，“清醒”过来了，深知自己的处境虚弱与危险，急忙表示同意签订合约，但为时已晚。1290 年 11 月 4 日，埃及大军启程出征，不料第二天年已 77 岁的盖拉温患病而死，军事行动只得暂时搁置。

1291 年 3 月，为完成先父未竟之业，盖拉温之子阿尔·阿什拉夫统率大军向阿克城进军。埃及军团中有骑兵、步兵与“炮队”，一台炮的木支架拆开来“要用100辆大车装载”。据当时的一个欧洲人估计，伊斯兰军队有6万骑兵、6万步兵，这一数字虽有些夸大，但大多数人相信埃及军队人数要远远超过十字军。5月初，马木鲁克军团围困阿克城。

1291年5月18日，阿克城厚实的双层城墙被埃及军队的“大炮”轰塌，城内6万名基督徒或被杀，或沦为奴隶，慌乱中仅少数贵族乘船逃往塞浦路斯。十字军在东方的占领区被伊斯兰军队攻占后，塞浦路斯王仍保持着“耶路撒冷王”的称号。这个岛在14世纪时并入威尼斯。圣殿骑士团据守在海边的修道院要塞，又坚持战斗了3天。阿克城全部落到了马木鲁克军团手中。

十字军在东方除了占据着塞浦路斯外，失去了在东方的所有领地。十字军攻占东方的历史结束了。

第十章　十字军东征的后果和影响

一、教皇权势的膨胀与基督教文化的繁荣

自11世纪的克吕尼改革始，教皇权势便逐渐攀升，至13世纪上半叶终于达到了顶峰。这一时期正好与十字军东征相吻合。可以说，罗马教会正是利用一次次的十字军东征，不断抬高自己在天主教世界的地位，并完成了西欧精神上的认同感。

伴随"基督教世界"这一观念在欧洲的普遍认同，教皇政体得到了确立和巩固。教皇政体的确立和巩固得益于克吕尼宗教改革运动和十字军东征及其由东征而引发的狂热的社会文化氛围。克吕尼宗教改革的成果是显赫的，利用克吕尼修道院系统，教皇加强了与中欧与北欧的联系，实现了教廷神权的国际影响。1059年，罗马教会首次不受德意志国王、神圣罗马帝国皇帝和其他世俗势力的干涉，由主教、修道院院长和教士选出了教皇尼古拉二世（1059—1061年在位），并在那年的拉特兰公会议上颁布了由著名改革家霍姆伯斯起草的教皇选举法，将提名新教皇候选人的权力赋予枢机主教，剥夺了罗马贵族和德意志国王、神圣罗马帝国皇帝干预教皇选举的权力。

与此同时，罗马教会着手建立行政机构——罗马教廷，由大主教、主教和祭司组成了枢机主教团，因其成员佩戴红色的披肩和围腰，又称“红衣主教团”。1075 年，教皇格列高利七世发布敕令，重申教士绝对服从和独身，反对世俗主教叙任权，要求各国君主服从教皇裁决，力图在教俗两界建立起教皇专制。1179 年教皇战胜了德王，制定了新的教皇选举法，规定新教皇须经三分之二以上的枢机主教赞成才能当选。之后，罗马教皇开始了进一步扩大权势的活动，他们关注于教会的日常管理，加强了对教会法律和行政的管理，逐步确立起教会法。

1198 年，教皇英诺森三世即位。这位法学家出身的教皇寻求以各种方法来实现教皇在基督教世界的霸权。为了实现这个目标，他在教会内部建立起集权统治。面对十字军东征中矛盾重重的西方世俗君主无力对付教皇的局势，他大权独揽，按照自己的意愿任意任免和调动主教和修道院院长。在与皇权的关系上，他坚持教皇有权决定皇帝与国王的人选，公然干预德意志的政治，使自己操纵的皇帝候选人霍亨斯陶芬的腓特烈二世获胜；他以停止全国宗教礼拜仪式和开除教籍的手段相威胁，迫使法国国王腓力二世就范；他强迫英国国王约翰接受教廷任命的大主教，并迫使约翰承认英国为教皇国的属国，本人为教皇的附庸，向教皇称臣纳贡；他派遣十字军镇压法国南部的阿尔比派“异端”。凡此种种，都充分显示出英诺森三世在位时期，教皇权势达到了登峰造极的地步。

教皇权势的攀升，既以教皇政体的确立与巩固为前提，同时又带来了社会宗教气氛的狂热和基督教文化的繁荣，这便是在 12 世纪出现的、被西方称之为“12 世纪的文艺复兴”的文化现象。在狂热的宗教气氛中，西欧形成了世俗生活与宗教生活交织的特殊现象，其表现首先是教会的祝福、教士的祈祷成了非常普遍的社会习俗。那个时代的民众，从他出生的那一刻起就是基督徒，从受洗礼起，他们就必须参加每一次礼拜仪式，直到离开这个世界，他们思想意识的主宰是基督教的，他们的社会活动中心是教堂。在教堂内，他们做礼拜，庆祝各种宗教的和民俗的节日。教会所宣扬的关于上帝意志、原罪与补赎等教条已深入他们的骨髓。一个基督徒死后是否能进入教堂的墓地，对他们来说是关系到其灵魂是否能进入天堂的大事。临终前向教士忏悔、得到教士的祈祷，是他们能得到的最大的慰藉。宗教教义对人们造成的心理压力，促使人们虔诚地做礼拜、祈祷、忏悔和向教会捐赠，以拯救自己的灵魂。宗教仪式，主要是由教会主持的七项圣礼完全融入了普通人的日常生活，人人有罪，必须由教会帮助赎罪，这是教会强加在教徒身上的一条精神枷锁，也是教会控制民众思想和行为最重要的、也是最有效的方式与手段。

11 世纪起，商业活动在西欧社会经济生活中的作用逐渐扩大，基督教徒也加入了经商的行列。商人不再是犹太人的专业职业，特别是在第一次十字军东征之后，东西方之间的贸易与文化交流增多了，犹太人在商业中开始受到基督徒的排斥和迫害，西欧各地发生了驱逐和迫害犹太人的事件。1179 年，第三次拉特兰会议上，罗马教廷明确规定，禁止任何团体或机构与犹太人来往。基督教的教义为基督教商人排斥犹太人提供了根据和理由，同时也给自己带来了矛盾和困惑。一方面，商人们采用各种手段获取最高利润，另一方面他们又因为对地狱的恐惧而自责，他们所拥有的财富往往成为他们的心理负担。有些人甚至抛弃了财产，而更多的人则是用巨资修建教堂。汤普逊说：11 世纪起的那种新的宗教热情表现得十分强烈，有很多例证可以表明整个村庄或社会参加运动（即修建教堂——笔者注），包括教士和俗人、农民和贵族、男人和女人。

在城市兴起、教会充分扩张、信仰日益狂热的背景下，基督教文化逐渐走向繁荣。长达 200 多年的十字军东征，一方面使欧洲宗教的虔诚和狂热、骑士的勇武与野蛮、商业扩张等都达到了顶点；另一方面又是基督徒接触到了非基督教的东方文化和东方宗教，扩大了东西方的相互交流，贸易往来更为活跃，思想意识和文化的传递更加容易了。拜占庭地区的宗教观念、亚里士多德、柏拉图等古典哲学家的著作重新流入西欧。古典文化重新流入西欧主要是通过两大渠道：即西班牙和西西里的翻译运动，但十字军东征使西欧的骑士与商人打开了视野，无疑为古典文化的传入提供了合适的土壤。而同一时期西欧大学的兴起，恰好又为学术研究提供了场所和条件，经院哲学终于获得了蓬勃的发展。

十字军时代是罗马教皇和罗马教会权势不断上升的时期，但这一时期也是教会道德蜕变的时期。基督教的核心是信仰和道德，基督教的道德是基于人的内心自觉，通过一种肯定的方式(良心发现)来协调人的行动。仅仅在行动上遵循道德是不够的,真正的善在于内心的虔诚,在于动机的纯正。但是,基督教在发展过程中,内在的信和爱逐渐演变为一些外在的表现形式,尤其在十字军东征的年代里,除在修道院里生活的人外,一般信徒的道德生活中,信仰已被各种以教会承诺为依托的替代性赎罪方式——购买赎罪券、购买圣徒遗物、向教会捐赠土地或其他财产、参加十字军等形式所取代。由于教廷愈来愈频繁地使用各种赎罪方式来聚敛财富,把“神恩”当作一件商品自由出卖,使得教会在获得大量钱财的同时,基督教道德的神圣与纯洁遭到了严重的玷污,人们可以大胆地作恶,只要支付赎罪的钱财或参加教会组织的十字军,不必担心死后灵魂的前程。到了这个程度,赎罪由内心的良知发现终于变成了外在的买卖关系。

当然,导致基督教会道德蜕变的因素除了已叙述的之外,当然还有教皇与神职人员道德生活的腐败堕落,基督教会内部的争权夺利与离心离德,教权与王权之间的力量对比发生变化,等等,使得教皇和罗马教会在教徒心目中的地位大大降低了,在同一过程中,欧洲出现了种种否定教皇权力至上的观点。

在十字军运动连连失败、教皇权势走向衰落之际,法、英等国内部割据势力的逐渐剪除、社会经济的发展、市民阶层的崛起,王权逐渐强大起来。西欧思想界提出的君权学说也随之兴起。在此期间,法国学者约翰提出了君权独立的主张,意大利文艺复兴的先驱但丁在他的《论君权》一书中提出了“皇帝的权力是上帝直接授予”的主张,他们都否定了罗马教皇的中介作用。到了教皇博尼法斯八世时期，面对欧洲出现的新的政治形势，他仍以其前辈格列高利七世、英诺森三世的“教权至上”为信条，沉迷于欧洲太上皇的美梦之中。于是，王权与教权在新形势下展开了激烈的斗争。这一斗争集中体现于法王腓力四世与教皇博尼法斯八世的冲突。

11 世纪西欧的克吕尼修道院改革运动，树立起了罗马教皇的宗教权威，也滋长了教皇、大主教和主教们的权力欲，利用教会法权为个人谋私利的现象屡见不鲜。教皇和修道院的财富培植了他们的霸权，引起了民众的不满。于是人们提出了一系列令人深思的问题：教会给教士授职是不是能实施基督救赎的根据？是否只有教会才有这个使命？是否只有通过教会指定的代理人才能实现福音？是否每一个基督徒都能被福音的信条和使徒的榜样召唤？种种疑问，归根到底就是关于个人的救赎问题。实际上，人们提出的核心问题是：由那些富有且贪婪的教士与修道士来做中介，能否得到上帝的救赎？

11 世纪，在法国西部地区最先出现了一些宣传“基督守贫”的修道士，他们从耶稣基督是贫穷的思想中引申出贞洁、放弃财产和守贫的观念。下层民众中甚至还出现了一股回归原始基督教和追寻使徒生活的宗教潮流，像基督那样生活的修道士在西欧各地都有出现。这些传教士并没有过隐居的生活，而是积极从事社会活动，以布道传教作为己任。基督与使徒贫穷的宣传，个人传教方式的出现，都对罗马教会的特权与地位产生一定的威胁。

十字军东征时期，西欧与地中海东部的联系密切了，这一环境有利于异端思想的传布。十字军骑士、商人和织工通过不同渠道把摩尼教的二元论思想带到了西方。12 世纪中叶以后，卡塔尔派在意大利的伦巴德、法国南部发展起来了。12、13 世纪的法国南部是指卢瓦尔河以南的地区。这一地区在民族构成、语言、文化上都同法国北部有较明显的差异，这一地区被称为朗格多克，即"说南方话的地区"。这是当时法国乃至全欧洲最富裕的地区之一。12 世纪时期，这里的封建大领主，如阿奎丹、加斯科尼、图卢兹、普罗旺斯等，都不承认巴黎卡佩王室的统治，却分别同英王、亚拉冈王室和德王有领属关系。图卢兹伯爵是这一地区最大的领主，同时又是法王的封臣。在错综复杂的领属关系与列强争斗中，图卢兹伯爵及其大大小小的封建主为保护自己、扩大势力，往往借助各种社会力量，这对于异端思想的传播无疑起了推波助澜的作用。早在 12 世纪中期，《查士丁尼法典》已成为世俗法官断案的依据，宗教权威因此受到了挑战。这里的人们思想活跃，对圣经与教会信条具有自己的理解和思考，这些都使这一地区成为异端运动的中心，这一时期的异端运动通常被称为阿尔比派异端运动。

阿尔比派异端运动是 11—13 世纪流行于法国南部、意大利北部等地的纯洁派的宗教运动。纯洁派又被称为卡塔尔派（Cathar，源于希腊文"纯洁"），纯洁派教徒同摩尼教徒一样都主张善恶二元论，因而被人们称为"新摩尼教"。该派于 11 世纪初见于西欧，到 12 世纪时达到顶点。由于 12、13 世纪时，纯洁派的活动中心在南法的阿尔比城，因此阿尔比派即成为纯洁派的代名词。

为了镇压阿尔比派，全基督教公会议和地方宗教会议都宣布把“新摩尼教徒”开除出教。1179 年，教皇亚历山大三世在拉特兰公会议上宣布纯洁派为异端。1202 年，英诺森三世委派西多会的安诺德与彼得·德·卡斯泰利诺为特使并授予全权，同时向西欧的领主与法国国王许诺，凡参加十字军剿灭纯洁派者，将获得纯洁派教徒的财产。1208 年 1 月 13 日，教皇特使彼得·德·卡斯泰利诺被刺身亡，这一事件成了英诺森三世组织十字军讨伐南法的口实。3 月 28 日，英诺森三世发布公告，号召欧洲各国基督徒组建十字军对纯洁派教徒进行征战。很快，法国北部的教士、狂热的骑士、醉心于掠夺的冒险家们纷纷汇集到十字军的旗帜下。第二年，即 1209 年，一支由西门·蒙福尔任指挥的十字军向法国南部进发了。这支十字军得到的待遇参照巴勒斯坦的十字军，享受免罪权，同时也被免去了所欠债务的利息。这场带有毁灭性的战争延续了 20 年，到 1229 年方才结束。1229 年，雷蒙六世之子雷蒙七世与法王路易九世签订巴黎条约，雷蒙七世之女被宣布为图卢兹的领地继承人，并嫁给了路易九世之弟。由于这笔交易，雷蒙七世的领地在他死后应归属于法国王室。

阿尔比派被镇压后，罗马教廷产生了强烈的危机感。这种惶惶不安的感觉使罗马教廷决定建立一个常设性的机构，以严密监视并及时扑灭随时冒出来的异端。1215 年，在第四次拉特兰公会议上，英诺森三世和与会的教俗人士讨论了根绝异端、改组僧团和一些基督教教义问题。会议命令犹太人、萨拉森人着特殊服装，并通过了向异端斗争的决定，责成世俗和教会当局坚持与异端斗争，这就为建立宗教裁判所提供了法律依据。这次拉特兰公会议还讨论了同后来宗教裁判所的全部血腥事业关系极大的另一个重要问题，这就是改组旧僧团，它导致了在镇压异端中起了重要作用的多明我会[又称多米尼克修道会，由西班牙人多米尼克・古兹曼(1170—1221 年)，于 1216 年建立]建立。这些修道团体的出现，在基督教世界再次掀起了新的清修高潮。

二、十字军东征对西欧文化及社会生活的影响

早在 11 世纪下半叶，罗马教廷及西欧封建主为从异教徒手中“解放”圣地，已极力渲染他们侵占圣地、毁坏圣墓、阻止基督徒的朝圣活动，以诋毁萨拉森人的种种“劣迹”，在当时的西欧文学作品中已有充分的表露，最典型的是法国的英雄史诗《罗兰之歌》。《罗兰之歌》描述的历史事件是在 778 年，查理大帝远征西班牙，因国内发生叛乱而返回；当途经比利牛斯山的伦斯伐尔时，他们遭遇土著巴斯克人的袭击。然而，11 世纪出现的《罗兰之歌》却篡改史实，把这一事件描述为查理曼帝国与伊斯兰力量之间的对抗。《罗兰之歌》大约创作于 1080 年前后，描述查理大帝出征西班牙摩尔人凯旋时，其后卫部队遭到信奉伊斯兰教的萨拉哥萨城马尔西勒王的袭击，损失惨重，查理大帝的侄儿也捐躯沙场。查理大帝得讯后迅速率军反扑，把敌人打败，并强迫萨拉哥萨城的伊斯兰教徒皈依基督教。这

样的描述是作为宣传、鼓吹组织十字军前往巴勒斯坦解放圣地的特别需要。

十字军早期的诗歌体裁以十字军为主旨，表达了圣战思想：圣地作为上帝的合法领土，现为抢劫者所侵占，因而必须作一切努力收复失地。诗人写道，“骑士们，你们确实是幸运的/上帝发布号召帮助你们抗击突厥人、阿尔摩拉维得人（即指信奉伊斯兰教者）”。13世纪法国著名诗人罗脱柏夫一方面鼓吹让更多的人参加十字军；另一方面又对十字军运动抱有怨言：“死亡使我失去许多/可爱的国王在两次朝圣旅行中，从我们这里夺走了善良的人们/当朝圣者前去遥远的突尼斯……一个野蛮的地方/邪恶、不虔诚的人们作了同样事。”他还抱怨法王路易九世发动的第七次十字军东征“剥夺了他所得的财政支助”。

十字军东征的思想在但丁的《神曲》中也有所表达。有人认为但丁的《神曲》是十字军文学传说在欧洲的反映。但丁认为在圣战中牺牲的十字军将士是基督教的殉难者。他把在第二次十字军东征中死难的祖先卡恰绮达与其他十字军将士安置在天堂的第五重天“火星的世界”。因为他们是在为拯救、解放圣地的战争中被异教徒所杀。但丁也承认德行能够存在于异教徒身上。在《神曲》中，但丁把伊斯兰英雄撒拉丁置于地狱的外缘——即善良的、非基督徒的魂归处。我国学者蔡伟良指出：“《神曲》本身受到伊斯兰文学传统的强烈影响，《神曲》的一些基本特征可能是汲取了穆罕默德升天的伊斯兰传统。但丁的思想来源，一是波斯关于阿尔达·维拉夫升天堂的传说；二是《古兰经》关于地狱的描写和穆罕默德巡旅天堂之事；三是阿拔斯王朝时期作家艾布阿拉麦阿里（973—1057 年）所著的《宽恕书》，是一部以天堂、火狱为背景的长篇散文故事。讲的是一位名叫伊本格利哈的学者骑着一匹珠宝镶成的骆驼在天堂、火狱幻游，遇见了阿拉伯历史上的众多人物。有的进了天堂，有的入了火狱。天堂中绿树成荫，河溪透彻，伊斯兰教诗人们在仙女的伺候下，欢宴聚饮，论诗讲文。地狱中撒旦遭受捆绑与折磨，还有基督徒及不信教的诗人在那里受苦。他到处询问人们得到宽恕和得不到宽恕的原因，故名《宽恕书》。书中充满了奇特的想象，里面描绘了天堂奇观、火狱酷刑、诗人聚会……无不绘声绘色、引人入胜、耐人寻味，是阿拉伯文学中的瑰宝。在天堂门口，叙述者见到一位天堂的美女，她被指定为他的导游。值得注意的是，《宽恕书》等著作在但丁时代虽还未译成，但其内容与情节已随十字军运动传到西欧，以至阿拉伯史学家与西方文史学家都认为，但丁的《神曲》的总体结构与《宽恕书》十分相似。”

阿拉伯文学名著《一千零一夜》是在 18 世纪初才被译成西方文字的。1704 年，安东尼·加仑翻译的《一千零一夜》第一卷法文版在巴黎出版。但是，《一千零一夜》的许多故事早已在威尼斯等地流行。它一方面是因意大利的通商大埠早已和东方接触，引入了许多阿拉伯情调的小说故事；另一方面是随着十字军东征，大批西欧基督徒涌入阿拉伯地区。十字军东征失败后，十字军将士返回欧洲时，也带回了东方优美的神话与民间故事。文艺复兴早期，著名文学家薄伽丘的《十日谈》就受到《一千零一夜》的相当影响。因此《十日谈》与《一千零一夜》有不少共同之处。两部书的发端、结构、形式都差不多。

11 世纪末至 13 世纪末,在西方世界兴起了一场规模宏大的翻译运动,这次大规模的翻译运动的兴起无疑要归功于西方的扩张与基督教徒与伊斯兰教徒的接触与交往。这一时期,阿拉伯人和拜占庭人先进的文化和学术成果陆续西传。西欧获得了失传 8 个世纪以上的一些希腊哲学家的作品,了解了阿拉伯和拜占庭学者在哲学、数学、天文、医学和建筑等方面的研究成果。这不仅对西方人的文化偏见带来巨大的冲击与震动,同时也使西欧人的"文化教养水平得到了明显的提高"。这一时期,西欧获得了失传已久的希腊哲学著作,中古欧洲经院哲学的兴起、发展与它有密切关系。经院哲学虽以神学为基础,但它是中世纪鼎盛时代的最高精神成果,是伴随着学术的复兴而出现的理性主义产物。13 世纪在西方传播的亚里士多德主义"并不是古代思想家的直接沿袭,而是经过阿拉伯哲学家解释的结果"。阿拉伯哲学家的译作与注释不仅为欧洲哲学家提供了素材,而且提供了处理这些材料的角度、方法,并提出了由于不同解释而产生的问题。一般认为,亚里士多德的哲学通过两条途径传入西欧,一是诺曼人控制的西西里岛;二是西班牙。其实,还应加上十字军东征。十字军东征沟通了东西方的经济、文化交流,遂使亚里士多德著作的希腊文本与阿拉伯文本重新出现在西欧哲学家与神学家的书桌上。1203 年十字军攻陷君士坦丁堡后,一些希腊典籍流入了西方。极少数懂得希腊文的学者根据希腊文原本翻译亚里士多德著作，或再对原有的译本加以校订、修正，以纠正亚里士多德译本中的错误，他们还完成了亚里士多德剩余著作的翻译，如《政治学》《诗论》等。这些被翻译或重译的亚里士多德著作对经院哲学的繁荣、发展起了巨大作用。虽然在1209年的宗教会议及后来罗马教皇派使节禁止在巴黎大学讲授亚里士多德的自然哲学与形而上学，只准讲授逻辑学。但不久，这项禁令即被冲破。“不到二三十年，亚里士多德的学说已在学术上占主导地位，这时哲学已与中世纪的三学科（文法、修辞与逻辑）和四学科（天文、算术、几何与音乐）并列……哲学被公认为一门独立的学科”。美国史学家威尔·杜兰也认为，现在阿拉伯人把从希腊得到的学识回报给欧洲，它促使欧洲人开始用心思索与探索，终于导致了文艺复兴时代的近代哲学之诞生。

十字军东征是西欧封建社会首次大规模的向外拓展与冒险，它使西欧人见识了外面的世界，激发了欧洲人探寻外部世界的欲望。随着十字军返回欧洲，不仅东方的奇珍异品也被带回欧洲，东方人的生活方式也随之被介绍到了西方。这些“远征的十字军将士们，从利凡得沾染了一种追求豪华奢侈的习惯”。他们开始穿着轻软的服装，食用加有香料的菜肴，饮用芳香的美酒……使得东方生活方式潜移默化地进入西欧人的社会生活和精神文化中。东方的香料包括胡椒、肉桂、丁香、肉豆蔻和生姜等，沿着东西方的贸易线路不断地流入欧洲。1101年，十字军攻占恺撒利亚，热那亚人分到的战利品是16 000磅胡椒。“丁香和胡椒等芳香调味料，在12世纪时开始成为西方人所嗜好的佐料，如果没有几盘带佐料的菜，大宴会就不成样子”。香料在西欧上流社会的食谱中受到重视，西欧人以极大的热忱来欢迎东方的香料。“输送到阿尔卑斯山以北的香料愈多，人们对它的需求也愈大。无论香料的到达如何迅速、频繁，绝没有缺乏买主的危险”。

中世纪欧洲人服装的主要质料是亚麻布、粗羊毛及皮革等。随着十字军东征，欧洲骑士接触到东方人的生活，对东方服装和质料都喜好有加。“以至有一个时期，一个欧洲人如果没有一套东方服装，就会觉得自己不是真正的衣冠楚楚”。精制的东方服装大都用丝绸、缎子、素纺、丝缎、天鹅绒、锦缎等质料制作，它们轻软柔韧、色彩艳丽、图案精美。东方的丝织品在欧洲具有很高的评价。13世纪中期，罗马教皇英诺森四世身穿刺绣金袍，为访问罗马的英国大教长所惊叹不已，后者也令刺绣工为他制作刺绣长袍与十字褡。丝绸、锦缎等织品的名词不少来自东方。如五色丝缎，英语为atlas，即为阿拉伯语atlas的对音。缎子，英语为satin，是阿拉伯语zaytuni的对音。其实“zaytuni”一词乃是中国“刺桐”一词的讹误。刺桐城即泉州，刺桐由商人传入泉州，种之街巷，蔚然成风，故名。欧洲人虽喜爱丝绸衣服，但并不懂缫丝技术，只能向阿拉伯人购买他们所喜爱的丝绸。东方缫丝技术传到欧洲是在十字军时代。美国学者卡特曾言：“直到十字军已经颇有规模时，西欧才知道饲蚕制丝的方法，13世纪首先传入意大利，14世纪传入法国。”十字军东征期间，东西方的商业贸易进一步活跃了。东方的奢侈品渐次成为西方人的必需品，如棉布、丝绸等织品，砂糖、香料、东方蜜饯、水果等食品。这些物品的传入在一定程度上改变了欧洲上层社会的生活习俗，“它们在很大程度上影响了欧洲人的生活标准”。

十字军东征使西欧骑士的装束也出现了东方化的痕迹。东征初期，欧洲骑士身穿锁子铠，头戴铁盔，后来又改成遮掩紧裹全身的铁甲。但西亚、北非地区的阳光强烈，铁甲容易炙热，使人难熬。于是西方骑士也如萨拉森人一样，在铁甲外面罩上战袍大氅。起初西方骑士的战袍上绣的是普通的花纹，尽管色彩鲜艳，但缺乏特殊意义。而伊斯兰军队在他们的盾牌、旗帜、战袍上都绘有各种纹章图案，以识别不同的军团。比如，埃及苏丹撒拉丁以鹰为纹章图案，马木鲁克王朝的拜伯尔斯则以狮子为纹章图案。十字军模仿伊斯兰军队也把“鹰、狮、豹等勇猛的禽兽绣在氅上、绘在盾上、像招牌似的成为某某骑士的商标了”。有一首十字军抒情诗描写了这样一件事：有个叫奥托的米兰贵族在耶路撒冷城抢到了一个伊斯兰士兵的头盔。头盔上有毒蛇盘绕头盔 7 匝的图案，奥托又在头盔上加一匝，以示自己获得了胜利。

十字军参与者因惊羡东方物品的华丽新奇，在返回时带回西欧的有纹章、甲胄以及建筑技术乃至植物种子等。“当十字军归家时，他很可能模仿阿拉伯人的生活方式；转过来十字军将士又成了其邻居仿效的对象。他放弃穿戴笨重盔甲衣服的习惯，而穿着平滑丝绸或棉布的罩袍。他也把带回的新的食物品种诸如桃子、菠菜，种在自己的菜园里，栽种是为了自己的需要，也可在邻居中分发”。新物种的引入，激发了欧洲人在当地种植或生产的欲望，从而促进了西欧地方农业与手工业的生产。

十字军东征前，虽然已有少数西欧贵族接触到了东部地中海的糖，但对绝大多数欧洲人来说，蔗糖仍然是一种罕见的稀有物。十字军将士发现甘蔗还有一段插曲。1098年后十字军围攻安条克的那段日子，阴雨连绵、天气严寒，加上又饥肠辘辘。为度过凄苦的日子，有些十字军将士发现嚼食一种叫作“密茎”的甜芦可缓减饥饿。十字军将士还听说这一类“密茎”每年可种植，成熟后，可置于石臼内捣碎，绞出它的汁液，再把汁液倒入锅内使它凝结而硬化，直到状若白雪或白盐为止。十字军骑士把这种甜茎称之为“苏克拉”(Zucra)。西欧骑士尝到了糖的滋味，也学会了从栽植的甜茎中榨取糖汁。西方语言中的糖“Sugar”亦源于阿拉伯语。甘蔗种植与制糖业引进欧洲后，不仅给欧洲人带来巨大的经济利益，而且还对他们的饮食习惯产生不小的影响。

十字军东征时，“十字军东征时还把花的语言带到了欧洲”。古代东方人赋予不同的花以表达不同的含意，从而产生花的语言。传入欧洲的花的语言有：康乃馨代表机敏和快乐，罂粟花表示骑士风度，紫罗兰代表尊严和光荣，獐耳细辛表示初恋，金盏花表示嫉妒，天芥菜花意味着承认爱情，百合花是纯洁的象征，勿忘我花代表永恒的纪念，蝴蝶花表示感激，等等。

东方的一些游戏、玩具也可能是在十字军东征期间传入欧洲。如象棋是古代印度的一种游戏,它经伊朗与阿拉伯世界而传入欧洲,“是在第一次十字军时期或者更早的时期传入,欧洲最初提到棋子可能在 1061 年”,“十字军以及基督徒征服西班牙,产生了使这种玩具遍行于全欧洲的结果”。现代英语中的“象棋”(chess)乃是波斯语“王”(shab)的讹译。“困死”(checkmate)这个字是“shahmat”(王被侮辱)的转讹。又如“rook”为国际象棋中的“车”,它是波斯语“rukh”或航海家辛巴德所描述的可怕的“roc”(传说印度洋地区的大鹏);现称为“queen”皇后的棋子,就是乔叟称为“fers”,即阿拉伯语 al-firzan(“士”)。“当然不难想象,威尼斯人以及可能有些后期十字军人会兴高采烈地欢迎这种新发现的玩具,把它带回欧洲”。第四次十字军东征洗劫了君士坦丁堡城,骑士们把拜占庭帝国神奇的玩具也劫到了西欧。拜占庭帝国有会动、会唱歌的玩具鸟,可自由升降的御座,还有一头金狮子,会张着大嘴不时地怒吼,会用尾巴打击地面。“十字军见到拜占庭的这种玩物,惊讶不已,遂将它们携带回国”。这些机械玩偶与会喷出葡萄酒或玫瑰水的精巧的桌上喷泉,使西欧人看得目瞪口呆。

十字军时期,东方的指南针、造纸术和风车已推广到欧洲。人们认为上述器物的“广泛传播可归因十字军东征”。风车在 12 世纪后期首次出现于法国西海岸的诺曼底,尽管之前欧洲已存在水车,但十字军把一种改良的筒车带回欧洲。筒车的英语名称为“noria”,是阿拉伯语“naurahr”的对音。指南针是中国伟大的发明,但指南针用于航海则应归功于阿拉伯人。在欧洲,意大利海员首先使用了指南针。

美国学者希提认为，指南针为欧洲海员使用，是“与十字军的海上活动有关的一件重要发明”。造纸术是中国人对世界历史作出的巨大贡献。8 世纪中期，中国造纸工人在战争中被阿拉伯人俘获，从而将造纸术传给了阿拉伯人。阿拉伯人将它传入叙利亚、埃及、摩洛哥等地。1150 年左右造纸术传入西班牙，又从那里传到法国与其他国家。值得注意的是，植物纤维纸还通过其他两条途径传入欧洲：一是自北非经西西里传入意大利，另一是通过君士坦丁堡输入。后来意大利成了欧洲纸张需要的源地。雕版印刷（活字印刷的先驱）的发展需具备三大要素：一是对雕版印刷的需要；二是印刷需要的纸张；三是外来的推动力量。在这些因素中，“十字军与东方的接触，起有重要的作用”。埃及雕版印刷业发达的时期，正是十字军和紧接十字军征战而起的商业活跃时期。欧洲基督徒和商人大规模前来东方，从而使东方特别是埃及的印刷技术迅速传入欧洲。

埃及、腓尼基是世界上最古老的玻璃工业产地。中世纪的叙利亚的加釉玻璃色彩绚烂，薄且透明，深受人们欢迎。这种加釉玻璃在十字军东征时期传入了欧洲。很快，欧洲的哥特式教堂普遍采用了彩色玻璃窗。

十字军运动促使西欧社会习俗的转变，还反映在西欧妇女地位的提高方面。西欧的妇女从女人变成女士，“正是战争、宗教和十字军远征本身，在使粗野时代的妇女转变成骑士时代的女士这方面，起到了意想不到的积极作用”。十字军东征时期，东征的丈夫们只得把照料庄园的事务委托给自己的妻子。结果他们发现女人们完全有能力做好这一切，无论是管理财政、税收，还是处理政治问题。随着妇女能力的充分发挥，她们在法律上的地位也得到提升和巩固。东征的骑士把在东方看到的新奇事物带回了欧洲。那种对待妇女尊敬、宽容的观念使欧洲骑士有了较大的转变，以至欧洲出现了大量的歌颂爱情的抒情诗歌。十字军东征使西欧妇女地位改变的另一成果就是使流行于拜占庭的圣母玛利亚崇拜传播到西方。十字军东征期间，当圣母玛利亚的祭坛从拜占庭带回欧洲后，立即引起法国著名教士圣·伯尔纳的狂热崇拜。当时欧洲许多大教堂都以圣母玛利亚名义修建的，取名"圣母院"。基督教会把对救世主基督母亲的崇拜提到了极大的高度。

应该看到，通过十字军东征，欧洲人广泛接触到了东方的军事技术、传统习惯与东方物品，这些知识被不断介绍到欧洲，使欧洲封建制度受到了强烈的冲击。但是十字军东征对欧洲文化的影响不能过高估价，主要原因是基督徒并未认识到东方—伊斯兰文化所具有的重要价值。另外，十字军东征本身是对抗伊斯兰教的，它不可能主动地去吸收东方文化，亦不可能主动地去进行文化交流。但十字军东征在客观上使相当一部分西方学者接触到东方文明，这在一定程度上促进了欧洲文化的发展。

三、东地中海商业格局的演变

十字军东征的一个明显结果是使东地中海贸易区的商业格局发生演变。东地中海贸易区通常是指以拜占庭首都君士坦丁堡和小亚细亚为中心的地区，包括意大利半岛以东的海域。

十字军东征，尤其是第四次东征攻陷了君士坦丁堡，获利最大的是意大利商人，他们利用十字军东征的成果，运送军队、物资到利凡得，返程时把东方的香料、丝绸、地毯与毛毯等物带到马赛、不来梅、汉堡等地，再转运到法国北部、西部及北海、波罗的海地区与俄罗斯。他们携带铁、木材到北非，回转时携带丝绸、香料与胡椒等物，销售的红利高达100%。他们建立起了连接地中海的顺畅的商业贸易网络，使东地中海地区都纳入了意大利人的商业版图。

威尼斯很早就在君士坦堡城享有拜占庭帝国给予的特权。但十字军东征给威尼斯的扩张带来了机会。在前三次十字军东征中，威尼斯夺取了西顿、提尔等港口的贸易特权。第四次十字军东征，威尼斯不仅夺得君士坦丁堡的大部分地区，还在地中海东部爱奥尼亚海和爱琴海的一些岛屿，包括克里特岛、帖撒利亚海湾和希腊本土的其他地方取得一系列商业据点。威尼斯商人与罗姆苏丹国、阿勒颇以及亚美尼亚、特里比松等国签订了商业贸易协定。1255 年有人发现威尼斯人与热那亚人合伙在伊康从事贸易活动；他们从苏丹那里获得了明矾的贸易垄断权，以其原价的 3 倍出售，这种有利可图的贸易还可在从大马士革到基辅、克里米亚到高加索发现。从 1253 年到 1381 年，威尼斯经过长期斗争，终于击败竞争对手热那亚，成为地中海地区的经济强国。它拥有 300 艘大商船、3 000 艘小商船和 46 艘战舰、3.6 万名水手。威尼斯人口达 20 万，是当时欧洲最大的城市之一。从 1284 年起，威尼斯开始铸造金币杜卡特，之后杜卡特成为当时国际市场上通用的标准货币。

威尼斯商人把金银运入利凡得，从那里交换东方物品，如糖、香料、染料、宝石和丝绸。他们很早垄断了其邻近地区的食盐销售，又长期控制着经由黑海的毛皮、粮食与奴隶贸易。他们不允许外国船只直接驶向亚得里亚海的东岸或西岸；凭借强力迫使外国船只经由威尼斯，至少把他们的2/3货物卸在威尼斯。威尼斯政府还下令德意志的商船进入威尼斯港口，除放下武器，服从规章制度外，必须把船上全部货物全部卖在这里。13世纪中期颁布的法律，禁止威尼斯人用外国货船装运货物，也禁止把威尼斯的船只出售给外国人。威尼斯商人使用的船只是由其政府建造、并配备武装，出租给商人使用的。约100英尺长的商船，被认为是大型的，同类型的战船要比它长些。250吨被认为是合适的货量。这样一艘商船大约要配备200名船员，其中不少人在划桨、摇橹。这种船队曾被用来运送十字军将士，每艘船的装载量可达1 000人。威尼斯控制了地中海的海上通道，俨然成为地中海的主人。所以汤普逊把威尼斯称为“近代第一个殖民帝国”。

随着东西方交往的发展，地中海又一次成为欧洲与西亚、北非国家之间的贸易通道，而且也带动了欧洲北部商业的发展。自十字军东征以来，西欧沿海的佛兰德斯与意大利之间的经济交往变得十分活跃。佛兰德斯地处欧洲西部，优越的地理位置恰好使它成为北方诸海的商业在欧洲西部的一个中途站。这里手工业发达，尤以呢绒著称，能为停靠这里的船舶提供贵重的回程货物。佛兰德斯与隔海的英国及波罗的海国家、法国均保持着频繁的商业往来。事实上，12、13 世纪意大利城市国家与佛兰德斯就是欧洲两个重要的商业基地。佛兰德斯从北面，意大利城市国家从南方，向欧洲内地发展。香槟地区遂成了南北商业的交汇之地。

十字军运动为意大利商业城市打开了通向东方的海路，威尼斯人、热那亚人、比萨人……把经济触角伸向东地中海、爱琴海、黑海与西地中海、欧洲西部沿海及波罗的海。商业贸易量的放大，贸易冲突也日趋增多，建立国际通用的惯例、法规成为各国的迫切需要。十字军东征带来的商业贸易的发展，把建立国际法、商业法提上议事日程。海洋是属于国际性的，因而海上法便是国际法中相当重要的部分。它解决公海中冲突事件或关于各国船主间或官员、商人水手之间的冲突事件。美国学者汤普逊认为“海洋和商业法，即国际公法的开端是从地中海世界在十字军时期的冲突和融合里产生出来的”。

为避免海上竞争、冲突、意大利城市率先制定海上法。海上贸易所需要的法律与规程不同于陆上贸易的法律。原先的商业法规只涉及商人商业上的纠纷，未涉及海上法规。12 世纪后期才出现专门的海上法典，如比萨、特拉尼、马赛，以及后来威尼斯的“航海条例”等。其中以阿普利亚地区的特拉尼城制定的国际海洋法、商业法最为突出。十字军时期，特拉尼城的商业十分繁荣，拥有每年一度的圣尼古拉市集，成千上万的远近客商纷纷前来该市集。威尼斯、比萨、热那亚、阿马斐和佛罗伦萨等城均在特拉尼城拥有商店、银行或驻有商务代表。由于商业关系冗杂纷繁，船只进出、货物装卸，客商来自他乡异国，特拉尼遂制定了海洋法。这部特拉尼法规(即海洋法)获得地中海地区广泛的承认，也成为13世纪欧洲成文国际法规中的重要部分。

十字军东征还对外交机构的设置起了重要作用。西欧领事馆是十字军东征后设立的。最初的领事馆与其说是外交机构，不如说是贸易机构。1180年，意大利的热那亚派领事去阿克城，这是世界上第一批领事。后来埃及苏丹阿迪勒为促进与意大利人、法兰克人之间的贸易往来，准予威尼斯在亚历山大港建立有客栈的特殊市场，并允许比萨人在那里设立领事。

远程海运除了武力保护与外交支撑外，还需要交易方便和资金安全，这在客观上要求商业模式的改变以扩大资金的供应和加快资金的周转，信贷票据制度逐渐发明了，兑换商逐渐变成了银行家，甚至出现了股份公司。在十字军征战期时，即“从公元12世纪到14世纪，银行交易在西欧经历一个发展中的复兴时期”。十字军国家的建立，意大利商业城市就成了利凡得与欧洲贸易的活跃中间人。它们极力要使所有一切不同形式的信用来为商业服务。这个银行复兴运动先是在热那亚兴起，后在博洛尼亚，13世纪中期起佛罗伦萨人占据首位，有80家银行。这些银行商人一方面与威尼斯、比萨、热那亚的交易商有紧密联系；另一方面又与罗马教廷保持接触，以使教廷对他们提供有益的保护。

受到当时社会经济条件的限制，从事东方贸易的意大利商人还只能以木材、武器甚至奴隶作为与东方的交换物，后来佛兰德斯与法国北部生产的呢绒成了欧洲大宗输出商品。由于东西方的需求大相径庭，欧洲必须用金、银购买东方的丝绸、香料、药物与珍珠。因此，“西方与东方的贸易一直有逆差”。

十字军东征打破了之前拜占庭和阿拉伯商人在西亚贸易中的垄断地位，威尼斯、热那亚、马赛以及巴塞罗那等城从此确立了它们在地中海的商业优势。

随着蒙古人的崛起与大举西征，不同文化的交往进一步延伸到地中海以西和以北地区。在 13 世纪以前，我们未发现过威尼斯或热那亚商人远涉丝绸、香料之乡经商的记载。在这些商人的头脑里，一直认为耶路撒冷已是世界的尽头，而非洲海岸又非常漫长，遥无边际。他们从未想过穿过直布陀海峡或绕过非洲大陆到印度洋，以为这个计划是愚蠢而不理智的。当蒙古大军西进俄罗斯，在伊斯兰国家防线的北面撕开了一条很长的口子，于是不少欧洲人从这里前往东方。在 13 世纪 20 年代，热那亚人建立了印度贸易促进协会，反映出当时欧洲人对促进东西方贸易的重视。随着蒙古人西征的成功，东西方陆路通道再次得到凿通，不少欧洲人包括使节、传教士、商人和旅行家等都相继前往远东地区。14 世纪时有些意大利人还到扬州定居，那里曾发现 1342—1344 年竖立的意大利人的墓碑。14 世纪中国泉州主教安德烈提到他的教区内有一名为安德洛·德·萨维农的热那亚商人，1336 年该商人曾受中国皇帝派遣，去欧洲买马。意大利教士马黎诺里说道：“泉州有热那亚商人的海外货栈。”可见，13、14 世纪欧洲人来中国已非罕闻，当然来华的欧洲人中最为著名的是马可·波罗(Marco Polo,约1254—1324年,亦译“马哥·孛罗”)。

1271年,马可·波罗随父亲与叔父前往中国,在元朝供职十几年,并到过许多东方国家。回国后发表了《马可·波罗游记》。他用夸张的口气描绘了中国、日本及其他东方国家的繁荣富庶,似乎这些国家就是黄金遍地、财富如山的人间乐园。马可·波罗对这些地区的财富作了神话般的叙述,使欧洲财迷的心为之惊动,从而加强了他们要到东方去寻找金银财富的欲望。

蒙古大军曾大举西侵,一直打到了多瑙河,蒙古人所经之处必定留下灾祸。罗马教廷虽然也打算组织十字军抵御蒙古人入侵,但与西欧君主间意见不一,相互指责对方怂恿鞑靼人进攻、分裂的基督教世界。因此,当蒙古军横扫俄罗斯、叙利亚时,当地基督徒在给教廷的信中,并不认为蒙古铁蹄会对基督教世界有什么危险与威胁。面对蒙古人的进攻,西欧基督徒倒是幸灾乐祸,希望他们“相互摧毁、完全消灭,那时我们将会看到在全世界只有一种教会、一个基督”。基督教会企图用宗教的力量,笼络蒙古大汗,对蒙古帝国施加影响,以阻止蒙古军队向西欧挺进。当时的基督徒包括教皇与法王路易九世相信“假如蒙古人改信了基督教,他们将是十字军反对阿拉伯人的最可贵的同盟军,也是把基督教扩展到广大的地区去的办法”。于是,罗马教廷先后派柏朗·嘉宾、阿西林等人作为教廷使节前去蒙古,到达了喀拉和林,这些修士成了欧洲从陆路探索亚洲的先驱。

参考书目

中文

1.《简明不列颠百科全书》,中国大百科全书出版社,1986 年。

2. 威尔·杜兰:《世界文明史》,东方出版社,1999 年。

3. 汤普逊:《中世纪经济社会史》(上、下卷),商务印书馆,1961 年、1984 年。

4. 汤普逊:《中世纪晚期欧洲经济社会史》,商务印书馆,1996 年。

5. 布瓦松纳:《中世纪欧洲生活和劳动》,商务印书馆,1985 年。

6. 亨利·皮朗:《欧洲中世纪经济社会史》,上海人民出版社,1986 年。

7. 亨利·皮朗:《中世纪的城市》,商务印书馆,1985 年。

8. 卡洛·M.奇波拉编:《欧洲经济史》(第一卷),商务印书馆,1988 年。

9. 波梁斯基:《外国经济史》(封建主义时代),三联书店,1958 年。

10. 扎波罗夫:《十字军东征》,生活·读书·新知三联书店,1959 年。

11. 周谷城:《世界通史》(第三卷),商务印书馆,1983 年。

12. 爱德华·麦克诺尔·伯恩斯、菲利普·李·拉尔夫:《世界文明史》(第二卷),商务印书馆,1988 年。

13. 基佐:《欧洲文明扩张史》,商务印书馆,1988 年。

14. 陈乐民等:《欧洲文明扩张史》,东方出版社,1999 年。

15. 威廉·兰格:《世界史编年手册》(古代和中世纪部分),三联书店,1981 年。

16. 陈曦文:《基督教与中世纪欧洲社会》,中国青年出版社,1999 年。

17. 菲利普·沃尔夫:《欧洲的觉醒》,商务印书馆,1990 年。

18. 余协中:《西洋通史》(中卷),世界书局,1935 年。

19. 张国仁:《世界文化史大纲》(上册),民智书店,1931 年。

20. 沃伦·霍莱斯特:《欧洲中世纪简史》,商务印书馆,1988 年。

21. 朱庭光主编:《外国历史名人传》(古代部分下册),中国社会科学出版社,1983 年。

22. 刘文龙、袁传伟:《世界文化史》(近代卷),浙江人民出版社,1999 年。

23. 埃利亚斯:《文明的进程》(第一卷),三联书店,

1998年。

24. 让·里瓦尔:《银行史》,商务印书馆,1997年。

25. 查尔斯·麦凯:《人类愚昧疯狂趣史》,漓江出版社,2000年。

26. 丹尼尔·丁·布尔基廷:《发现者——人类探索世界和自我的历史》,上海译文出版社,1992年。

27. 黑格尔:《历史哲学》,三联书店,1999年。

28. 罗素:《西方哲学史》(上卷),商务印书馆,1990年。

29. 斯塔夫里阿诺斯:《全球通史》(1500年以前的世界),上海社会科学出版社,1999年。

30. 布罗代尔:《15至18世纪的物质文明、经济与资本主义》(第一卷),三联书店,1992年。

31. 汤普森:《历史著作史》(上卷第一分册),商务印书馆,1988年。

32. 伏尔泰:《风俗史》,(上册),商务印书馆,1996年。

33. 安田朴:《中国文化西传欧洲史》,商务印书馆,2000年。

34. 雅克·勒高夫:《圣路易》,商务印书馆,2002年。

35. 路易斯·萨尔瓦拖雷利:《意大利简史》,商务印书馆,1998年。

36. 蒋孟引:《英国史》,中国社会科学出版社,1988年。

37. 瑟诺博斯:《法国史》,商务印书馆,1972年。

38. 柳勃林斯卡娅:《法国史纲》,三联书店,1994年。

39. 余匡复:《德国文学史》,上海外语教育出版社,1994年。

40. 郑克鲁:《法国诗歌史》,上海外语教育出版社,1996年。

41. 蕾伊·唐娜西尔:《人类情爱史》,云南人民出版社,1998年。

42. 赵敦华:《基督教哲学1500年》,人民出版社,1995年。

43. 张绥:《基督教会史》,三联书店,1991年。

44. 沃尔克:《基督教会史》,中国社会科学出版社,1991年。

45. 乐峰:《东正教史》,中国社会科学出版社,1999年。

46. 约翰·麦克曼勒斯:《牛津基督教史》,贵州人民出版社,1995年。

47. 克里斯托弗·道森:《宗教与西方文化的兴起》,四川人民出版社,1989年。

48. 希提:《阿拉伯通史》,商务印书馆,1999年。

49. 穆罕默德·侯赛因·海卡尔:《穆罕默德传》,新华出版社,1985年。

50. 费希尔:《中东史》,商务印书馆,1979年。

51. 纳忠:《阿拉伯通史》,商务印书馆,1999年。

52. 郭立德:《阿拉伯史纲》,经济日报出版社,1997年。

53. 卡尔·布罗克尔曼:《伊斯兰教各民族与国家》,商务印书馆,1985年。

54. 托马斯·李普曼:《伊斯兰教与穆斯林世界》,新华出版社,1985年。

55. 蔡伟良:《灿烂的阿拔斯文化》,上海外语教育出版社,1997 年。

56. 王治来:《中亚史纲》,湖南教育出版社,1986 年。

57. 伯希和:《蒙古与教廷》,中华书局,1994 年。

58. 道森:《出使蒙古记》,中国社会科学出版社,1983 年。

59. 申友良:《马可·波罗时代》,中国社会科学出版社,2001 年。

60. 张国刚:《中西文明的碰撞》,广东人民出版社,1996 年。

61. 杜伊普:《武器和战争的演变》,军事科学出版社,1985 年。

62. 爱德华·伯曼:《宗教裁判所》,辽宁教育出版社,2001 年。

63. 杨昌栋:《基督教在中古欧洲的贡献》,社会科学文献出版社,2000 年。

64. 汉斯-维尔纳·格茨:《欧洲中世纪生活》,东方出版社,2002 年。

65. 詹姆斯·布赖斯:《神圣罗马帝国》,商务印书馆,1998 年。

66. 赫伯特·格隆德曼等:《德意志史》(古代和中世纪),商务印书馆,1999 年。

67. 程栋、沈敏华:《缪斯神宫的巡礼——古代世界的文化》,上海教育出版社,2001 年。

68. 阿巴·埃班:《犹太史》,中国社会科学出版社,1985 年。

69. 雅克·勒高夫:《圣路易》,商务印书馆,2002 年。

70. 西蒙·蒙蒂菲奥里:《耶路撒冷三千年》,民主与建设出版社,2015 年。

71. 列夫臣科:《拜占庭简史》,三联书店,1959 年。

72. 赫·乔·韦尔斯:《世界史纲》,人民出版社,1982 年。

西文

1. The Catholic Encyclopedia, New York, 1914.

2. The New Catholic Encyclopedia, Washington, 1981.

3. K.Armstrong, Holy War, The Crusades and their Impact on Today's World, New York, 1991.

4. Aziz. S.Atiya Crusade, Commere and Culture New York, 1966.

5. Norman Davies Europe—A history, London, 1997.

6. Lynn Thorndike the history of medival Europe, Boston, 1928.

7. Manrice Keen: The Pelican History of Medieval Europe, Penguin, 1998.

8. Jonathan Riley—Smith: The Oxford Illustrated History of the Crusades Oxford, 1997.

9. Terry Jones and Alan ereira, Crusades, penguin Books, 1996.

10. M.M. Postan and E.Miller, The Cambridge Economica History of Europe, Vol.2, Cambridge University Press, 1987.

11. I.W. Raymond, Medieval Trade in the Mediterranean world, New York, 1955.

12. Henri pirenne, A History of Europe New York, 1936.

13. Burns, J.H., The Cambridge History of Medieval Political Thought C.350—C.1450, Cambridge, 1988.

14. Duby, Georges, Rural Economy and Country Life in the Medieval West, Columbia, 1968.

15. Ganshof, F.L., Feudalism, London, 1951.

16. Hilton, R.H., English and French Town in Feudal Society, Cambridge, 1992.

17. Le Goff, Jacques, Medieval Civilization 400—1500, Basil Blackwell, 1988.

18. Mckitterick, Rosamond, The New Cambridge Medieval History, Cambridge, 1995.

19. Poston, M. M., Medieval Trade and Finance, Camdridge, 1973.

20. Lambert, M. D., Medieval Heresy, London, 1922.

21. Luscombe, D. E., Medieval Thought, Oxford University Press, 1977.

22. A.R. Lewis, Nomads and Crusades, Indiana

University Press, 1988.

23. Norman, Daniel, The Arabs and Medieval Europe, London, 1979.

24. Von Grunebaum, G., Medieval Islam, Chicago, 1953.

25. S.Runciman, History of the Crusades, Cambridge University Press, 1987.

26. Chiat, M.I. & Reyerson, K.L. eds, The Medieval Mediterranean: Cross-Cultural Contacts, North Star Press of St. Cloud, 1988.

27. Curtin, Philip K., Cross Cultural Trade in World History, Cambridge University Press, 1984.

28. Jonathan Riley-Smith, The Crusades: A history, the Continuum International Publishing group, 2005.

29. Andrew Jotischky, Cresading and the Cresader States, Pearson Education Limited, 2004.

后　记

十字军东征发生于西欧中世纪盛期，持续时间长达200余年。十字军东征的发生既是宗教狂热的驱使，也是西欧社会各种矛盾促成的结果。这是封闭和自足状态下的西欧第一次向外拓展和冒险，是落后的西方对发达的东方文明的一次直接接触和东西方文化的冲撞，它不仅改变了当时的世界格局，而且对东西方文化交流以及西欧社会均有重要的影响。它除了在客观上开通了东西方商业通道，刺激了西欧商业的崛起外，还引起了人们思想上的震动，逐步改变了西欧人原有的思想观念，推动了西欧社会生活的变化。十字军东征不仅使欧洲人对自己生活的世界有了较为清晰的认识，更使他们对外部世界产生了强烈的探究欲望，它将欧洲导入了一个航海、冒险和发现的时期，正如美国学者汤普逊所说：十字军在欧洲史上引入了一个全新的运动。后来的地理大发现时期及其后，即在16、17、18和19世纪中，欧洲更大规模的殖民和商业的海外扩张，只不过是跟着十字军开始的运动之延续。我们希望通过本书的叙述，能够向读者展示出这一历史事件的前因后果以及中世纪西欧的社会文化生活特点，也能够向读者揭示出近代西欧向外扩张的历史源头。

沈敏华 程栋

2021年10月

图书在版编目(CIP)数据

十字军东征 / 沈敏华，程栋著. —上海：上海辞书出版社，2024

（点击丛书）

ISBN 978-7-5326-6108-4

Ⅰ. ①十… Ⅱ. ①沈… ②程… Ⅲ. ①十字军东侵—史料 Ⅳ. ①K560.6

中国国家版本馆 CIP 数据核字(2023)第 146331 号

点击丛书

十字军东征

沈敏华　程　栋　著

策划统筹　朱志凌　　**题　　签**　邓　明
责任编辑　朱志凌　　**书名篆刻**　潘方尔
特约编辑　朱旭初　　**插　　画**　赵心妤
　　　　　　周益佳　　**技术编辑**　楼微雯
文字编辑　李婉青　　**整体设计**　零贰壹肆设计工作室

出版发行　上海世纪出版集团
上海辞书出版社®（www.cishu.com.cn）
地　　址　上海市闵行区号景路 159 弄 B 座(邮政编码：201101)
印　　刷　上海中华印刷有限公司
开　　本　787 毫米×1092 毫米　1/16
印　　张　19.5
字　　数　180 000
版　　次　2024 年 11 月第 1 版　2024 年 11 月第 1 次印刷
书　　号　ISBN 978-7-5326-6108-4/K·1249
定　　价　68.00 元

本书如有质量问题，请与承印厂联系，电话：021-69213456